玉手箱・C-GAB対応

Webテスト攻略問題集

Webテスト攻略研究会 編

永岡書店

はじめに

本書を手に取っていただきありがとうございます。

本書では、就職活動で必ずと言っていいほど必要になってくる、Web テスト「玉手箱」の対策を取り扱っています。

Web テストとは、就職活動の際に企業が応募者に課しているもので、Web 上で受検するのが特徴です。その内容は、知能テストや性格検査などさまざまな種類があり、近年では、多くの企業が新卒採用の際などに使用しています。

「玉手箱」は、その Web テストの中でも特に有名で、多くの企業に採用されているものです。就職活動をする上で、一度は受検することになるでしょう。

「玉手箱」は、能力検査と性格検査に分かれていて、能力検査では、計数、言語、英語の出題があります。特に計数の分野は、大学受験以降、数学にまったく触れてこなかった方や、数学に苦手意識を持っている方などは、しっかり対策をしないといけません。また、数学が得意だという方でも、「玉手箱」では、表の空欄を表の他の数値から推測する問題など、これまでの受験勉強では見たことのないタイプの問題が多く出題されます。そのため、安心して就職活動をするためには、きちんとした対策が必要となってきます。

本書では、そのような「玉手箱」の問題について、次のページで説明している 3Step の方法で対策ができるようにしています。できるだけ多くの問題に触れてもらうため、問題数を多くし、解説も詳しくしています。本書を使って、「玉手箱」を完全攻略してください。

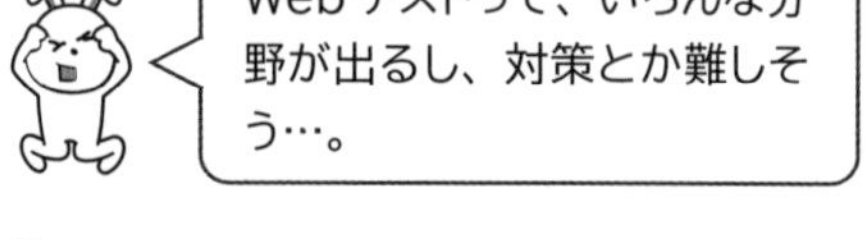

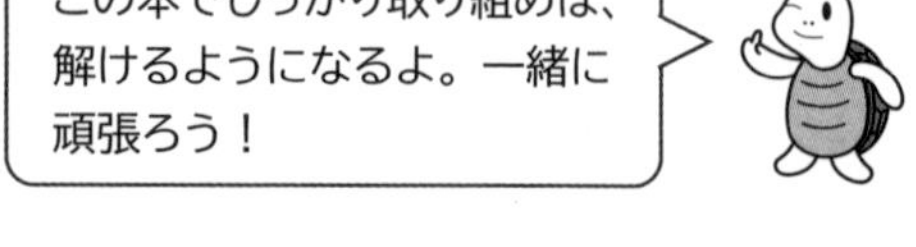

この本の使い方

自分の受けたい企業が、これまでにどんな問題を出題していたか、現在選考を受けている企業のWeb テストがどの種類の問題か（15 ページ参照）把握しましょう。受けたい企業が特に定まっていない人は、すべての項目の対策をしておくことがおすすめです。今から説明する 3Step で対策をすれば、簡単に問題が解けるようになっていきます。

Step 1

「ゼロからわかる問題」を読んで、問題とその解き方を確認しましょう。初めて玉手箱に取り組む人にもわかりやすいよう、典型的な例題を用いて、解き方を丁寧に解説しています。

Step 2

「自信をつける問題」に取り組みましょう。「ゼロからわかる問題」の解き方を参考に、自分の力で解いてみることが重要です。玉手箱は多くの問題をすばやく処理していく能力が問われるため、数多くの問題に触れ、問題に慣れていくことが大切となります。

Step 3

問題に慣れてきたら、各分野の「模擬テスト」に挑戦し、実際に受検する際の予行練習をしましょう。時間や問題数を本番と近いものにしてあるので、時間が足りなかった場合は、解答・解説を読んだ後、もう一度練習に取り組んで、すばやく問題を解くコツをつかみましょう。

目次

1章

Webテストとは

1章 Webテストとは

「Webテスト」とは？

「Webテスト」とは？

「Webテスト」とは、「就職活動などの際に、自宅やテストセンターなどでパソコンやタブレットを用いて受検するインターネット上で配信されているテスト」のことです。現在多くの企業の採用試験で使用されています。

エントリー段階で実施

そんなWebテストですが、企業に応募のエントリーをしたタイミングで受検することが多いです。毎年多くの就活生が応募する人気企業や大手企業は特に、選考の早い段階でWebテストを使って選考する人数を絞ろうとする傾向があります。

また、夏に始まるインターンシップの応募段階でも、参加者を絞り込むためにWebテストが用いられている場合もあります。

早めの対策が必要

就職活動ではES（エントリーシート）や面接の対策ばかりを行い、Webテスト対策をおろそかにしてしまう方が多いように思います。確かにWebテストの問題自体はそこまで難易度の高いものではありません。しかし、学校ではやらない独特な問題が出題されます。また、制限時間も決まっており、制限時間を過ぎてしまうと強制的に終了となるものがほとんどです。

何も対策をせずに選考に進むと、Webテストを突破できず、面接にさえ進めないことも考えられます。そのようなことのないように、早い段階から対策を行い、安心感をもって就職活動に臨みましょう。

出題される問題は企業によって違う

一概に「Webテスト」といっても現在は多様な種類のWebテストが存在します。また、本書で紹介する「玉手箱」だけでも受検する企業によって問題の種類はさまざまです。その問題の見分け方も本書では紹介していますので（15 ～ 26ページ）、そちらも参考にしてください。

面接で自分の気持ちを伝えるためにも、Webテスト対策をしておかないといけないね。

代表的なWebテスト

さまざまなWebテストがある中で、人気企業や大手企業でよく採用されているWebテストを以下に挙げておきます。

テスト名	会社名	概要	受検場所
SPI	リクルートマネジメントソリューションズ	・総合職適性テスト ・非言語、言語、性格	・自宅（WEBテスティング） ・テストセンター
玉手箱	日本エス・エイチ・エル（SHL社）	・初期選考テスト ・計数、言語、英語、性格	・自宅
Web-GAB		・新卒総合職適性テスト ・計数理解、言語理解、性格	・自宅 ・テストセンター（C-GAB）
Web-CAB		・コンピューター職適性テスト ・暗算、法則性、命令表、暗号、性格	・自宅
TG-WEB	ヒューマネージ	・問題難易度は比較的高め ・計数、言語、英語、性格	・自宅 ・テストセンター
CUBIC	CUBIC	・総合的な適性テスト ・数理、図形、論理、言語、英語、性格	・自宅

これら以外にもWebテストはありますが、おおよそはこの辺りが出題されると考えてよいでしょう。志望の企業がすでに決まっている人は、その企業が過去にどのWebテストを実施したのかを調べて、その対策を行っておくのがよいでしょう。

Webテスト対策

Webテストの対策としては、問題傾向や実際に出題される問題を確認するだけで大丈夫だと思っている人もいるかもしれません。しかし、それだけでは不十分で、実際に自分で問題を解いてみることをおすすめします。Webテストは問題が独特であるため、自分で問題を解いて慣れておかないと、なかなかスムーズに解くことができません。勉強は得意だから対策もそんなにしなくても大丈夫だと思って何も対策をしないと、本番で慌てるということになりかねません。そのようなことがないように、しっかりと問題演習に取り組みましょう。

1章 Webテストとは

「玉手箱」とは？

「玉手箱」とは？

「玉手箱」とは、日本SHL社が提供しているWebテストです。自宅受検型の適性検査としては最も使用されており、能力検査（計数、言語、英語）と性格検査（性格、意欲）で構成されています。

問題形式は少ないが、時間が短い

玉手箱は出題形式が少ないので、対策しやすいのが特徴です。また、それぞれの科目の中では、同じ問題形式が出題され続けるため、その問題形式に慣れてしまえば、問題を解くことは簡単です。

しかし、玉手箱は制限時間が短いため、ハイペースで問題を解くことが必要となってきます。玉手箱では電卓を使うことができるので、電卓も駆使して、速く解くことができるように練習をしましょう。

企業によって出題内容が違う

玉手箱では、企業によって問題の組み合わせが異なります。また、玉手箱の問題は大量の問題ストックの中から出題されているため、違う企業で玉手箱の同じ種類の問題を受検したとしても、同じ問題が出題されるとは限りません。

問題の種類の代表的な組み合わせは以下の通りです。

① 言語「論理的読解」 ＋ 計数「図表問題」　※①が最も多いパターン
② 言語「趣旨判断」　 ＋ 計数「四則逆算」
③ 言語「論理的読解」 ＋ 計数「表の空欄問題」

これらに英語を組み合わせたものもよく出題されます。他にも企業によってさまざまな組み合わせパターンがあります。

性格検査もある

玉手箱にも、他の多くのWebテストと同じように性格検査があります。性格検査は、正直に答えるのが一番の対策ともいえるでしょう。詳しくは本書の5章にまとめてありますので、そちらをご覧ください。

玉手箱の出題内容

玉手箱では、以下のような問題が出題されます。

	科目	種類	問題数	制限時間	内容
能力検査	計数	図表問題	40 問	35 分	図表を読み取り答える問題
			29 問	15 分	
		四則逆算	50 問	9 分	方程式の□の値を求める問題
		表の空欄問題	35 問	35 分	表の空欄の値を推測する問題
			20 問	20 分	
	言語	論理的読解	52 問	25 分	長文を読んで、設問文の正誤を判断する問題
			32 問	15 分	
		趣旨判断	32 問	10 分	長文を読んで、設問文が長文の趣旨かどうかを判断する問題
		趣旨把握	10 問	12 分	選択肢から長文の趣旨を判断する問題。近年の出題は見られない
	英語	長文読解	24 問	10 分	英語の長文を読んで、設問に答える問題
		論理的読解	24 問	10 分	言語の論理的読解の英語版
性格検査	性格	正式版	68 問	（約 20 分）	性格傾向から、企業や職種などとの相性をみる
		簡易版	30 問	なし	
	意欲	正式版	36 問	（約 15 分）	意欲面から、企業や職種などとの相性をみる
		簡易版	36 問 or 48 問	なし	

※企業によって、各科目のテスト時間および出題内容が変わることがあります。

このように、問題の種類はそこまで多くはありません。計数で 3 つ、言語で実質 2 つ、英語で 2 つです。例えば、図表問題や表の空欄問題の中で問題数と制限時間が異なるものがありますが、出題される問題はまったく同じです。これらを集中的に対策していきましょう。

1 つの種類の問題の中にもさまざまな解き方があるから、順番にマスターしていこう。

玉手箱の実際の画面例

ある会社で、食事会の出席人数と費用を計算しています。

【食事会の出席人数と費用】

出席人数(人)	5	10	15	20	25
費用(円)	19,250	35,500	51,750	68,000	?

25 人出席したときの費用はいくらと推測できるか。

○ 83,250 円
○ 84,250 円
○ 85,500 円
○ 86,750 円
○ 88,500 円

回答数　7/35問

時間　7/35分　次へ

対策：問題形式に慣れておこう

先述の通り、玉手箱は出題形式が少ないので、対策しやすくなっています。問題を何度も解き、問題の形式に慣れておくことが重要です。計算方法や図表の見方などを忘れていたり、独特な問題が多いため、その解き方に手こずったりすることがあると思います。本番で困らないように、練習をしっかりしておきましょう。

対策：解き方をすぐに思いつくようにしておこう

玉手箱では、制限時間が少ないこともあり、問題を見たらすぐにその問題の解き方が思い浮かぶようにしておいた方がよいでしょう。特に計数の問題ではその傾向が強いようです。そして、すぐに出てこないものはとばして、次の問題に取り組んだ方が効率的です。

対策：問題を速く解くことを心がけよう

玉手箱は制限時間が短いため、ハイペースで問題を解くことが必要です。問題形式に慣れた後は、速く解くことができるように、時間を計りながら問題演習に取り組むのがよいでしょう。本書の模擬テストは、本番と問題数と時間の関係をそろえていますので、時間を計りながら本番のように取り組んでみてください。

1章 Webテストとは

「C《シー》-GAB《ギャブ》」とは？

「C-GAB」とは？

「C-GAB」とは、専用の会場（テストセンター）で受検するテストで、出題の内容は性格検査と能力検査（言語、計数、英語）があり、玉手箱とほとんど同じです。

C-GAB の特徴

玉手箱とは異なり、どの企業でも同じ問題形式が出題されます。その出題形式も玉手箱とほとんど同じなので、玉手箱対策をしておけば、それは C-GAB 対策にもなります。しかし、玉手箱とは違い、電卓を使用することができませんので、電卓を使用しない計算には慣れておく必要があります。また、一度受けてしまえば、その結果を他の企業にも使いまわして提出することができるのも C-GAB の特徴です。

C-GAB の出題内容

C-GAB では、以下のような問題が出題されます。

科目		種類	問題数	制限時間	内　容
能力検査	計数	図表問題	29 問	15 分	玉手箱の「図表問題」と同じ
	言語	論理的読解	32 問	15 分	玉手箱の「論理的読解」と同じ
	英語	長文読解	24 問	10 分	玉手箱の「長文読解」と同じ
性格検査		性格	68 問	約 20 分	玉手箱の「性格」と同じ

このように C-GAB で出題される問題は、玉手箱の「計数 - 図表問題」「言語 - 論理的読解」「英語 - 長文読解」とほとんど同じです。そのため、対策も玉手箱のこれらの問題で代用できます。しかし、C-GAB は電卓を使えないため、計数の「図表問題」のみ、電卓を使わないで問題を解くことができるように練習をしなければいけません。そのために、本書では C-GAB 専用の計数問題を出題していますので、そちらも解いてみてください。

C-GAB の対策は玉手箱にプラスして、電卓を使わずに筆算と概算で計算する練習をすれば OK ということだね。

C-GABの実際の画面例

残り時間 00：05：29
1/29問

図表を見て次の問いに答えなさい。

【2人以上の世帯1世帯あたりの年間支出金額の構成比（2022年）】

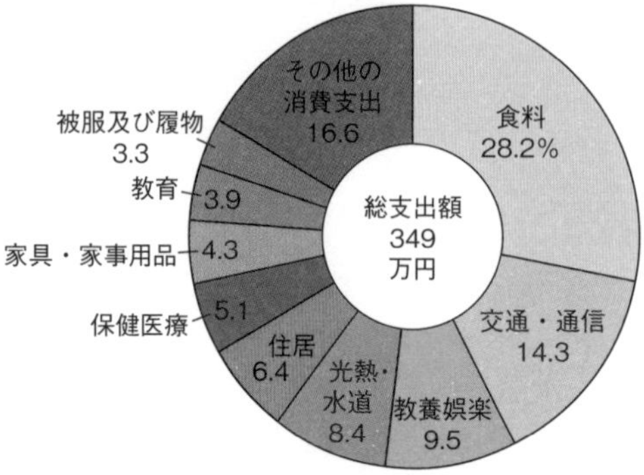

（総務省統計局「家計調査」より）

1世帯あたりの年間支出金額が62万円を超える品目分類は、いくつあるか。以下の選択肢の中から1つ選びなさい。

○ 1つ
○ 2つ
○ 3つ
○ 4つ
○ 5つ

次へ（N）→

C-GABの対策

玉手箱と問題形式がほとんど同じなため、基本的には、玉手箱の問題を解いて慣れれば、それが対策となります。しかし、玉手箱とは異なり、C-GABでは電卓が使えないことに注意が必要です。図表問題の計算で電卓が使えないため、暗算しなければなりません。暗算で概算を求める方法に慣れておきましょう。概算を出せば、選択肢の中でどれを選べばよいかがわかることも多いです。

C-GABの性格検査

C-GABの性格検査は、他の能力検査のように会場で受けるわけではなく、C-GABの申し込みを行ったタイミングで受けることとなります。この点も玉手箱とは異なる箇所なのでしっかりと把握しておきましょう。性格検査に関する詳しいことは本書の5章をご覧ください。

実際の画面からの見分け方

受ける前には基本わからない

Webテストを受検する際、基本的にはそれがどの種類のWebテストなのかは、気をつけなければ受検してもわかりません。どの種類のWebテストです、と種類を教えてくれることはほとんどないのです。しかし、Webテストの受検案内が届いたら、それがどのような種類のWebテストで、どのような問題が出題されるのか調べ理解しておいた方がよいでしょう。そうすれば、安心して受検することができ、問題も多く解くことができるはずです。そこで、パソコンに表示される画面の情報などから、受検案内がきたのはどの種類のWebテストかを見分ける方法をこれから解説していきます。

企業がこれまでに使用したものからも推測可能

Webテストを受けてくださいと案内をしてきた企業が、これまでにどの種類のWebテストを採用していたのかを調べることでも、ある程度はどのWebテストを受けることになるのか推測することができます。しかし、今年から変更がある場合もありますので、画面などからの見分け方も含めて複合的に判断をした方が、より確実な情報になります。

自宅受検型とテストセンター型がある

Webテストには大きく分けると、自宅で受検を行う自宅受検型と、テストセンターを自分で予約し、そこに出向いて受検するテストセンター型があります。先にも紹介をしましたが、例えば、玉手箱は自宅受検型、C-GABはテストセンター型です。テストセンター型の方では、企業から受検の指示があったメールなどに、「テストセンター」という文言や会場の予約に関する説明などが入っている場合がほとんどです。それがあればテストセンター型であると思ってよいでしょう。

画面からの見分け方

次のページから、画面を見てのWebテストの種類の見分け方を解説していくので、より細かいものはそちらを確認してください。

玉手箱

①「計数」・「言語」・「英語」・「パーソナリティ」などの科目名がある。

② 実施時間に「動作テスト」の時間が書かれている。

● 一般的な画面例

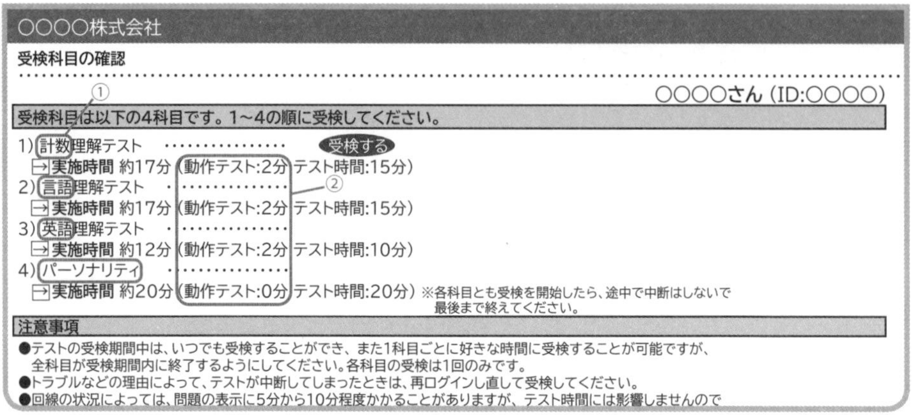

● 科目とテスト時間から、問題の種類を判断

科目名	テスト時間	出題されるテスト	取り扱いページ
計数	15 or 35 分	図表問題	28 ~ 93 ページ
	9 分	四則逆算	94 ~ 127 ページ
	20 or 35 分	表の空欄問題	128 ~ 163 ページ
言語	15 or 25 分	論理的読解	198 ~ 227 ページ
	10 分	趣旨判断	228 ~ 249 ページ
英語	10 分	長文読解 or 論理的読解	256 ~ 303 ページ
パーソナリティ	約 20 分	性格	306 ~ 318 ページ
モチベーションリソース	約 15 分	意欲	306 ~ 318 ページ

※言語の「趣旨把握」は、近年出題が確認されていません。

※計数 35 分、英語 10 分のときは、「受検する」を選んだ後に、テキスト内容と設問数が表示されるので、それを見て問題の種類を確認します。

過去実施企業例：アサヒビール、味の素、SMBC 日興証券、NTT 西日本、NTT 東日本、ENEOS、KDDI、シャープ、住友不動産、積水ハウス、TBS テレビ、任天堂、博報堂、日立製作所、三井住友銀行、横浜銀行、ローソンなど

Web-CAB

①「法則性」・「命令表」・「暗号」などの科目名がある。
② 実施時間に「動作テスト」の時間が書かれている。

● 一般的な画面例

○○○○株式会社

受検科目の確認

○○○○さん（ID:○○○○）
受検科目は以下の5科目です。1～5の順に受検してください。
1）四則逆算テスト　……………… 受検する
① **実施時間** 約11分（動作テスト:2分 テスト時間:9分）
2）法則性テスト　……………… ②
実施時間 約14分（動作テスト:2分 テスト時間:12分）
3）命令表テスト　………………
実施時間 約17分（動作テスト:2分 テスト時間:15分）
4）暗号テスト　………………
実施時間 約20分（動作テスト:4分 テスト時間:16分）
5）パーソナリティ　………………
実施時間 約20分（動作テスト:0分 テスト時間:20分）
※各科目とも受検を開始したら、途中で中断はしないで最後まで終えてください。

注意事項
●テストの受検期間中は、いつでも受検することができ、また1科目ごとに好きな時間に受検することが可能ですが、全科目が受検期間内に終了するようにしてください。各科目の受検は1回のみです。
●トラブルなどの理由によって、テストが中断してしまったときは、再ログインし直して受検してください。
●回線の状況によっては、問題の表示に5分から10分程度かかることがありますが、テスト時間には影響しませんのでご安心ください。

● 科目とテスト時間から、問題の種類を判断

科目名	テスト時間	出題されるテスト
四則逆算テスト	9 分	四則逆算（本書で対策可能）
法則性テスト	12 分	法則性
命令表テスト	15 分	命令表
暗号テスト	16 分	暗号
パーソナリティ	約 20 分	性格（本書で対策可能）

過去実施企業例：アイシン、インテックソリューションパワー、カプコン（プログラマー）、東急、日立ソリューションズ・クリエイト、富士通、フューチャーアーキテクトなど

自分の志望する企業が過去にどのような形式のWebテストを実施したか知ることで、対策も立てやすくなるね。

TG-WEB

○「表紙」と「問題」が続く仕様になっている。

● 一般的な画面例①

○○○○株式会社

Information

ようこそ！○○○○さん

※このページを印刷する場合はこちら

受検開始ボタンをクリックする前にお読みください。

印 刷

1. 受検フロー

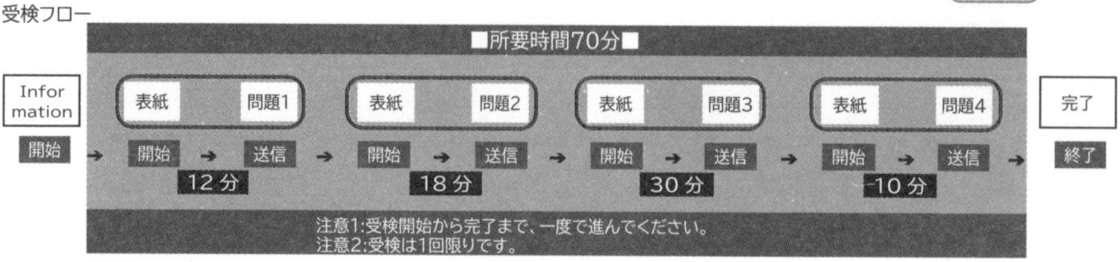

2.受検上の注意

(1)所要時間は70分です。時間に余裕を持って、開始ボタンをクリックしてください。(画面左下に残り時間が表示されます)
(2)受検は1回限りです。ご注意ください。開始から完了まで、続けて受検をしてください。
(3)制限時間を超えると自動的にログアウトします。ご注意ください。各問題の途中で画面を閉じると、2度と開かなくなります。
(4)各問題とも、受検を始めたら最後まで受検してください。各問題が終了するごとに中断できますが、受検期間内に全部の問題が終了するようにしてください。
(5)画面ダウンロード状況のバーをよく見て、各ページが完全に表示し終えたのを確認してから受検してください。(エラーの原因になります)
(6)開始ボタンと送信ボタンは、1回だけクリックしてください。ダブルクリックはしないでください。
(7)パソコンのトラブル、通信トラブルなどで途中終了してしまったときは、こちらの問い合わせフォームからご連絡ください。
(8)ポップアップブロックの設定が有効になっていると、画面が表示されないことがあります。一時的に設定を無効にしてから、改めて開始ボタンをクリックしてください。

開始 START

● 一般的な画面例②

○○○○株式会社

○○○○さん 専用受検画面

印 刷

注意事項

(1)所要時間は70分です。時間に余裕を持って、開始ボタンをクリックしてください。(画面左下に残り時間が表示されます)
(2)受検は1回限りです。ご注意ください。開始から完了まで、続けて受検をしてください。
(3)制限時間を超えると自動的にログアウトします。ご注意ください。各問題の途中で画面を閉じると、2度と開かなくなります。
(4)各問題とも、受検を始めたら最後まで受検してください。各問題が終了するごとに中断できますが、受検期間内に全部の問題が終了するようにしてくださ
(5)画面ダウンロード状況のバーをよく見て、各ページが完全に表示し終えたのを確認してから受検してください。(エラーの原因になります)
(6)開始ボタンと送信ボタンは、1回だけクリックしてください。ダブルクリックはしないでください。
(7)パソコンのトラブル、通信トラブルなどで途中終了してしまったときは、こちらの問い合わせフォームからご連絡ください。
(8)ポップアップブロックの設定が有効になっていると、画面が表示されないことがあります。一時的に設定を無効にしてから、改めて開始ボタンをクリックして

受検構成
・問題1 (12分)
・問題2 (18分)
・問題3 (30分)
・問題4 (10分)

開始

必ず受検上の注意を熟読の上、開始ボタンを押してください。

● 一般的な画面例③

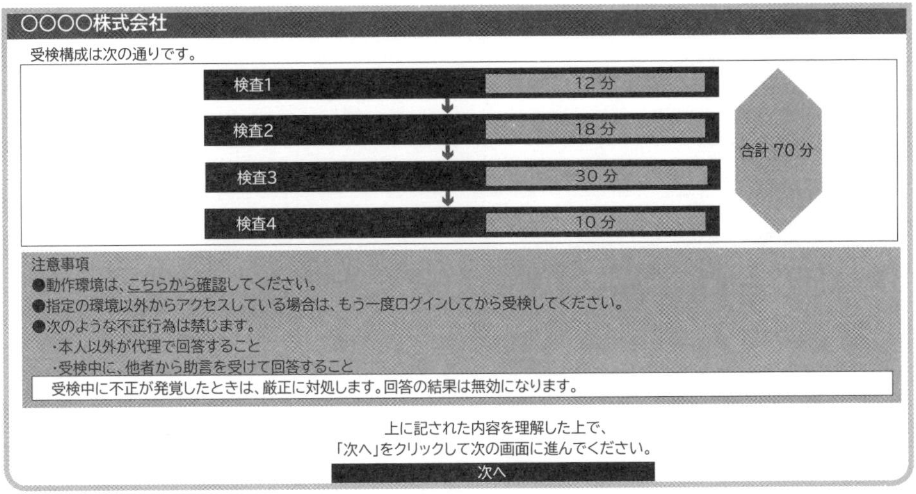

● 科目とテスト時間から、問題の種類を判断

科目名 （画面には表示されない）	テスト時間	出題されるテスト
（言語）	7 or 12 分	言語
（計数）	8 or 18 分	計数
（英語）	15 分	英語
（性格テスト）	10 or 15 or 20 or 30 分	性格

※性格テストにはさまざまな種類があり、実際の画面からだけではその判別ができないため、開始後でないとどの種類かわかりません。

過去実施企業例：花王、キリンホールディングス、神戸製鋼所、国際協力機構、資生堂、ジョンソン・エンド・ジョンソン、セイコーグループ、積水化学工業、テレビ朝日、東急不動産、TOTO、日本政策金融公庫、三菱電機など

CUBIC

○「個人特性分析」・「言語」・「数理」・「図形」・「論理」などの科目名がある。

● 一般的な画面例

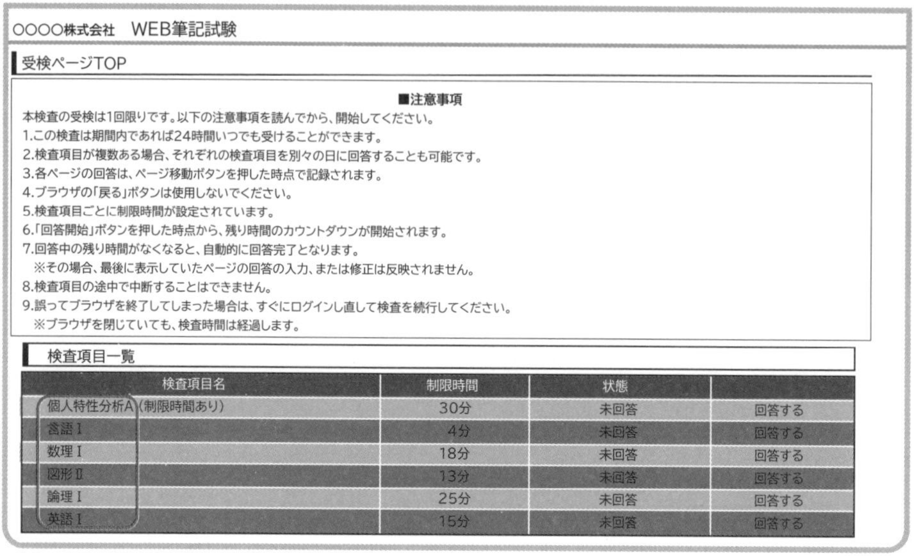
○○○○株式会社　WEB筆記試験

受検ページTOP

■注意事項

本検査の受検は1回限りです。以下の注意事項を読んでから、開始してください。
1.この検査は期間内であれば24時間いつでも受けることができます。
2.検査項目が複数ある場合、それぞれの検査項目を別々の日に回答することも可能です。
3.各ページの回答は、ページ移動ボタンを押した時点で記録されます。
4.ブラウザの「戻る」ボタンは使用しないでください。
5.検査項目ごとに制限時間が設定されています。
6.「回答開始」ボタンを押した時点から、残り時間のカウントダウンが開始されます。
7.回答中の残り時間がなくなると、自動的に回答完了となります。
※その場合、最後に表示していたページの回答の入力、または修正は反映されません。
8.検査項目の途中で中断することはできません。
9.誤ってブラウザを終了してしまった場合は、すぐにログインし直して検査を続行してください。
※ブラウザを閉じていても、検査時間は経過します。

検査項目一覧

検査項目名	制限時間	状態	
個人特性分析A（制限時間あり）	30分	未回答	回答する
言語Ⅰ	4分	未回答	回答する
数理Ⅰ	18分	未回答	回答する
図形Ⅱ	13分	未回答	回答する
論理Ⅰ	25分	未回答	回答する
英語Ⅰ	15分	未回答	回答する

● 科目とテスト時間から、問題の種類を判断

科目名	テスト時間	出題されるテスト
個人特性分析	30 分	性格
言語	4-10 分	言語
数理	15-40 分	数理
図形	5-15 分	図形
論理	15-40 分	論理
英語	10-15 分	英語

過去実施企業例：MSD、大王製紙、千葉興業銀行、豊田合成、日本ロレアル、毎日放送、
三菱自動車工業、三菱マテリアル、明電舎、WOWOW など

TAP

○「検査Ⅰ -1」・「検査Ⅰ -2」・「検査Ⅱ」 などの科目名がある。

● 一般的な画面例

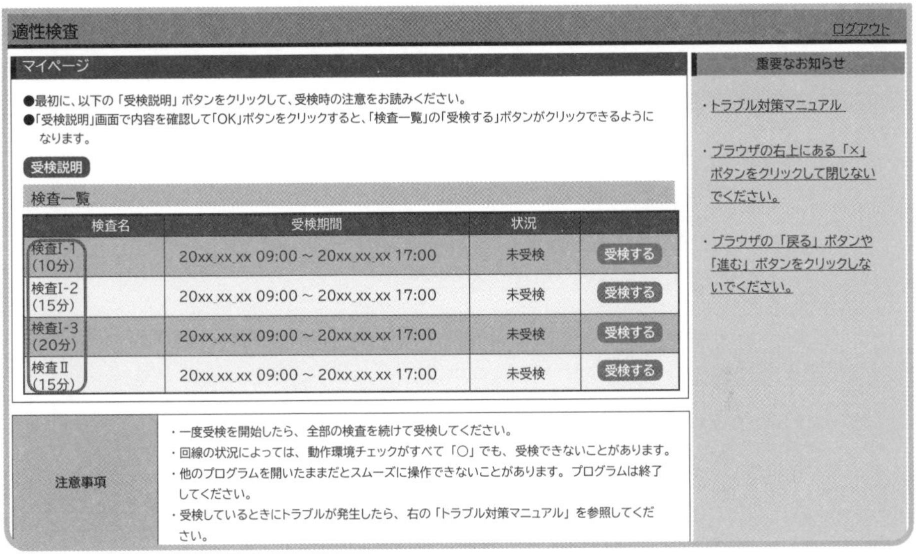

● 科目とテスト時間から、問題の種類を判断

科目名	テスト時間	出題されるテスト
検査Ⅰ -1	10 分	言語
検査Ⅰ -2	15 分	数理
検査Ⅰ -3	20 分	論理
検査Ⅱ	15 分	性格

※これらの他に、「検査Ⅲ -1」「検査Ⅲ -2」（規則性の問題）が追加されることがあります。

過去実施企業例：エフエム沖縄、筑波銀行、鳥取銀行、日産車体、ニフコ、北越メタル、北陸電気工事など

WEB テスティング

①「言語検査」・「非言語検査」といった文言がある。

② 能力検査の制限時間は約 35 分。

● 一般的な画面例

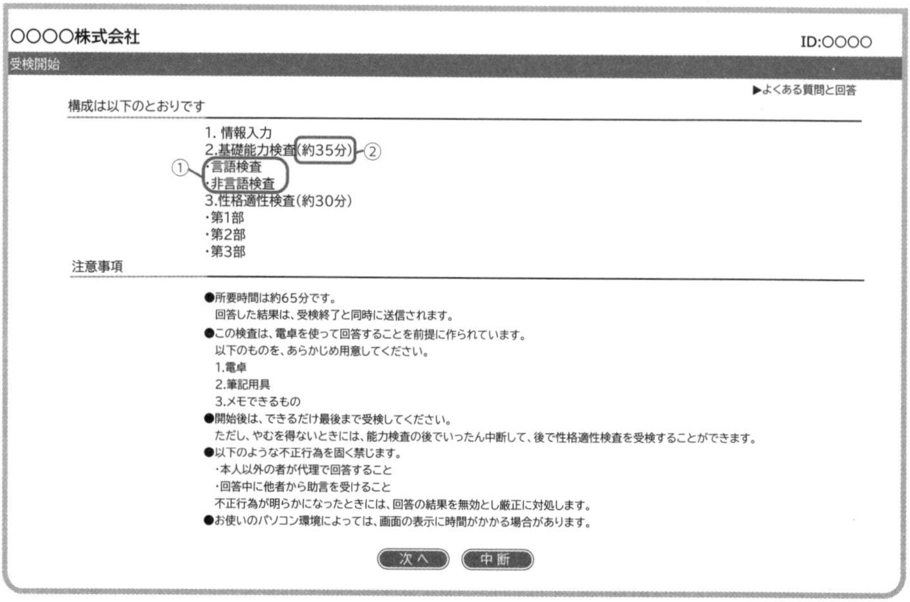

● 科目とテスト時間から、問題の種類を判断

科目名	テスト時間	出題されるテスト
基礎能力検査	約 35 分	言語・非言語
性格適性検査	約 30 分	性格

過去実施企業例：エーザイ、NEC、NTT データ、NTT ドコモ、川崎重工業、コクヨ、サッポロビール、SUBARU、東芝、トーハン、トヨタ自動車、日本製鉄、パナソニック、三菱重工業、三菱商事、村田製作所など

実際の受検画面を見ることはできない

自宅受検型のテストは、テストを受検する前にある程度の画面まで進むことができ、科目名やテスト時間などを確認することができます。そのため、その情報から事前に受検するWebテストの種類を見分けておくことはある程度容易です。しかし、テストセンター型のテストでは、実際にテストセンターに出向いてテストを受けるため、テストセンターに行く前に実際に受検するテストの画面を確認することはできません。よって、それ以外の情報から受検するテストの種類を見分ける必要が出てきます。

テストセンターのテストの見分け方

企業から受検の指示があったメールなどに、「テストセンター」という文言や会場の予約に関する説明などが入っており、テストセンター型のテストだとわかった場合、テストセンターの予約ページの画面から、ある程度、受検するテストの種類を見分けることができます。

テスト名や科目名に注目

テストセンター型のテストを見分ける際は、テストセンター予約時に表示されている画面のテスト名や科目名に注目します。その違いなどによって受検するテストの種類を判別することができます。

予約画面からの見分け方

次のページから、予約画面を見てのテストの種類の見分け方を解説していくので、より細かくはそちらを確認してください。

テストセンターの注意点

実際にテストセンターに出向き受検をする際は、寝坊や忘れ物をしないようにしましょう。基本的なことですが、たとえ受検する時間に間に合ったとしても、気持ちが焦ってしまうので余裕をもって行動するようにしましょう。

テストセンターは会場に出向いてテストを受けるから、本命の企業のテストを受ける前に、他の企業でテストセンターのテストを受検して、会場の雰囲気に慣れておくのがおすすめだよ。

C-GAB

①「パーソナリティ」・「知的能力」などの記載がある。
○ テストセンター名が「ピアソン VUE」。

● 一般的な画面例

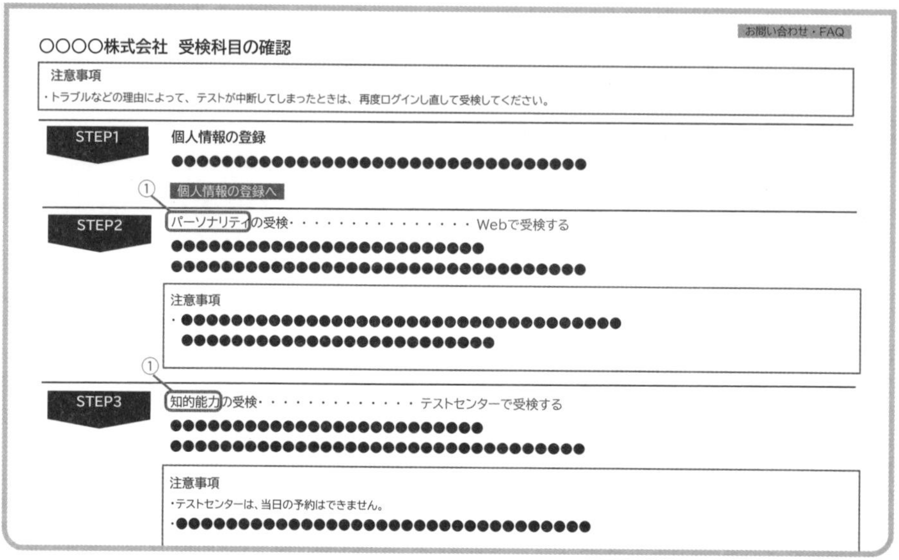

※一部の企業では、オンライン監視のもと、自宅で受検することもできます。その場合は、テストセンターとオンライン監視の上での受検を選ぶ箇所があります。

上記の例のように「受検科目の確認」の箇所に「パーソナリティ」や「知的能力」という記載があれば、それはC-GABのテストであると見分けられます。また、受検をするテストセンターの名前が「ピアソン VUE」となっていることも、C-GABの特徴です。これらの情報をもとに見分けていきましょう。

過去実施企業例：伊藤忠商事、NTT 都市開発、サントリーホールディングス、GMO インターネットグループ、商船三井（海上職）、住友不動産、東京ガス、チューリッヒ保険、博報堂、ブルボン、日本マイクロソフト、三井物産、早稲田大学など

SPI のテストセンター

○ ログイン後、受検の流れの説明で「(A) 基礎能力検査と性格検査の 2 部構成」などと記載されている。

○ テストセンター名が「プロメトリック社」。

● 一般的な画面例

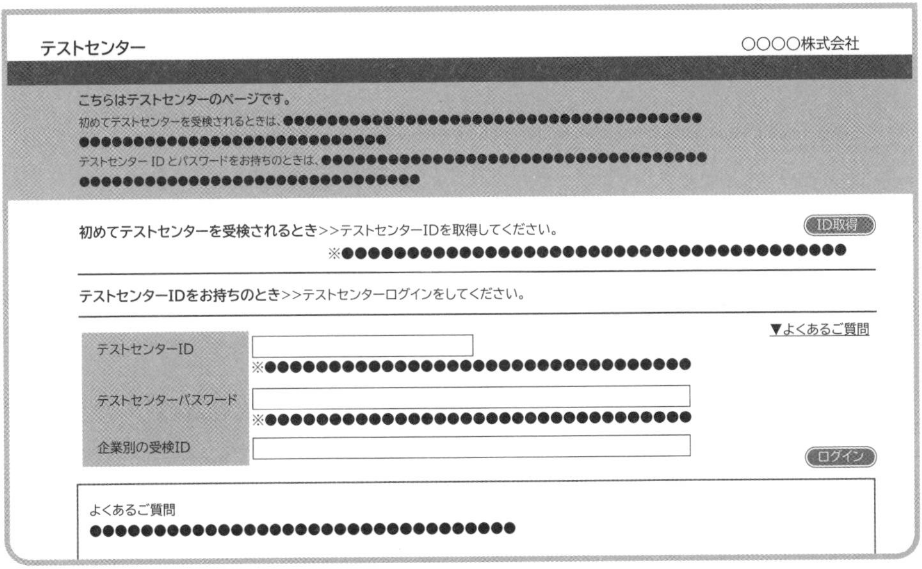

※オンライン監視のもと、自宅で受検することもできます。その場合は、テストセンターとオンライン監視の上での受検を選ぶ箇所があります。

テストセンターの受検の流れを説明している箇所で、「(A) 基礎能力検査と性格検査の 2 部構成」など (A)～(D) といったものが箇条書きされていれば、それは SPI のテストであると見分けられます。また、受検をするテストセンターの名前が「プロメトリック社」となっていることも、SPI の特徴です。これらの情報をもとに見分けていきましょう。

過去実施企業例：キヤノンマーケティングジャパン、SBI 新生銀行、損害保険ジャパン、ニッセイ情報テクノロジー、日本郵政グループ、農林中央金庫、野村不動産、三井住友海上火災保険など

ヒューマネージ社のテストセンター

①「ヒューマネージテストセンター」という記載がある。

○ テストセンター名が「シー・ビー・ティ・ソリューションズ社」。

● 一般的な画面例

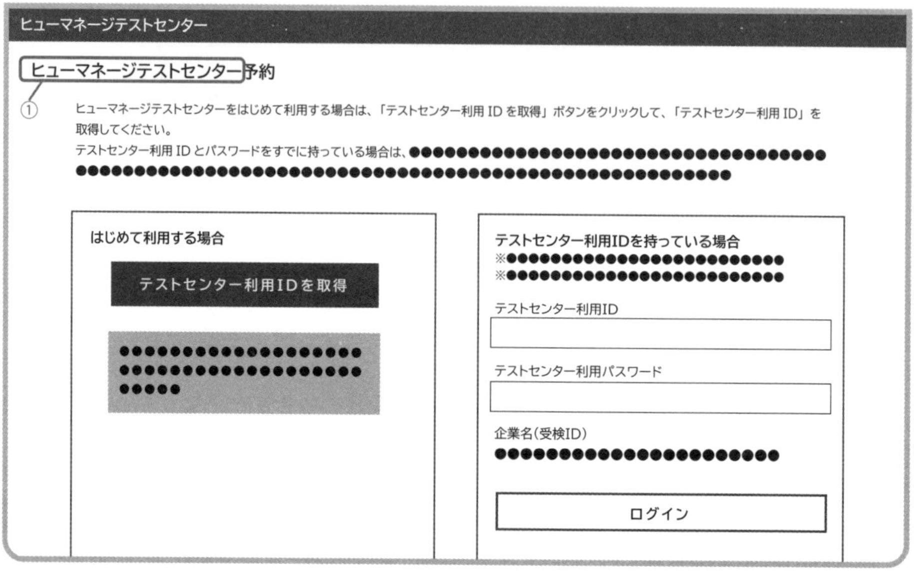

上記の例のように、「ヒューマネージテストセンター」という記載があれば、それはヒューマネージ社のテストセンターのテストであると見分けられます。これまでで最も見分けやすくなっています。また、受検をするテストセンターの名前が「シー・ビー・ティ・ソリューションズ社」となっていることも、ヒューマネージ社のテストセンターの特徴です。これらの情報をもとに見分けていきましょう。

過去実施企業例：コニカミノルタ、ジェイテクト、大成建設、東急不動産、東京海上日動火災保険、日本取引所グループ、日本ハム、東京 UFJ モルガン・スタンレー証券など

2章

計　数

2章 計数　1. 図表問題

「図表問題」とは？

「図表問題」とは？

「図表問題」とは、図表を読み取り、図表で示されている数値を用いて、さまざまな計算を行い、答えを求めることができるかを確認するものです。この図表問題は、多くの企業で採用されているため、問題なく解けるようにしておきましょう。

問題例

下のような問題が出題されます。

図表を見て次の問いに答えなさい。

【外国人人口に占める国籍別の割合（2020 年）】

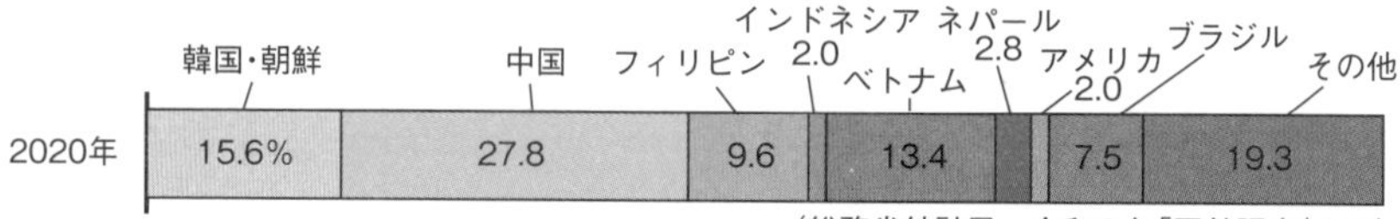

（総務省統計局　令和２年「国勢調査」より）

「中国」の割合は「ブラジル」の割合のおよそ何倍か。最も近いものを、以下の選択肢の中から１つ選びなさい。

○ 1.2 倍　○ 2.3 倍　○ 3.7 倍　○ 4.9 倍　○ 5.1 倍

この他にも、円グラフや表、折れ線グラフなど、さまざまな種類の図表が出題されます。普段はあまり見かけないような珍しい図表も出題されることがあるので、本番で出題された際に驚かないように、しっかりと対策をし、慣れておきましょう。

問題数と制限時間

種類	問題数	制限時間
図表問題	40 問	35 分
	29 問	15 分

図表問題には、上の２つのタイプがあります。現在は、問題数の多い 40 問のタイプの出題が多くなっています。40 問の場合であれば、１問にかけられる時間は、１分

もなく、52 秒程度です。そのため、35 分間集中力を持続させ、すばやく問題を解き続けることが求められます。もし 29 問だった場合は、1 問にかけられる時間はさらに短く、31 秒程度しかありません。使いやすい道具を準備し、これから学ぶテクニックを駆使して、すばやく解いていきましょう。

1 つの図表で 1 つの問題のみ

図表問題では、1 つの図表で 1 つの問題が出題されます。そのため、その図表について深く理解する必要はありません。1 つの問題を解くことができる情報で十分なのです。その意味で、図表問題は、表を理解する問題というよりも、表から問題に必要な情報を取り出し、それをもとに正しい計算をすばやく行うことができるかが問われている問題だといえます。

先に進むほど問題が難しくなる

先に進むほど問題が難しくなっていきます。初めの方は基本的な問題が出題されますので、そこでしっかりと正解をして、解答時間にも余裕を持たせるようにすばやく解答していきましょう。そうすれば、難しめな後半の問題にも焦らずに落ち着いて取り組むことができるようになります。

前の画面には戻れない

一度次の問題に進んでしまうと、前の問題に戻ることはできません（企業によってはまれに戻れるものもあります）。後から間違いに気づいても、すでに次の問題に進んでしまったら修正することはできないので、気をつけて解答をしていきましょう。

電卓などが使用可能

電卓や筆記用具などを使用することができますので、数値のメモを取ったり、電卓で計算をすばやく行ったりするなど、使えるものはすべて使って問題に取り組みましょう。打ちやすく桁数の多い電卓や、使い慣れた書きやすいシャープペンシルを数本と多めの計算用紙などを、事前に準備しておきましょう。

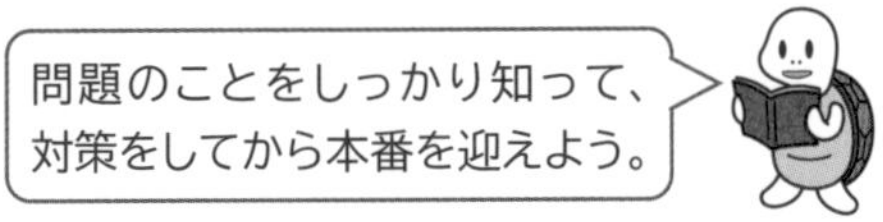

問題の解き方の手順（例）

次ページから、図表問題の実際の解き方の手順の例を、具体的な問題例を用いて解説していきます。

【例題】

商品	A	B	C	D	E
値段（万円）	500	250	100	400	300

A の値段は B の値段の何倍か。

○ 2 倍　○ 3 倍　○ 4 倍　○ 5 倍　○ 6 倍

1. まず図表を確認

「図表問題」であるため、まずは示されているのが何のどんな図表なのかを確認しましょう。この際、図表の具体的な数値などを詳しく見る必要はありません。「人口に関する棒グラフ」、「輸出入に関する円グラフ」といった程度の確認で問題ありません。例題は商品 A ～ E の値段の表です。

2. 問題文を読み取る

図表を確認したら、次に問題文の確認を行いましょう。問題文には、短い中にもさまざまな意味が含まれています。例題の「A の値段は B の値段の何倍か」を、「A の値段＝ B の値段×○倍」ということが問われていると頭の中で変換できるようにしておきましょう。つまり「A の値段÷ B の値段」で答えが出ます。またこの場合、A と B 以外の、C、D、E の数値は見る必要がありません。A と B に関しても、値段以外の情報があってもこの問題には必要ないことがわかります。図表には問題に必要のない情報も多く載っていることが多いため、この問題にはどの情報が必要か整理するためにも、「必要な情報」と「不要な情報」をしっかり見分けられるようにしましょう。

3. もう一度図表を確認

読んだ問題文をもとに、もう一度図表を確認しましょう。問題文で確認をした「必要な情報」を図表から探し出し、メモ用紙などにメモをするなどして忘れないようにしましょう。今回は「A：500 万円、B：250 万円」です。

4. 計算をする

図表から探した数値をもとに、数式を作り計算をして答えを求めましょう。問題文を読んだ際に読み取った計算式に、図表から探し出した数値を当てはめます。「500 ÷ 250 ＝ 2」より 2 倍が答えとなります。また、まれに、選択肢の桁がそれぞれ異なるなどの理由で、概算で計算したほうが電卓よりも速いこともあります。

これはおすすめの解き方で、こうしなきゃいけないわけではないよ。わからなくて困っている人は一度この通りにやってみよう。

図表の単位

図表には単位が書いてありますが、1つの問題の答えを出すだけなら単位を見る必要がないことが多いです。例えば、「Aの値段はBの値段の何倍か」という問題では、Aの値段とBの値段がそれぞれ「A：500（万円）、B：250（万円）」だろうと「A：5（百万円）、B：2.5（百万円）」だろうと、A÷Bを計算するとどちらも「2倍」となります。数値で答える問題も多くは選択肢が近い値になっているので桁を気にしなくても解けますが、まれに選択肢の桁が異なるなど単位を確認しなければならないものもあるため、そのときは注意しましょう。

計算方法を確認しておく

計算方法を確認して身につけておくことも重要です。図表問題では、「全体に占めるAの割合」や「AはBの何倍か」、「A～Cの平均は」などといったことが問題文として問われます。すべて習ったことはあると思いますが、しばらく使っていない間に、計算の仕方がわからなくなることはよくあることです。多くの問題演習を行い、問われたことに対する計算方法がすぐに出てくるようにしておきましょう。

わからない問題はとばす

先にも述べた通り、一度先に進むと前の画面には戻れない仕様になっていますが、間違えないためにと、見直しを丁寧にするなど慎重に解答していくと、時間が足りなくなります。1問の解答の目安は1分未満です。これを大幅に超えて時間がかかりそうな問題や解けない問題は、見切りをつけてとばすことが重要になってきます。そのとばす問題の基準や感覚を確認することも大切な対策です。

「C-GAB」の問題にも取り組もう

問題演習はたくさんやればやるほど問題に慣れていき、問題が解けるようになっていきます。本書の「C-GAB」の項目では、図表問題と同じ形式の問題が出題されていますので、図表問題の問題をすべて解いてしまった人は、そちらの問題も解いていきましょう。より多くの図表問題に触れることで、図表問題の問題対策を完璧に仕上げましょう。

落ち着いて取り組むことが大切

「時間が少ない」や「先に進むほど問題が難しくなる」など、怖がらせるようなことを言いましたが、本番では焦らずに落ち着いて問題に取り組むことが大切です。慌ててしまうと、いつもはしないようなケアレスミスをして、解ける問題も解けなくなってしまいます。焦らずに落ち着いて問題に取り組めるようにするためにも、図表と問題形式に慣れて自信を持って本番を迎えるようにしましょう。

2章 計数　1. 図表問題

① 割合

・一方の値が他方の何倍、または何%なのかを求める
・グラフから、比較したい値を正しく読み取り、工夫して計算しよう

ゼロからわかる問題

図表を見て次の問いに答えなさい。

【外国人人口に占める国籍別の割合（2020年)】

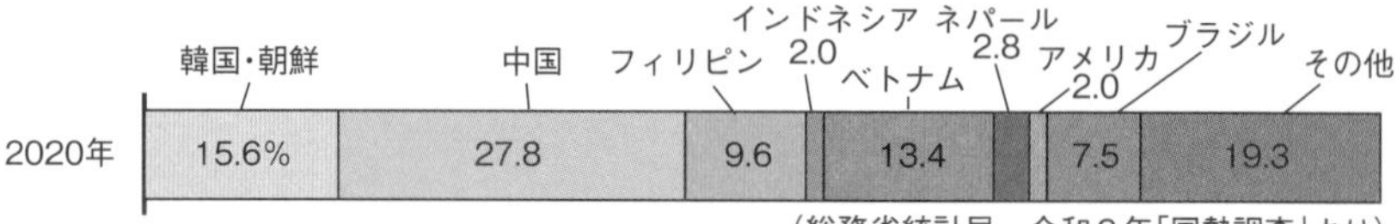

（総務省統計局　令和２年「国勢調査」より）

「中国」の割合は「ブラジル」の割合のおよそ何倍か。最も近いものを、以下の選択肢の中から１つ選びなさい。

○ 1.2倍　　○ 2.3倍　　○ 3.7倍　　○ 4.9倍　　○ 5.1倍

正解 3.7倍

解説　式の立て方に注意→「比べる量」を「もとの量」でわる

表から、「中国」の割合は27.8%、「ブラジル」の割合は7.5%だとわかる。

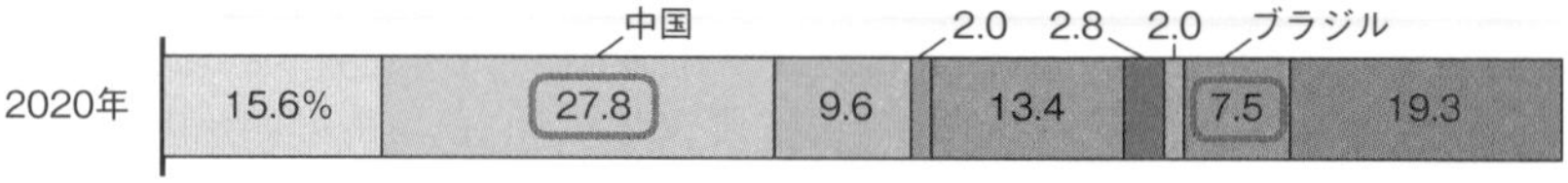

比べる量である「中国」の割合を、もとの量である「ブラジル」の割合でわればよい。

「中国」の割合		「ブラジル」の割合		何倍か
27.8	÷	7.5	=	3.70… ≒ 3.7倍

「比べる量÷もとの量」で何倍かわかるよね。割合だから全体の数をかけて…あれ？全体の数がわからないよ。

実は同じグラフのとき、すなわち全体の量が同じとき、比べる量やもとの量を実際の値に直して計算する必要はないよ。割合のまま計算していいんだ。

図表を見て次の問いに答えなさい。
【「天地無用」はどちらの意味か答えた年齢別グラフ】

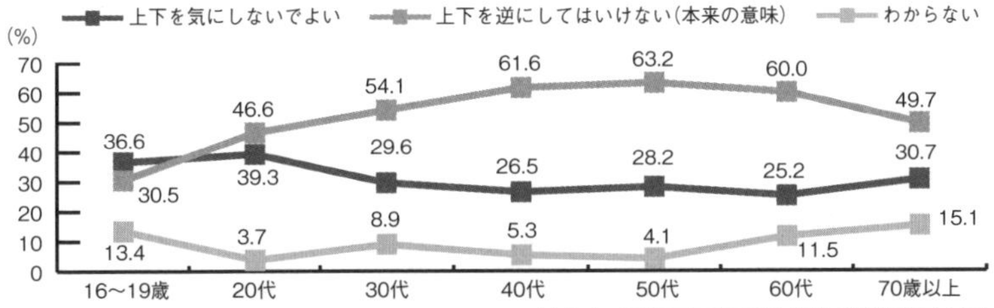

(文化庁　平成25年度「国語に関する世論調査」より)

20 代の正答率（本来の意味を選んだ人の割合）は、50 代の正答率のおよそ何%か。最も近いものを、以下の選択肢の中から 1 つ選びなさい。

○ 48.3%　　○ 52.1%　　○ 65.2%　　○ 73.7%　　○ 87.7%

正解 73.7%

解説 どの線の値に注目するかに注意→「本来の意味」のグラフを読み取る

本来の意味を選んだ人の割合を見てみると、20 代は 46.6%、50 代は 63.2%であるとわかる。

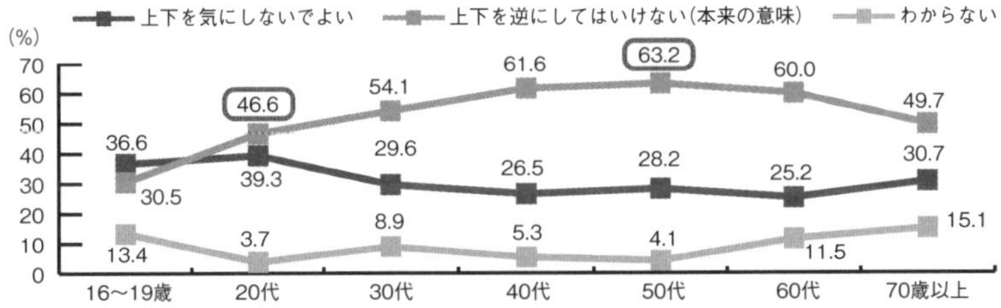

比べる量である 20 代の割合を、もとの量である 50 代の割合でわればよい。
何%かを聞かれているので、100 倍するのを忘れないようにする。

20 代の割合　　50 代の割合　　　　　　　　何%か
46.6 ÷ 63.2 × 100 = 73.73… ≒ 73.7%

問題 1 は何倍か聞かれているので計算結果をそのまま答えればよいけど、問題 2 は何%か聞かれているので 100 をかけるのを忘れないようにしよう。またどちらの問題でも、割合のまま計算して、計算量を減らせるよう工夫して解いていこう。

自信をつける問題

1　図表を見て次の問いに答えなさい。

【地域別工業出荷額の割合の変化】

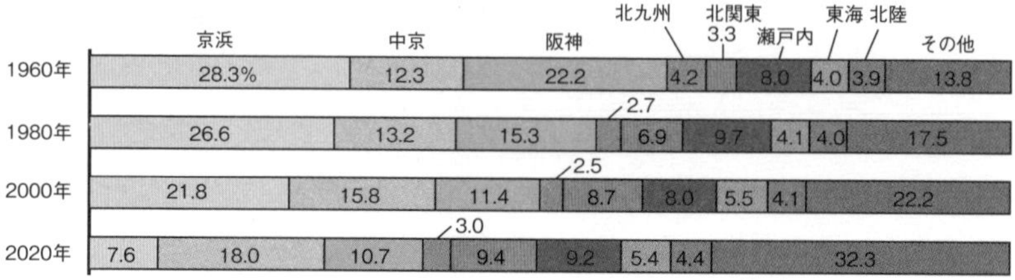

（「日本のすがた2023」ほかより）

1960 年の京浜の割合は同年の中京の割合のおよそ何倍か。最も近いものを、以下の選択肢の中から 1 つ選びなさい。

○ 2.3 倍　○ 2.5 倍　○ 3.2 倍　○ 4.5 倍　○ 4.6 倍

2　図表を見て次の問いに答えなさい。

【自動車メーカーごとの売上高】

会社名	売上高
A社	2,685.7億ドル
B社	1,559.3億ドル
C社	1,212.2億ドル
D社	1,066.5億ドル
E社	847.7億ドル

D 社の売上高は、A 社の売上高のおよそ何%か。最も近いものを、以下の選択肢の中から 1 つ選びなさい。

○ 23.6%　○ 39.7%　○ 42.1%　○ 53.7%　○ 66.2%

解答・解説

1　正解 2.3倍

まず、注目するグラフの年代を間違えないようにする。グラフは4つあるが、値を読み取るグラフは1960年のグラフのみである。1960年のグラフから、京浜の割合は28.3%、中京の割合は12.3%と読み取ることができる。このとき、「比べる量」は京浜の割合、「もとの量」は中京の割合であることに注意する。

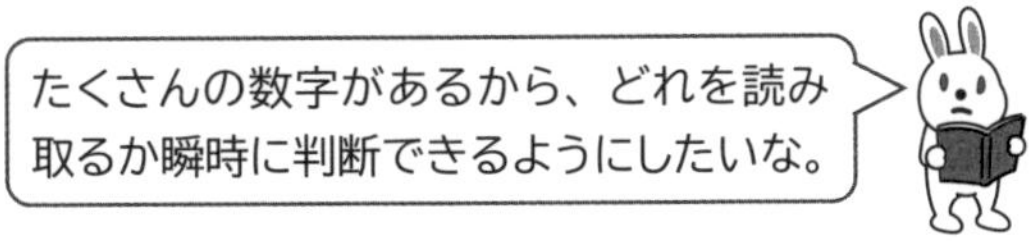

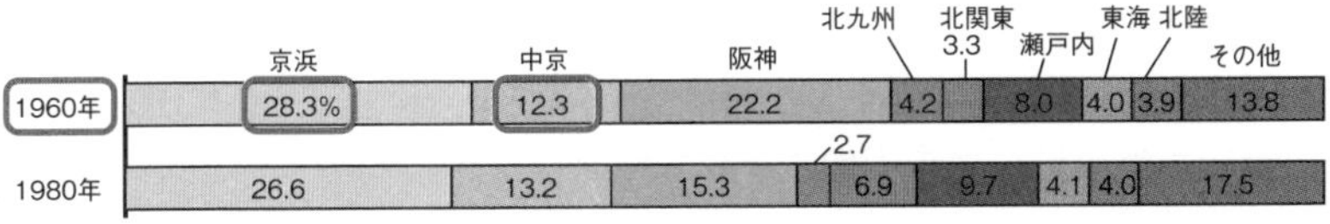

京浜の割合の28.3%を中京の割合の12.3%でわればよい。

京浜の割合　中京の割合　何倍か
28.3　÷　12.3　=　2.30…　≒ 2.3倍

2　正解 39.7%

これまでの問題と違い、表から値を読み取り計算する。値を正しく読み取ることができれば、これまでと同じように計算していけばよい。

表から、D社の売上高は1,066.5億ドル、A社の売上高は2,685.7億ドルだとわかる。また、「比べる量」はD社の売上高、「もとの量」はA社の売上高である。

会社名	売上高
A社	2,685.7億ドル
B社	1,559.3億ドル
C社	1,212.2億ドル
D社	1,066.5億ドル
E社	847.7億ドル

D社の売上高の1,066.5億ドルをA社の売上高の2,685.7億ドルでわればよい。単位が「%」なので100をかけることを忘れないようにする。

D社の売上高　A社の売上高　何%か
1,066.5　÷　2,685.7 × 100　=　39.71… ≒ 39.7%

3 図表を見て次の問いに答えなさい。

【携帯電話契約数（2020 年）】

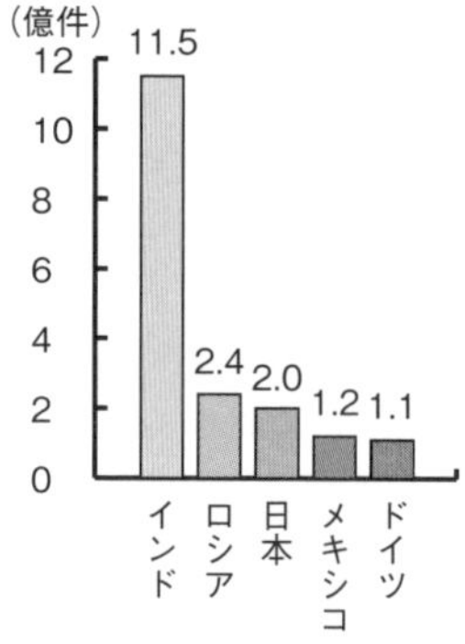

（「世界国勢図会2022／23」より）

ロシアの携帯電話契約数は、日本の携帯電話契約数のおよそ何倍か。最も近いものを、以下の選択肢の中から１つ選びなさい。

○ 1.20 倍　○ 1.37 倍　○ 1.57 倍　○ 2.37 倍　○ 2.57 倍

4 図表を見て次の問いに答えなさい。

【木材の生産国・輸出国（2017 年）】

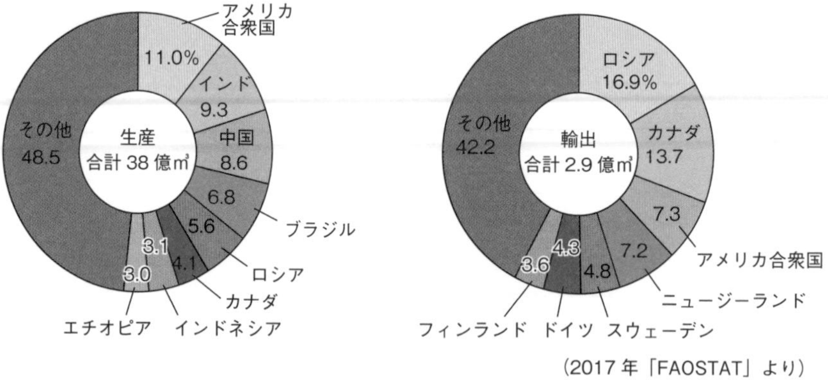

（2017 年「FAOSTAT」より）

アメリカ合衆国は生産量のおよそ何％を輸出しているか。最も近いものを、以下の選択肢の中から１つ選びなさい。

○ 0.5%　○ 1%　○ 5%　○ 10%　○ 15%

解答・解説

3　正解 1.20 倍

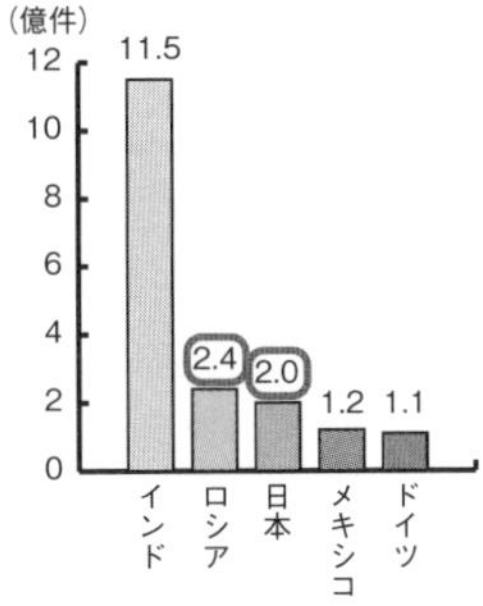

グラフから、ロシアの携帯電話契約数が 2.4 億件、日本の携帯電話契約数が 2.0 億件であることがわかる。このとき、「比べる量」はロシアの携帯電話契約数、「もとの量」は日本の携帯電話契約数である。また、「何倍か」という聞き方であることに注意し、日本の値を 1 としたときのロシアの値を求める。

ロシアの携帯電話契約数の 2.4 を日本の携帯電話契約数の 2.0 でわればよい。

ロシア		日本		何倍か
2.4	÷	2.0	=	1.2 倍

4　正解 5%

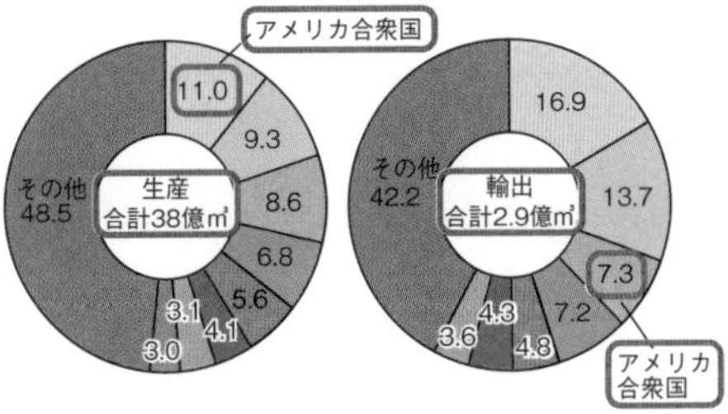

この問題は、異なる円グラフの値を比べるので、「もとの量」が異なることに注意する。それぞれの円グラフの「もとの量」に「割合」をかけて実際の値を求めてから、「もとの量÷比べる量」の計算により何%かを求める。グラフから、生産量の「もとの量」にあたる合計は 38 億、アメリカ合衆国の割合は 11%、輸出量の合計は 2.9 億、アメリカ合衆国の割合は 7.3%であることがわかる。

生産量の合計		アメリカ合衆国の割合		アメリカ合衆国の生産量
38 億	×	0.11	=	4.18 億
輸出量の合計		アメリカ合衆国の割合		アメリカ合衆国の輸出量
2.9 億	×	0.073	=	0.2117 億

輸出量の 0.2117 を生産量の 4.18 でわったものに 100 をかければよい。

輸出量		生産量				何%か		
0.2117	÷	4.18	×	100	=	5.06…	≒	5%

2章 計数　1. 図表問題

② 割合の比較

・複数の割合を比較して、その大小や増減関係を考える
・グラフの幅だけで判断せず、計算して正しく大小や増減を判断しよう

ゼロからわかる問題

図表を見て次の問いに答えなさい。

【A国の地域別貿易額の変化】

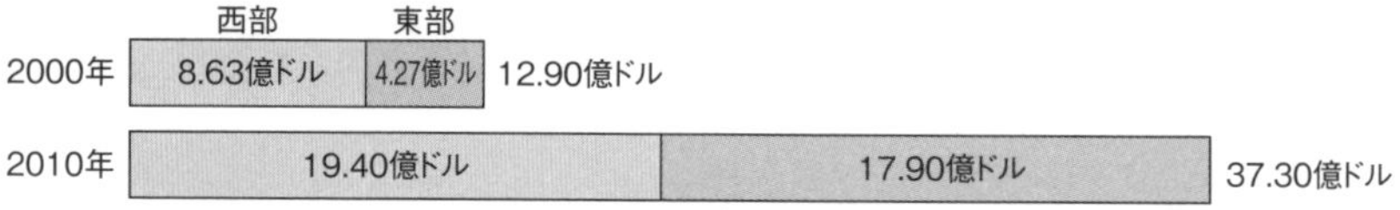

2000年から2010年にかけて、貿易額全体に占める西部の貿易額の割合はおよそ何%下降したか。最も近いものを、以下の選択肢の中から1つ選びなさい。

○ 5%　○ 7%　○ 10%　○ 13%　○ 15%

正解 15%

解説　%に注目→「割合」の変化を考える

表からはそれぞれの値しか読み取れないので、「比べる量÷もとの量」を計算して、それぞれの割合を求める。

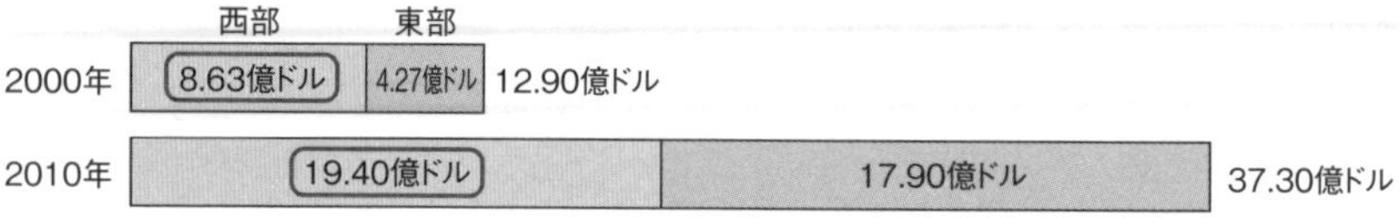

2000年の西部の貿易額		2000年の全体の貿易額		2000年の西部の割合
8.63	÷	12.90	×100 ＝	66.89… ≒ 66.9%

2010年の西部の貿易額		2010年の全体の貿易額		2010年の西部の割合
19.40	÷	37.30	×100 ＝	52.01… ≒ 52.0%

2000年の割合から2010年の割合をひけばよい。

2000年の西部の割合		2010年の西部の割合		何%
66.9	−	52.0	＝	14.9 ≒ 15%

2000年と2010年の西部の貿易額はそれぞれ8.63億ドルと19.40億ドルだから…あれ？貿易額は増加しているよ？

西部の貿易額自体は増加しているけれど、今回聞かれていることは、「全体に占める西部の割合」がどれだけ減少したかということだよ。

図表を見て次の問いに答えなさい。

【区画別工業生産割合の変化】

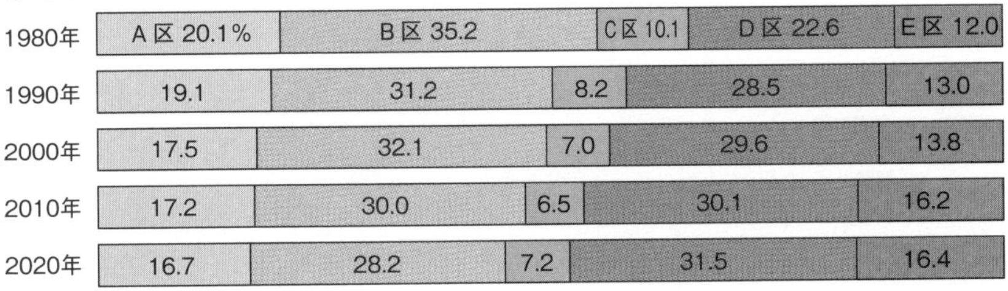

A区の割合に対するB区の割合が最も大きい年は何年か。以下の選択肢の中から1つ選びなさい。

○ 1980年　○ 1990年　○ 2000年　○ 2010年　○ 2020年

正解 2000年

解説　最も大きい→「割合」の大小を考える

グラフからは全体に対する割合しか読み取れないので、それぞれの年のA区の割合に対するB区の割合を計算する必要がある。このとき、A区の割合が「もとの量」、B区の割合が「比べる量」になる。計算が多くなるので、速く正確に計算できるようにする。

	B区の割合		A区の割合		割合
1980年	35.2	÷	20.1	=	1.75…
1990年	31.2	÷	19.1	=	1.63…
2000年	32.1	÷	17.5	=	1.83…
2010年	30.0	÷	17.2	=	1.74…
2020年	28.2	÷	16.7	=	1.68…

よって、2000年のA区の割合に対するB区の割合が最も大きいことがわかる。

割合の変化を聞かれているのか、大小を聞かれているのか、すばやく判断できるようにしよう。テストは限られた時間の中で解き進めていく必要があるので、計算量を最小限に抑えられるように、求める必要がある値を適切に判断する必要があるよ。

自信をつける問題

1　図表を見て次の問いに答えなさい。

【法人経営体数の変化】

	農業組合法人	会社	各種団体	その他	合計
2000年	1,341	3,446	309	176	5,272
2005年	1,663	6,016	643	378	8,700
2010年	3,077	8,395	652	387	12,511
2014年	4,600	9,400	700	600	15,300

（農林水産省「農林業センサス」ほかより）

全体の法人数に対する農業組合法人の割合について、前の年から最も上昇した年はおよそ何%上昇したか。最も近いものを、以下の選択肢の中から１つ選びなさい。

○ 5.0%　○ 5.5%　○ 6.0%　○ 6.5%　○ 7.0%

2　図表を見て次の問いに答えなさい。

【自然災害の発生件数と被害額の推移】

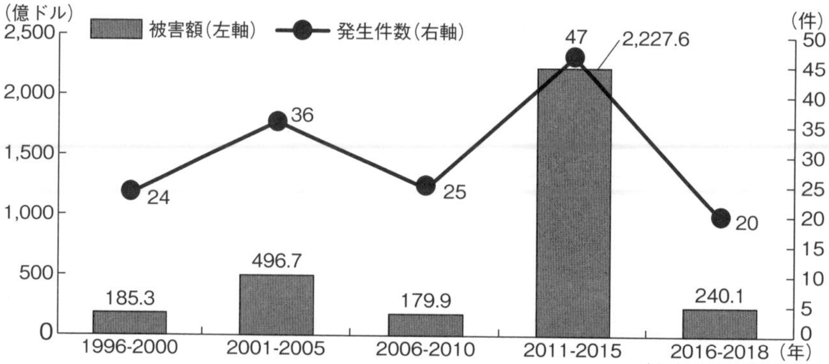

（中小企業庁資料より）

自然災害１件あたりの被害額の割合が２番目に大きい年代はいつか。以下の選択肢の中から１つ選びなさい。

○ 1996-2000年　○ 2001-2005年　○ 2006-2010年
○ 2011-2015年　○ 2016-2018年

解答・解説

1　正解　5.5%

表からは農業組合法人数しか読み取れないので、「比べる量÷もとの量」を計算して、それぞれの年の割合を求める。このとき、農業組合法人数が「比べる量」、合計が「もとの量」になる。

	農業組合法人数		合計				割合
2000 年	1,341	÷	5,272	×	100	=	25.436… ≒ 25.44
2005 年	1,663	÷	8,700	×	100	=	19.114… ≒ 19.11
2010 年	3,077	÷	12,511	×	100	=	24.594… ≒ 24.59
2014 年	4,600	÷	15,300	×	100	=	30.065… ≒ 30.07

前の年に比べて割合が上昇しているのは、2010 年と 2014 年になる。よって、2010 年の割合から 2005 年の割合、または 2014 年の割合から 2010 年の割合をひけばよい。

2010 年の割合		2005 年の割合		何%
24.59	−	19.11	=	5.48 ≒ 5.5%

2014 年の割合		2010 年の割合		何%
30.07	−	24.59	=	5.48 ≒ 5.5%

2　正解　2001-2005 年

グラフからはそれぞれの年の自然災害発生数と被害額の実際の値しか読み取れないので、それぞれの年の発生件数に対する被害額の割合を計算する必要がある。またこの割合が、自然災害 1 件あたりの被害額になることに注意する。このとき、発生件数が「もとの量」、被害額が「比べる量」になる。計算が多くなるので、速く正確に計算できるようにする。

	被害額		発生件数		割合
1996-2000 年	185.3	÷	24	=	7.72…
2001-2005 年	496.7	÷	36	=	13.79…
2006-2010 年	179.9	÷	25	=	7.19…
2011-2015 年	2,227.6	÷	47	=	47.39…
2016-2018 年	240.1	÷	20	=	12.00…

よって、2001-2005 年の自然災害 1 件あたりの被害額の割合が 2 番目に大きいことがわかる。

2章 計数　1. 図表問題

③ 増減率

・基準と比べて増加した割合や減少した割合を求める
・電卓では、増減率は「変化後÷変化前－1」で計算するとよい

ゼロからわかる問題

図表を見て次の問いに答えなさい。
【商品 A の開発費支出額】

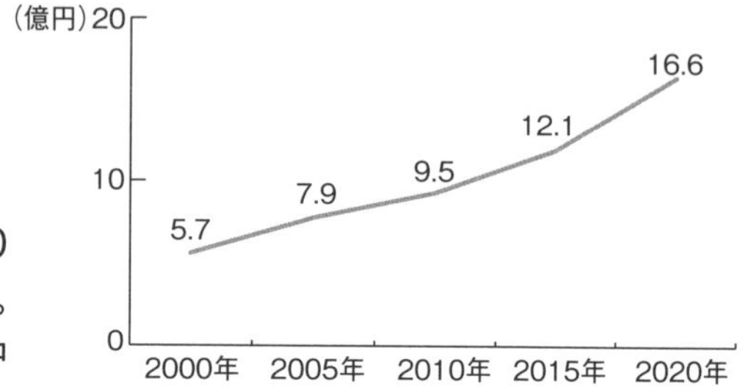

2020 年の開発費支出額は、2010 年と比べておよそ何％増加したか。最も近いものを、以下の選択肢の中から 1 つ選びなさい。

○ 70%　○ 72%　○ 75%　○ 78%　○ 82%

正解 75%

解説　2020 年と 2010 年に注目→増減率の式に当てはめる

2020 年の支出額と 2010 年の支出額に注目してグラフを読み取る。

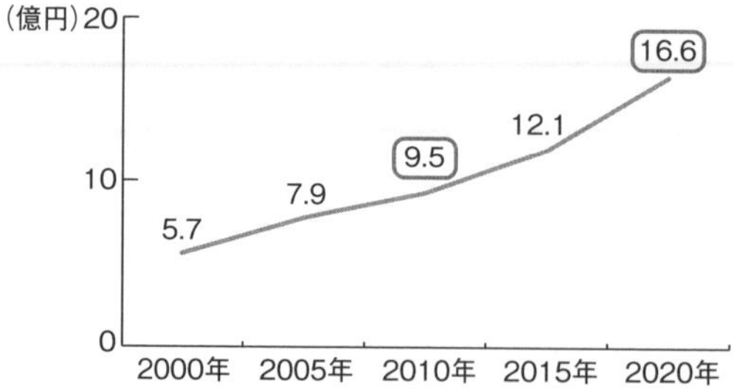

開発費支出額について、「2020 年の数÷ 2010 年の数－ 1」で増加率を求める。

2020 年の数		2010 年の数				増加率
16.6	÷	9.5	－	1	＝	0.7473… ➡ 約 75%増加

両年の支出額の差を 2010 年の数でわって、（16.6 － 9.5）÷ 9.5 ＝ 0.7473…と計算しても同じ答えになるよ？

確かに両年の差を、変化前の数でわっても答えは出せるね。でも、電卓を打つ回数が多くなってしまうから、初めの方法を使うといいよ。

図表を見て次の問いに答えなさい。

【B 社の日本国内の支店数と社員数】

	2018年	2019年	2020年	2021年	2022年
支店数(店)	850	621	578	477	420
社員数(人)	185,397	174,902	169,456	153,868	124,003

2022 年の B 社の社員数は、2019 年と比べておよそ何%減少したか。最も近いものを、以下の選択肢の中から 1 つ選びなさい。

○ 28%　○ 29%　○ 30%　○ 31%　○ 32%

正解 29%

解説 2022 年と 2019 年の社員数に注目→減少率を求める

2022 年と 2019 年を比べてみると、2022 年の社員数は減少している。減少率を求める場合も、「変化後÷変化前－ 1」の式に代入する。減少率なので、計算結果はマイナスになる。

	2018年	2019年	2020年	2021年	2022年
支店数(店)	850	621	578	477	420
社員数(人)	185,397	174,902	169,456	153,868	124,003

減少

B 社の社員数について、図表から 2022 年と 2019 年の値を読み取り、「2022 年の数÷ 2019 年の数－ 1」で減少率を求める。

2022 年の数		2019 年の数				減少率
124,003	÷	174,902	－	1	=	－ 0.2910… ➡ 約 29%減少

「変化後÷変化前」から 1 をひくのは、この計算結果が、変化前を 1 としたときの変化後の割合を表しているから。この結果から、1 をひくことによって、増加率や減少率がわかるんだ。減少率を求めるときには、答えが必ずマイナスになることに注意しようね。

自信をつける問題

1　図表を見て次の問いに答えなさい。

【日本の漁獲量の推移】

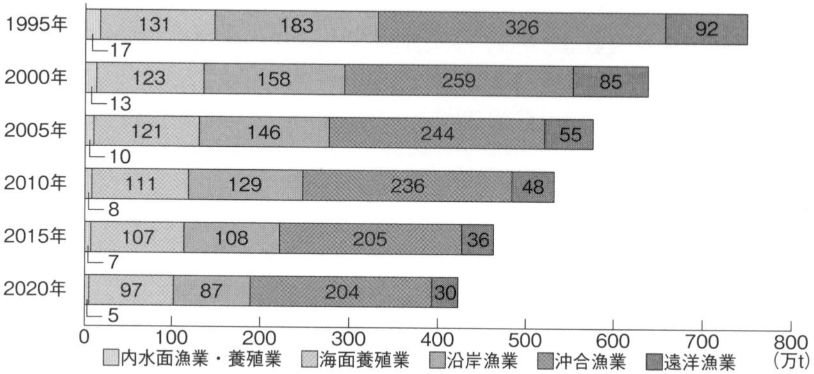

（水産庁　令和3年度「水産の動向」より）

1995 年から 2020 年の間で、日本の沿岸漁業の減少率が最も大きいのは、どの期間か。以下の選択肢の中から 1 つ選びなさい。

○ 1995 年～ 2000 年　○ 2000 年～ 2005 年　○ 2005 年～ 2010 年
○ 2010 年～ 2015 年　○ 2015 年～ 2020 年

2　図表を見て次の問いに答えなさい。

【掃除機の販売台数推移】

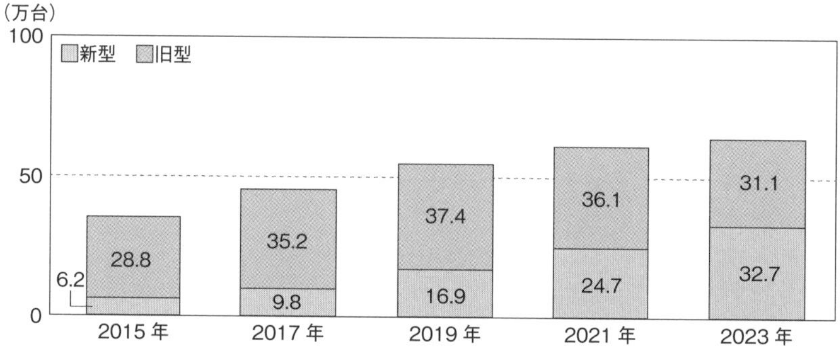

2025 年の新型掃除機販売台数の予測において、対 2023 年増加率が約 12%だったとすると、2025 年の新型掃除機販売台数はおよそ何万台と推測できるか。最も近いものを、以下の選択肢の中から 1 つ選びなさい。

○ 36 万台　○ 36.2 万台　○ 36.4 万台　○ 36.6 万台　○ 36.8 万台

解答・解説

1　正解　2015 年～ 2020 年

まず、沿岸漁業の漁獲高について、「後の年（変化後）÷前の年（変化前）－ 1」で、選択肢のそれぞれの期間における減少率を求める。

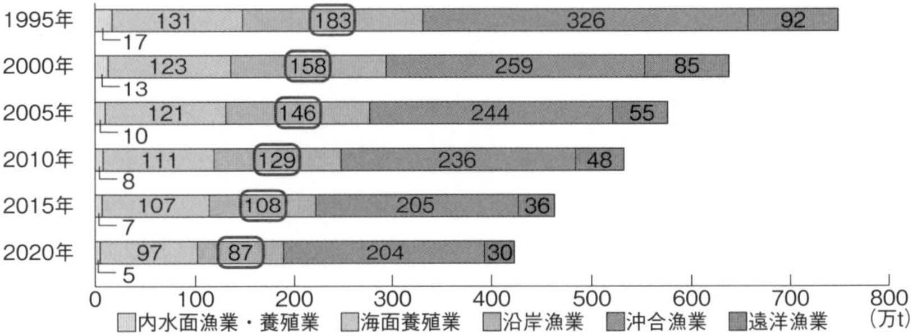

	後の年		前の年				減少率
1995 年～ 2000 年	158	÷	183	－ 1	＝	－ 0.136…	➡ 約 14%減少
2000 年～ 2005 年	146	÷	158	－ 1	＝	－ 0.075…	➡ 約 8%減少
2005 年～ 2010 年	129	÷	146	－ 1	＝	－ 0.116…	➡ 約 12%減少
2010 年～ 2015 年	108	÷	129	－ 1	＝	－ 0.162…	➡ 約 16%減少
2015 年～ 2020 年	87	÷	108	－ 1	＝	－ 0.194…	➡ 約 19%減少

よって、2015 年～ 2020 年の減少率が最も大きいとわかる。

2　正解　36.6 万台

2025 年はグラフには含まれていないが、2023 年の新型販売台数と、「対 2023 年増加率が約 12%」であることから、2025 年の新型販売台数を推測することができる。2023 年の販売台数を 1 としたときの増加率を考え、「2023 年の新型掃除機販売台数 ×（1 ＋ 0.12）」と計算すればよい。

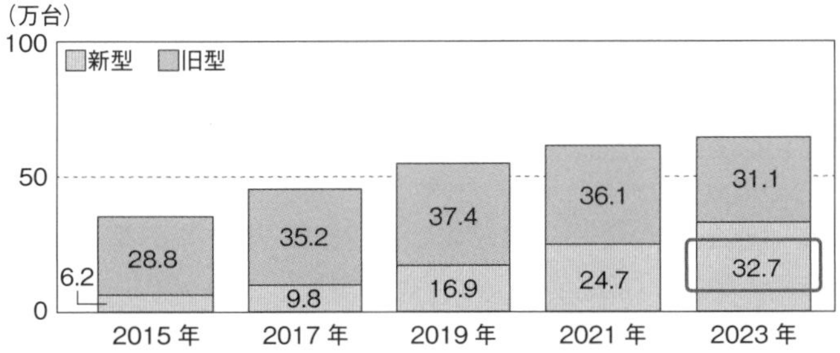

電卓では、（1 ＋ 0.12）を先に計算するとかっこの中を楽に処理できる。

2023 年の新型販売台数		2023 年からの増加率		2025 年の予測販売台数
32.7	×	（1 ＋ 0.12）	＝	36.624 ➡ 約 36.6 万台

3　図表を見て次の問いに答えなさい。

【東京都の農業生産量の推移】

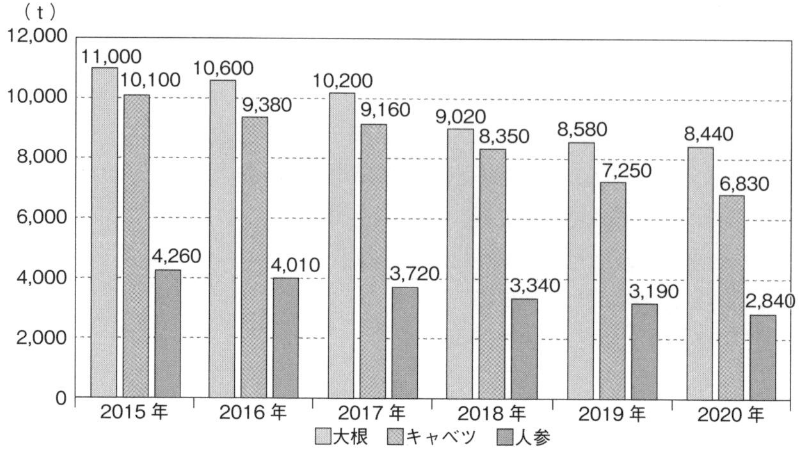

（農林水産省「作物統計調査」より）

2018 年から 2019 年の東京都におけるキャベツの生産量の減少率は、2016 年から 2017 年のキャベツの生産量の減少率のおよそ何倍か。最も近いものを、以下の選択肢の中から 1 つ選びなさい。

○ 5.7 倍　○ 6.0 倍　○ 6.3 倍　○ 6.6 倍　○ 6.4 倍

4　図表を見て次の問いに答えなさい。

【R 製造社の売上額、従業者数、事業所数の推移】

年	売上額（百万円）	従業者数（人）	事業所数
2013	9,868,530	164,891	2,728
2014	10,754,392	166,823	2,431
2015	9,912,248	160,277	2,056
2016	11,034,521	152,093	1,997
2017	12,956,167	146,998	1,980
2018	12,802,445	143,802	1,937

従業者 1 人あたりの売上額において、2016 年から 2018 年までの増加率は 2013 年から 2015 年までの増加率と比べておよそ何%増加したか。最も近いものを、以下の選択肢の中から 1 つ選びなさい。

○ 15%　○ 19%　○ 23%　○ 29%　○ 32%

解答・解説

3　**正解** 5.7倍

キャベツの生産量について、「2016年から2017年」「2018年から2019年」のそれぞれの減少率を求めてから、減少率を比較する。求めた減少率は小数値のまま計算する。

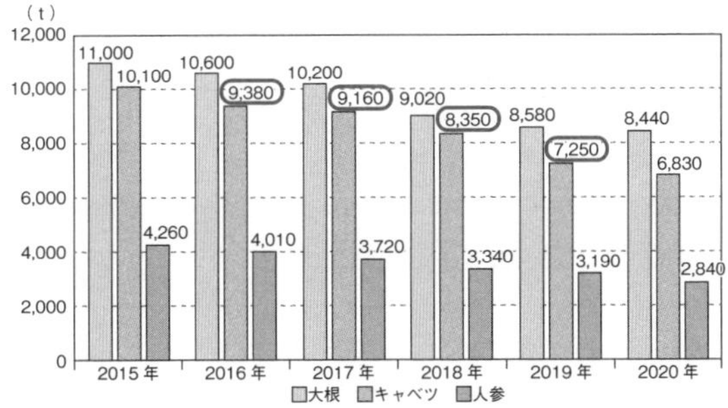

後の年　前の年　減少率

2016年～2017年　9,160 ÷ 9,380 － 1 ＝ －0.0234… ➡ 約0.023減少

2018年～2019年　7,250 ÷ 8,350 － 1 ＝ －0.1317… ➡ 約0.132減少

2019年の減少率　2017年の減少率　2019年減少率の倍率

0.132 ÷ 0.023 ＝ 5.73… ➡ 約5.7倍

4　**正解** 19%

従業者1人あたりの売上額の、2016年から2018年までの増加率と、2013年から2015年までの増加率を計算する。まず、「売上額÷従業者数」で従業者1人あたりの売上額を求め、次に、求めた従業者1人あたりの売上額を使って、増加率を「変化後÷変化前－1」の式に当てはめて求める。そしてその差を考える。

年	売上額(百万円)	従業者数(人)
2013	9,868,530	164,891
2015	9,912,248	160,277
2016	11,034,521	152,093
2018	12,802,445	143,802

売上額　従業者数　従業者1人あたりの売上額

2013年　9,868,530 ÷ 164,891 ＝ 59.848… ≒ 59.85

2015年　9,912,248 ÷ 160,277 ＝ 61.844… ≒ 61.84

2016年　11,034,521 ÷ 152,093 ＝ 72.551… ≒ 72.55

2018年　12,802,445 ÷ 143,802 ＝ 89.028… ≒ 89.03

2015年　2013年　増加率

61.84 ÷ 59.85 － 1 ＝ 0.0332… ➡ 約3.3%増加

2018年　2016年　増加率

89.03 ÷ 72.55 － 1 ＝ 0.2271… ➡ 約22.7%増加

22.7 － 3.3 ＝ 19.4 ≒ 19%

2章 計数　1. 図表問題

④ 数量

・総数や総額、人数の割合などのさまざまな数量を求める
・計算する前に選択肢の桁数を確認して、概算できるかどうか検討しよう

ゼロからわかる問題

図表を見て次の問いに答えなさい。

【訪日外国人観光客の国別・地域別内訳（2015年)】

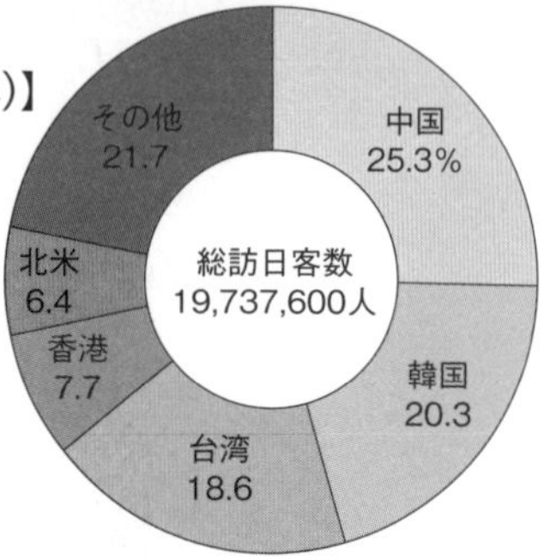

（日本政府観光局資料より）

中国からの訪日観光客数はおよそ何人か。
最も近いものを、以下の選択肢の中から1つ選びなさい。

○ 400万人　　○ 414万人　　○ 428万人　　○ 454万人　　○ 499万人

正解 499万人

解説 総訪日客数に対する中国の割合に注目→割合をかけ算

2015年の総訪日客数に、中国の割合をかけ算する。

「19,737,600人」は桁数が大きいので、百の位で四捨五入して計算するとよい。

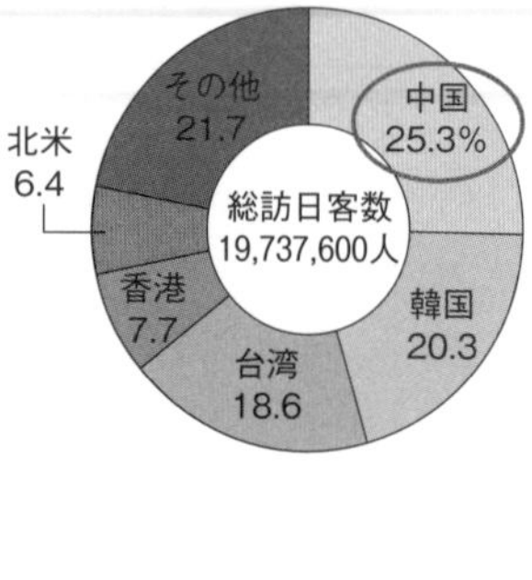

総訪日客数		中国の割合		中国からの観光客数
19,738,000	×	0.253	=	4,993,714
				➡ 約499万人

中国の割合は25.3%だから、「19,738,000 × 25.3 = 499,371,400」となって、4億9900万人…あれ？

割合を表す「%」は100でわって、小数値の実数にしてから計算しなければいけないよ。

図表を見て次の問いに答えなさい。

【コンビニエンスストアの売上高と店舗数の推移】

年	売上高（百万円）	店舗数（店）
2010	8,482,701	45,769
2012	9,380,512	50,206
2014	10,459,716	55,774
2016	10,832,003	57,818
2018	11,261,655	58,340

（経済産業省資料ほかより）

2018 年と 2010 年のコンビニエンスストアの売上高の差額はおよそ何億円か。最も近いものを、以下の選択肢の中から 1 つ選びなさい。

○ 27 億円　○ 277 億円　○ 2,779 億円　○ 27,790 億円　○ 277,900 億円

正解　27,790 億円

解説　選択肢の桁数に注目→概算で答えを求める

売上高について、「2018 年－ 2010 年」を求める。このとき選択肢には、同じ数値の答えが桁違いで並んでいるとわかる。したがって、概算で上位の桁だけを計算して、およその答えを求め、桁や単位は後で補えばよい。単位のつけ間違いに注意しよう。

年	売上高（百万円）	店舗数（店）
2010	8,482,701	45,769
2018	11,261,655	58,340

2018 年の売上高　　2010 年の売上高　　　　　差額

11,261　－　8,482　＝　2,779 ➡ 2,779,000 百万円

＝ 約 27,790 億円

よって、27,790 億円が答えとなる。

問題 1 は、「19,700,000 × 0.253 ＝ 4,984,100」と概算しても、選択肢の値が離れているため答えが求められるよ。問題 2 は、売上高を概数にせず、「11,261,655 － 8,482,701 ＝ 2,778,954」と計算してもよいね。

自信をつける問題

1 図表を見て次の問いに答えなさい。

【N 国の小麦輸出入量の推移】

年	輸入(t)	輸入量 対前年比(%)	輸出(t)	輸出量 対前年比(%)
2010	3,320,400	6.0	753,911	3.1
2011	3,658,028	10.2	776,401	3.0
2012	3,977,015	8.7		−7.2
2013	4,156,682	4.5	699,038	−2.9
2014	4,968,390	19.5	640,512	−8.4

N 国における 2012 年の小麦輸出量は約何 t か。最も近いものを、以下の選択肢の中から 1 つ選びなさい。

○ 68 万 t　○ 70 万 t　○ 72 万 t　○ 74 万 t　○ 76 万 t

2 図表を見て次の問いに答えなさい。

【ある資格試験の年度別受験者数と合格者数】

年度	受験者数(人)	全科目合格者数(人)	1科目合格者数(人)	合格者数(合計)(人)
2015	9,453	1,804	2,215	2,894
2016	8,901		1,145	
2017	9,483	938	1,257	2,296
2018	8,394	1,029	1,459	2,498
2019	10,125	1,684		2,871

受験者数に対する合格者数（合計）の割合について、2017 年よりも 2016 年が 6.2%多いとき、2016 年の合格者数（合計）は何人か。最も近いものを、以下の選択肢の中から 1 つ選びなさい。

○ 2,696 人　○ 2,706 人　○ 2,716 人　○ 2,726 人　○ 2,736 人

解答・解説

1　**正解** 72万t

2012年の小麦の輸出量は、グラフより対前年比で－7.2%とわかる。「2011年の小麦の輸出量×（1－0.072）」で2012年の輸出量を求めることができる。このとき、百の位から下の位は概数にして計算する。電卓では、かけ算の順番を逆にして、「(1－0.072）×2011年の小麦の輸出量」とすると、速く計算できる。

年	輸入(t)	輸入量 対前年比(%)	輸出(t)	輸出量 対前年比(%)
2011	3,658,028	10.2	776,401	3.0
2012	3,977,015	8.7		−7.2
2013	4,156,682	4.5	699,038	−2.9

2011年の小麦の輸出量		対前年比減少率		2012年の小麦の輸出量
776,000	×	（1－0.072）	＝	720,128 ➡ 約72万t

2　**正解** 2,706人

「合格率」に関する問題である。問題文に「2017年よりも2016年が6.2%多い」とあるので、「2017年の合格率＋6.2%＝2016年の合格率」だとわかる。まず、2017年の合格率を求め、そこから2016年の合格率を計算する。次に、2016年の合格率に2016年の受験者数をかけ算して合格者数(合計)を求めればよい。合格率(%)は100でわって実数に直してから計算しよう。

年度別	受験者数(人)	全科目合格者数(人)	1科目合格者数(人)	合格者数(合計)(人)
2016	8,901		1,145	
2017	9,483	938	1,257	2,296

2017年の合格者数		受験者数				2017年の合格率
2,296	÷	9,483	×	100	＝	24.21… ➡ 24.2%

2017年の合格率		増加率		2016年の合格率
24.2	＋	6.2	＝	30.4%

2016年の受験者数		合格率		2016年の合格者数（合計）
8,901	×	0.304	＝	2,705.9… ➡ 約2706人

よって、最も値が近い2,706人が答えとなる。

3　図表を見て次の問いに答えなさい。

【日本のLNG輸入量と輸入相手国（2019年）】

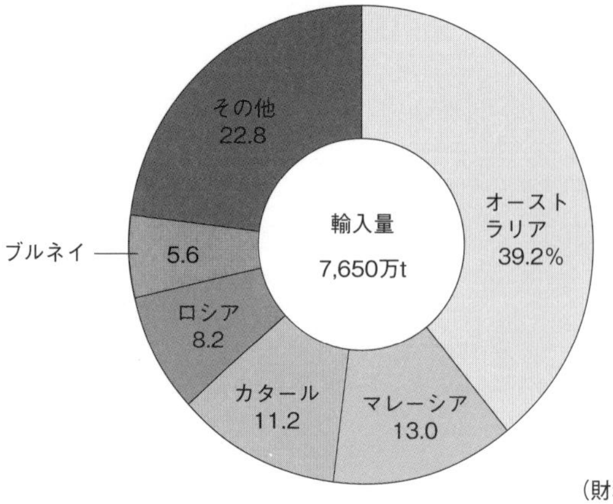

（財務省「貿易統計」より）

ある2か国からのLNG輸入量を合計すると、日本のLNG総輸入量に占める割合が22%より大きく、25%より小さくなった。この2か国のうち、一方の国からの輸入量が859万tであるとき、もう一方の国からの輸入量はおよそ何万tになるか。最も近いものを、以下の選択肢の中から1つ選びなさい。

○ 979万t　○ 984万t　○ 989万t　○ 995万t　○ 999万t

4　図表を見て次の問いに答えなさい。

【A国のエネルギー発電供給割合の推移】

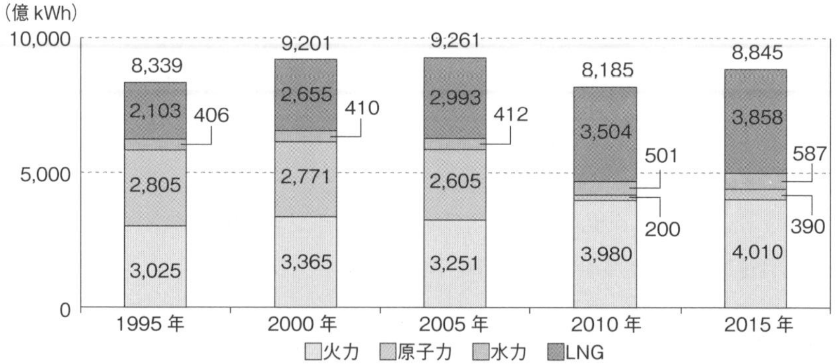

A国におけるエネルギー発電供給量は、2015年～2020年の総供給量の増加率と2010年～2015年の増加率が同じであり、2020年のLNGの割合が41.1%であった。この時2020年のLNGの供給量はおよそ何億kWhになるか。最も近いものを、以下の選択肢の中から1つ選びなさい。

○ 3,500億kWh　○ 3,700億kWh　○ 4,000億kWh

○ 4,200億kWh　○ 4,500億kWh

解答・解説

3　**正解**　995万t

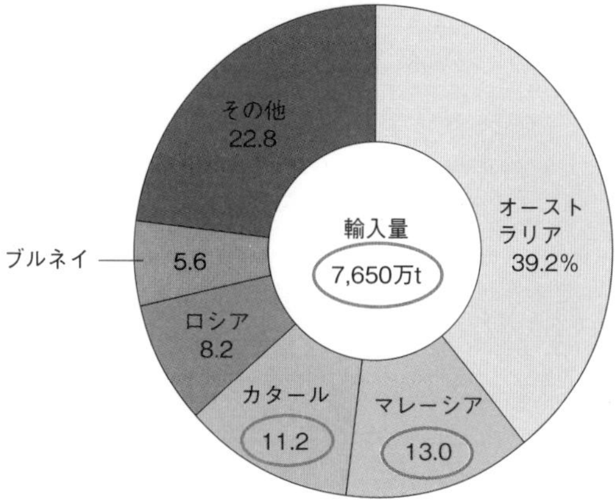

まず、ある国の日本への輸出量859万tが、円グラフで全体の何%に相当するか計算する。すると、ある国とはカタールのことであるとわかる。続いて、問題文より2か国からの輸入量の合計は「22%より大きく、25%よりも小さくなる」とわかる。したがって、先ほど求めた一方の国の割合をそれぞれの値からひき算すると、もう一方の国が全体の13%を占める「マレーシア」であることがわかる。

総輸入量7,650万tにもう一方の国（マレーシア）の割合をかけ算して、輸入量を求める。

一方の国からの輸入量　総輸入量　一方の国の割合
859 ÷ 7,650 × 100 = 11.22… ≒ 11.2%

22 − 11.2 = 10.8 ➡ もう一方の国の割合は10.8%よりも大きい。

25 − 11.2 = 13.8 ➡ もう一方の国の割合は13.8%よりも小さい。

グラフより、2つの条件を満たすのは「マレーシア」のみである。

総輸入量　マレーシアの割合　マレーシアからの輸入量
7,650 × 0.130 = 994.5 ➡ 約995万t

4　**正解**　4,000億kWh

まず、総供給量に関して2010年に対する2015年の割合を求める。この割合に2015年の総供給量をかけ算すると、2020年の総供給量がわかる。問題文より、2020年のLNGの割合が41.1%なので、2020年の総供給量にかけ算してLNGの供給量を求める。

2015年の総供給量　2010年の総供給量　割合
8,845 ÷ 8,185 = 1.08… ≒ 1.1

2015年の総供給量　割合　2020年の総供給量
8,845 × 1.1 = 9,729.5 ≒ 9,730

2020年の総供給量　LNGの割合　2020年のLNG供給量
9,730 × 0.411 = 3,999.03 ≒ 3,999億kWh

2章 計数　1. 図表問題

⑤ 平均

・ある数とある数の平均を求めたり、平均同士を比べたりする
・「データの値÷すべての合計のデータの数」という基本を覚えておこう

ゼロからわかる問題

図表を見て次の問いに答えなさい。

【主な国の肉と魚の１人１日あたりの消費量（2020年）】

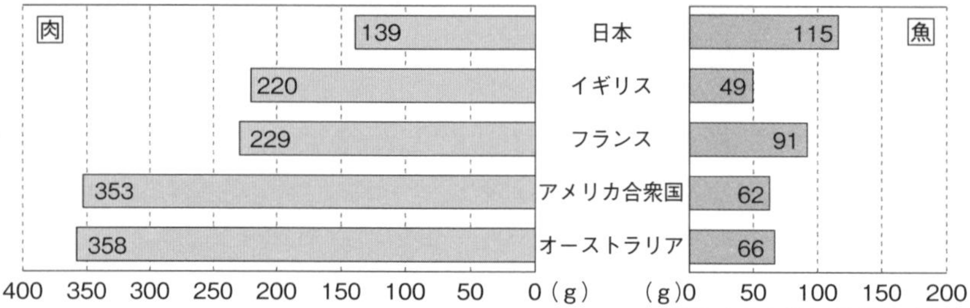

（「日本のすがた 2023」より）

日本の１人１日あたりの肉と魚の消費量の平均はおよそ何ｇか。最も近いものを、以下の選択肢の中から１つ選びなさい。

○ 119g　○ 122g　○ 125g　○ 127g　○ 130g

正解 127g

解説 ２つの数の平均を求めるには、たした数を２でわる

日本の肉の消費量と魚の消費量をたして２でわり、平均を求める。

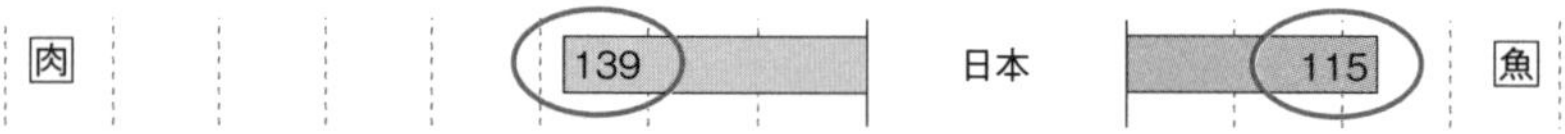

肉の消費量　魚の消費量　肉と魚の消費量の平均

（ 139 ＋ 115 ）÷ 2 ＝ 127g

データの値をすべての合計のデータの数でわったものという基本が適用されているね。

もちろんだよ。今回は日本の肉の消費量と魚の消費量が「データの値」、2が「すべての合計のデータの数」だね。

図表を見て次の問いに答えなさい。

【E 社の推移】

年度	売上額(百万円)	社員数(人)	社員平均年齢(歳)	拠点数
2012	1,473,849	21,638	45.2	263
2017	907,316	22,851	43.8	287
2022	877,134	20,154	44.3	271

2017 年度における 1 拠点あたりの社員数の平均はおよそ何人か。最も近いものを、以下の選択肢の中から 1 つ選びなさい。

○ 78 人　○ 79 人　○ 80 人　○ 81 人　○ 82 人

正解 80 人

解説 「データの値」÷「すべての合計のデータの数」の式に数値を当てはめる

ここでは、2017 年度の 1 拠点あたりの値を求めたいので、「すべての合計のデータの数」は、2017 年度の拠点数「287」であるとわかる。

求めたいデータは社員数であるため、「データの値」は、2017 年の社員数「22,851」であることもわかる。

年度	売上額(百万円)	社員数(人)	社員平均年齢(歳)	拠点数
2017	907,316	22,851	43.8	287

よって、「社員数÷拠点数」で 1 拠点あたりの社員数が求められる。

社員数		拠点数		1拠点あたりの社員数
22,851	÷	287	=	79.62… ≒ 80 人

数が大きくなったり、求めたいものが変わったりしても、基本の式をもとにひも解いていけば、問題なく立式することができるよ。
うまく電卓を活用しながら、すばやく計算していこう。

自信をつける問題

1　図表を見て次の問いに答えなさい。

【県別コメ（水稲）の収穫量（令和４年)】

	収穫量(t)		10aあたり(kg)		収穫量(t)		10aあたり(kg)
		割合(%)				割合(%)	
新潟	631,000	8.7	544	千葉	259,500	3.6	544
北海道	553,200	7.6	591	岩手	247,600	3.4	537
秋田	456,500	6.3	554	青森	235,200	3.2	594
山形	365,300	5.0	594	富山	197,400	2.7	556
宮城	326,500	4.5	537	長野	187,300	2.6	608
茨城	319,200	4.4	532	兵庫	177,000	2.4	513
福島	317,300	4.4	549	福岡	164,000	2.3	491
栃木	270,300	3.7	532	熊本	156,800	2.2	501

（農林水産省「作物統計調査」より）

新潟県のコメの収穫量は、北海道、秋田県、山形県の平均収穫量よりおよそ何ｔ多いか。最も近いものを、以下の選択肢の中から１つ選びなさい。

○ 171,050t　○ 171,750t　○ 172,100t　○ 172,670t　○ 173,520t

2　図表を見て次の問いに答えなさい。

【京浜工業地帯と中京工業地帯の工業出荷額と割合】

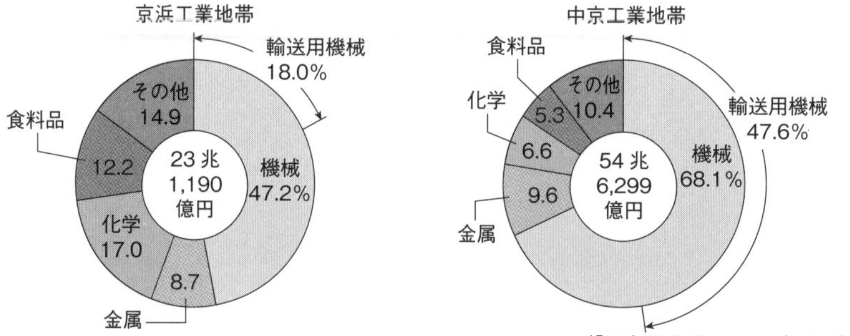

（「日本のすがた 2023」より）

２つの工業地帯に関して、化学の平均出荷額は食料品の平均出荷額よりおよそ何億円多いか。最も近いものを、以下の選択肢の中から１つ選びなさい。

○ 9,000 億円　○ 9,100 億円　○ 9,200 億円　○ 9,300 億円　○ 9,400 億円

解答・解説

1　正解　172,670t

まず、北海道、秋田県、山形県の平均収穫量を求める。「データの値」÷「すべての合計のデータの数」の式に数値を当てはめて考えると、

	収穫量(t)	割合(%)	10aあたり(kg)
新潟	631,000	8.7	544
北海道	553,200	7.6	591
秋田	456,500	6.3	554
山形	365,300	5.0	594

北海道　秋田県　山形県　データの数　平均収穫量
(553,200 + 456,500 + 365,300) ÷ 3 = 458,333.3… ≒ 458,333t

そしてこれを新潟の収穫量からひく。

新潟県　平均収穫量　差
631,000 − 458,333 = 172,667 ≒ 172,670t

2　正解　9,100 億円

初めに、それぞれの工業地帯での、食料品と化学の出荷額を計算する。

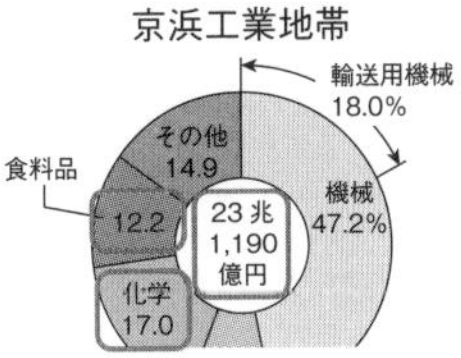

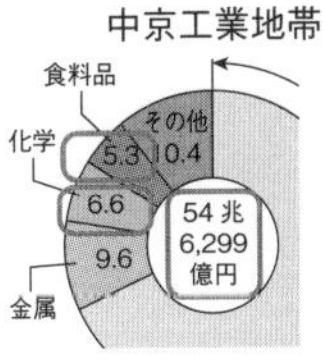

	総出荷額		割合		出荷額
京浜　化学	231,190	×	0.170	=	39,302.3 億円
京浜　食料品	231,190	×	0.122	=	28,205.18 億円
中京　化学	546,299	×	0.066	=	36,055.734 億円
中京　食料品	546,299	×	0.053	=	28,953.847 億円

化学と食料品それぞれの出荷額の平均を計算する。

京浜　中京　データの数　平均出荷額
化学　(39,302.3 + 36,055.734) ÷ 2 = 37,679.017 ≒ 37,679 億円
食料品 (28,205.18 + 28,953.847) ÷ 2 = 28,579.5135 ≒ 28,580 億円

よって、これらの差を求めると答えとなる。
37,679 − 28,580 = 9,099 ≒ 9,100 億円

2章 計数　1. 図表問題

⑥ 比

・2つ以上の0でない数の比例関係を表したもの
・割合とも深い関係があるので確認しよう

ゼロからわかる問題

図表を見て次の問いに答えなさい。

【各国の人口と面積の比較（2021年）】

国	人口(百万人)	面積(万㎢)
日本	125.5	37.7
アメリカ	331.9	983.3
ロシア	143.4	1709.8

（「世界国勢図会2022/23」ほかより）

日本の人口を100とすると、アメリカの人口は、およそいくつで表されるか。最も近いものを、以下の選択肢の中から1つ選びなさい。

○ 24　○ 26　○ 246　○ 264　○ 2460

正解 264

解説　日本の人口を1としたときのアメリカの人口を求めていく

ここでやってしまいがちなのが、最初から日本の人口を100として求める方法を考えることである。そうではなく、まずは日本の人口を1としたときのアメリカの人口を考えていき、求められた数値を100倍することで、「日本の人口を100としたときのアメリカの人口」を求めることができる。百万は省略して計算することができる。

アメリカ　日本　日本を1としたときのアメリカ

$331.9 \div 125.5 = 2.644\cdots \fallingdotseq 2.64$

$2.64 \times 100 = 264$

きちんと理解していないと、どっちでどっちをわればいいかわかりにくいね。

そうだね。1とする方でわり算と覚えておくと、少し楽になるかもしれないね。

図表を見て次の問いに答えなさい。

【T 小学校の児童数推移】

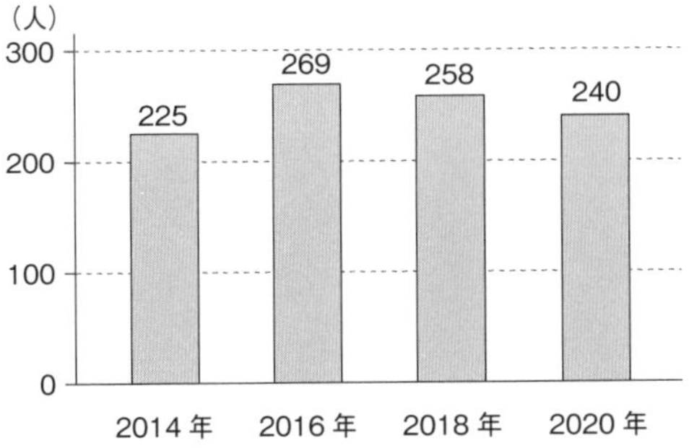

2016 年の T 小学校の児童数を 1 とすると、2020 年の児童数は、およそいくつで表されるか。最も近いものを、以下の選択肢の中から 1 つ選びなさい。

○ 0.3　○ 0.5　○ 0.7　○ 0.9　○ 1.1

正解 0.9

解説 A を 1 としたときの B の求め方は、B ÷ A で求められる

解説の説明より、「2020 年の児童数」÷「2016 年の児童数」と立式することができる。

この式から、2016 年を 1 としたときの 2020 年の数値を求めることができる。

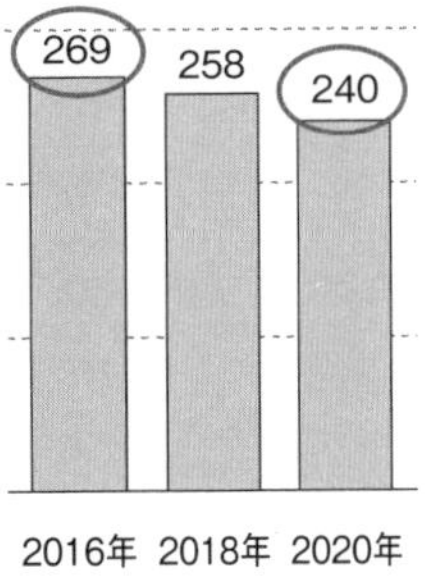

2020年		2016年		2016年を1としたときの2020年
240	÷	269	=	0.89… ≒ 0.9

問題 2 は、基礎をもとに計算するよ。問題 1 も、100という数字に惑わされず、基本を思い出して計算すれば求めることができる。つまり、基礎をおさえてしまえば、あとは工夫だけで解くことができるんだ。

自信をつける問題

1　図表を見て次の問いに答えなさい。

【日本の男女比】

年	男性（千人）	女性（千人）
2005年	62,349	65,419
2010年	62,328	65,730
2015年	61,842	65,253
2020年	61,350	64,797

（総務省統計局資料より）

2005 年の男性の人口を 1 とすると、2015 年の男性の人口は、およそいくつで表されるか。最も近いものを、以下の選択肢の中から 1 つ選びなさい。

○ 0.79　○ 0.89　○ 0.99　○ 1.09　○ 1.19

2　図表を見て次の問いに答えなさい。

【日本の貿易相手地域の輸出輸入割合（2021 年）】

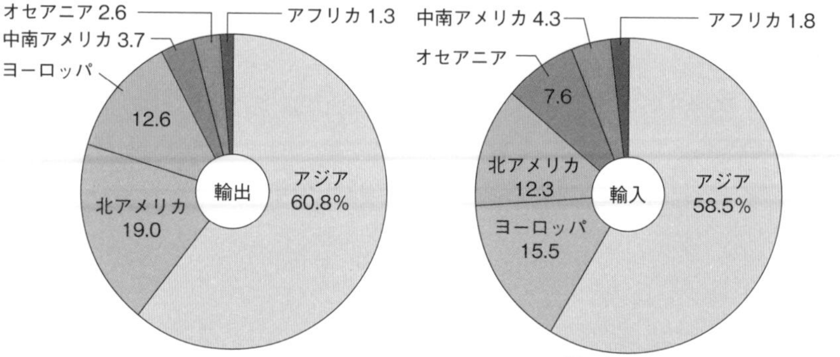

（「日本国勢図会 2023/24」より）

アジアの輸出額を 100 とすると、輸出全体の総額は、およそいくつで表されるか。最も近いものを、以下の選択肢の中から 1 つ選びなさい。

○ 153　○ 164　○ 171　○ 182　○ 198

解答・解説

1 正解 0.99

「2015年の男性の人口」÷「2005年の男性の人口」で、2005年を1としたときの2015年の男性の人口の数値を求めることができる。

年	男性(千人)	女性(千人)
2005年	62,349	65,419
2010年	62,328	65,730
2015年	61,842	65,253
2020年	61,350	64,797

2015年　　2005年　　2005年を1としたときの2015年の男性の人口

61,842 ÷ 62,349 = 0.991… ≒ 0.99

2 正解 164

この問題を解く際に必要な情報は、輸出の円グラフにある。

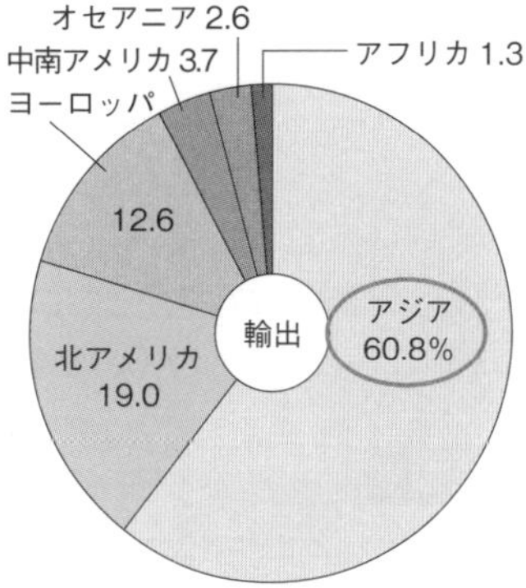

まず、アジアの総額を1としたときの全体の総額の割合について考える。これは、「全体の総額の割合÷アジアの割合」で、求めることができる。

全体の総額　　アジア　　アジアを1としたときの全体

100 ÷ 60.8 = 1.644… ≒ 1.64

最後に100倍することで、アジアの総額を100としたときの全体の総額を求めることができる。

1.64 × 100 = 164

2章 計数　1. 図表問題

⑦ 文字式

・文字を使った関係式で、数字の式と何ら変わりはない
・AをXとしたときにBは何Xになるのかを考える

ゼロからわかる問題

図表を見て次の問いに答えなさい。
【日本の国籍別外国人の割合（2020年）】

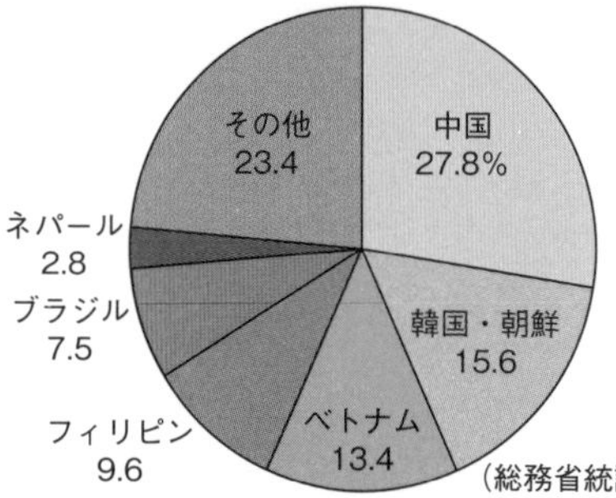

（総務省統計局　令和２年「国勢調査」より）

国籍別外国人の全体を X とすると、ベトナム人の割合は、どのように表されるか。以下の選択肢の中から１つ選びなさい。

○ $0.113X$　○ $0.124X$　○ $0.134X$　○ $0.143X$　○ $0.154X$

正解 $0.134X$

解説　まずは全体を１としたときのベトナム人の割合を求めよう

最初に、解説にあるとおり、全体を１としたときのベトナム人の割合を、「ベトナム人の割合÷国籍別外国人の全体の割合」で求めていく。

ベトナム人		国籍別外国人の全体		国籍別外国人の全体を1としたときのベトナム人
13.4	÷	100	=	0.134

これを X 倍することによって、国籍別外国人の全体を X としたときのベトナム人の割合がわかる。

$$0.134 \times X = 0.134X$$

この問題は全体を X としているから、ベトナム人の割合の数字がそのまま答えになっているね。計算しなくても解くことができるよ。

図表を見て次の問いに答えなさい。

【O 地区の人口推移】

年	2014年	2016年	2018年	2020年	2022年
人数(人)	827	964	752	1,078	1,349

2014 年の O 地区の人口を X とすると、2020 年の O 地区の人口はおよそどのように表されるか。最も近いものを、以下の選択肢の中から 1 つ選びなさい。

○ 0.9X　○ 1.1X　○ 1.3X　○ 1.5X　○ 1.7X

正解 1.3X

解説 「A を X としたときの B」は「B ÷ A × X」

A には、2014 年の人口、B には 2020 年の人口が当てはまる。よって、「2020 年の人口÷ 2014 年の人口」で、2014 年を 1 としたときの 2020 年の人口の割合を求める。ここまでは、「比」で学んだことと同様である。

ここから X 倍することによって、2014 年の人口を X としたときの、2020 年の人口を求めることができる。

年	2014年	2020年
人数(人)	827	1,078

2020年の人口　2014年の人口　　2014年の人口を1としたときの2020年の人口

1,078　÷　827　=　1.30… ≒ 1.3

1.3 × X = 1.3X

比の考えと一緒だ。まずは A を 1 としたときの B を求めることが大切だね。

復習できているね。A を 1 としたときより、問いは A を何倍しているか考えると答えにたどり着くね。今回の場合は X 倍だね。

自信をつける問題

1　図表を見て次の問いに答えなさい。

【都道府県別の面積と人口（2022 年）】

都道府県名	面積(km^2)	人口(万人)
栃木	6,408	191
千葉	5,157	627
東京	2,194	1,404

（「日本国勢図会 2023/24」より）

栃木の 1km^2 あたりの人口密度を X としたとき、東京の 1km^2 あたりの人口密度は、どのように表されるか。最も近いものを、以下の選択肢の中から 1 つ選びなさい。

○ 15.3X　○ 18.5X　○ 19.2X　○ 20.4X　○ 21.3X

2　図表を見て次の問いに答えなさい。

【日本の貿易相手国別輸出入額の割合（2020 年）】

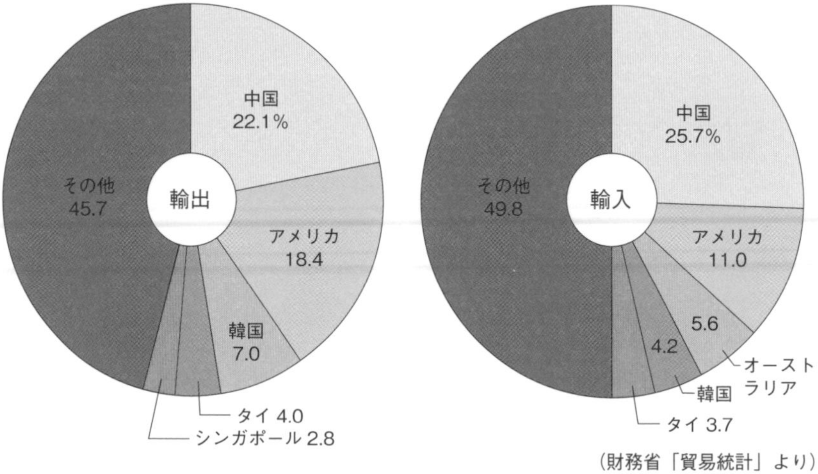

（財務省「貿易統計」より）

アメリカへの輸出額を X、輸出額全体を Y とすると、Y は、X を使ってどのように表されるか。以下の選択肢の中から 1 つ選びなさい。

○ 18.4X　○ 18.4X/100　○ 18.4/100X　○ 100/18.4X　○ 100X/18.4

解答・解説

1と仮定するものはどれか考えよう。
また、文字式に慣れよう。

1 正解 21.3*X*

最初に、栃木と東京の 1km^2 あたりの人口密度を求める。人口密度は人口を面積でわると求められる。

都道府県名	面積(km^2)	人口(万人)
栃木	6,408	191
東京	2,194	1,404

	人口（万人）		面積（km^2）		1km^2 あたりの人口密度
栃木	191	÷	6,408	=	0.0298… ≒ 300 人
東京	1,404	÷	2,194	=	0.6399… ≒ 6,400 人

次に、栃木の 1km^2 あたりの人口密度を 1 と考える。
よって、栃木の 1km^2 あたりの人口密度を 1 としたときの東京の 1km^2 あたりの人口密度は、「東京の人口密度÷栃木の人口密度」を計算すれば求めることができる。

東京の人口密度		栃木の人口密度		東京 1km^2 あたりの人口密度
6,400	÷	300	=	21.3… ≒ 21.3

最後に、*X* 倍することで、答えにたどり着く。

$$21.3 \times X = 21.3X$$

2 正解 100*X*/18.4

必要な情報は輸出額の円グラフにつまっている。
ここでは、*X* と *Y* を含む式を考える。
全体にアメリカの割合をかければアメリカへの輸出額を求めることができるので、

「輸出額全体（*Y*） × アメリカの割合 ＝ アメリカへの輸出額（*X*）」
の式を作ることができる。
この式を、*Y* =の形へと変形させれば答えが得られる。

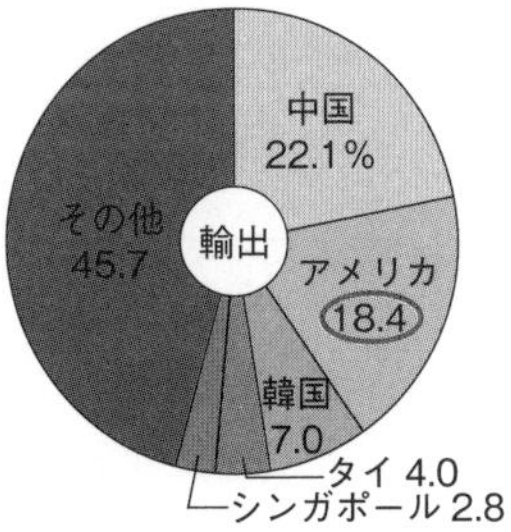

輸出額全体　アメリカの割合　アメリカへの輸出額

$$Y \times \frac{18.4}{100} = X$$

$$\Rightarrow Y = X \div \frac{18.4}{100}$$

$$Y = \frac{100X}{18.4}$$

⑧ 正しいもの

・図表から正しいと判断できる選択肢を選ぶ
・図表の数値を用いた簡単な計算で正誤を判断する選択肢もある

ゼロからわかる問題

図表を見て次の問いに答えなさい。

【農産物の全国平均販売価格の推移】

	単位（kg）	2017年（円）	2018年（円）	2019年（円）	2020年（円）	2021年（円）
小麦	60	1,927	2,513	2,457	2,595	2,829
うるち白米	10	3,495	3,518	3,560	3,540	3,333
大豆	60	7,577	6,907	7,733	8,899	8,665
なす	5	1,621	1,726	1,605	1,720	1,541
キャベツ	10	744	881	624	725	520

（総務省統計局資料より）

表から明らかに正しいといえるものを、以下の選択肢の中から1つ選びなさい。

○ 2020年における1kgあたりの全国平均販売価格が最も高いのは大豆である
○ 2019年から2020年にかけては、どの農産物も全国平均販売価格が増加している
○ 2021年における大豆の1kgあたりの全国平均販売価格は、2021年における小麦の1kgあたりの全国平均販売価格の約4倍である
○ 2017年から2018年にかけての全国平均販売価格の増加率は、なすよりもキャベツの方が大きい
○ 2021年のうるち白米の全国平均販売価格は、2018年のうるち白米の全国平均販売価格よりも10%減少した

正解　2017年から2018年にかけての全国平均販売価格の増加率は、なすよりもキャベツの方が大きい

解説　解説ではすべての選択肢の正誤を判断しているが、正解がわかったら他の選択肢の正誤は判断しなくてよい

○ 2020 年における 1kg あたりの全国平均販売価格が最も高いのは大豆である
→正しくない

2020 年における 1kg あたりの全国平均販売価格は、価格÷単位で計算できるが、大豆の 8,899 ÷ 60 より、大豆の上にあるうるち白米の 3,540 ÷ 10 の方が明らかに数値が大きくなる。

○ 2019 年から 2020 年にかけては、どの農産物も全国平均販売価格が増加している
→正しくない

2019 年から 2020 年にかけて、うるち白米の全国平均販売価格は減少している。

○ 2021 年における大豆の 1kg あたりの全国平均販売価格は、2021 年における小麦の 1kg あたりの全国平均販売価格の約 4 倍である→正しくない

2021 年における大豆と小麦の 1kg あたりの全国平均販売価格を求める。

	全国平均販売価格				1kgあたりの全国平均販売価格
大豆	8,665	÷	60	=	144.4…円
小麦	2,829	÷	60	=	47.15 円

144.4 ÷ 47.15 = 3.06…倍

よって、2021 年における大豆の 1kg あたりの全国平均販売価格は、2021 年における小麦の 1kg あたりの全国平均販売価格の約 3 倍であると求められる。

○ 2017 年から 2018 年にかけての全国平均販売価格の増加率は、なすよりもキャベツの方が大きい→正しい

2017 年から 2018 年にかけてのなすとキャベツの全国平均販売価格の増加率を求めると、なすよりもキャベツの方が大きい。

	2018年		2017年		百分率に直す				増加率
なす	1,726	÷	1,621	×	100	−	100	=	6.477…%
キャベツ	881	÷	744	×	100	−	100	=	18.41…%

（基準と比較する値）÷（基準となる値）× 100 で百分率を求めて、そこから 100% をひくと、増加率になるよ！

○ 2021 年のうるち白米の全国平均販売価格は、2018 年のうるち白米の全国平均販売価格よりも 10% 減少した→正しくない

2018 年のうるち白米の全国平均販売価格は 3,518 円であり、2021 年は 3,333 円である。よって、2018 年から 2021 年にかけてのうるち白米の全国平均販売価格の増加率を求める。

2021年		2018年		百分率に直す				増加率
3,333	÷	3,518	×	100	−	100	=	− 5.258…%

自信をつける問題

図表を見て次の問いに答えなさい。

【訪日外国人旅行者数と出国日本人数の推移】

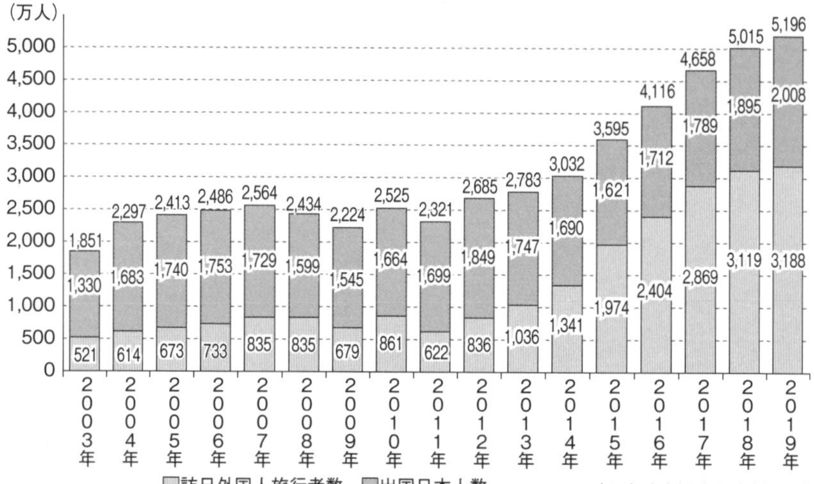

(日本政府観光局資料より)

次の記述のうち、グラフを正しく説明しているものはいくつあるか。以下の選択肢の中から1つ選びなさい。

・2010年と比べ、2013年の出国日本人数と訪日外国人旅行者数の合計は、およそ10%増加している

・2016年から2017年にかけて、出国日本人数が出国日本人数と訪日外国人旅行者数の合計に占める割合は、増加している

・出国日本人数が2番目に少ないのは2009年である

・2004年と比べ、2015年に訪日外国人旅行者数が出国日本人数と訪日外国人旅行者数の合計に占める割合は、2倍以上である

○ 0　○ 1つ　○ 2つ　○ 3つ　○ 4つ

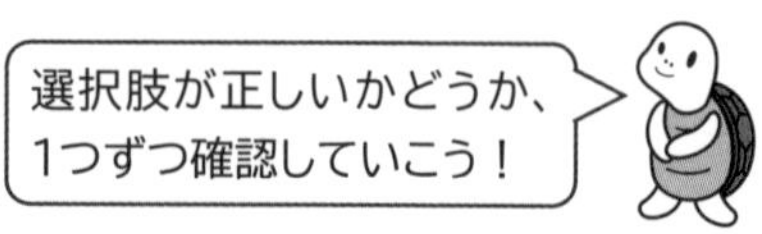

解答・解説

正解 3つ

・2010 年と比べ、2013 年の出国日本人数と訪日外国人旅行者数の合計は、およそ 10% 増加している→正しい

2010 年の出国日本人数と訪日外国人旅行者数の合計は 2,525 万人であり、2013 年の合計は 2,783 万人である。ここから、増加率を計算する。

2013年		2010年		百分率に直す				増加率
27,830,000	÷	25,250,000	×	100	−	100	=	10.21…%

・2016 年から 2017 年にかけて、出国日本人数が出国日本人数と訪日外国人旅行者数の合計に占める割合は、増加している→正しくない

2016 年と 2017 年において、出国日本人数が合計に占める割合を求める。

2016年の出国日本人数		全体の人数		百分率に直す		
17,120,000	÷	41,160,000	×	100	=	41.59…%

2017年の出国日本人数		全体の人数		百分率に直す		
17,890,000	÷	46,580,000	×	100	=	38.40…%

よって、2016 年から 2017 年にかけて、出国日本人数が出国日本人数と訪日外国人旅行者数の合計に占める割合は減少しているため、正しくない。

・出国日本人数が 2 番目に少ないのは 2009 年である→正しい

グラフを見ると、出国日本人数が最も少ないのは、2003 年（1,330 万人）であり、出国日本人数が 2 番目に少ないのは、2009 年（1,545 万人）であるため、正しい。

・2004 年と比べ、2015 年に訪日外国人旅行者数が出国日本人数と訪日外国人旅行者数の合計に占める割合は、2 倍以上である→正しい

2004 年と 2015 年において、訪日外国人旅行者数が出国日本人数と訪日外国人旅行者数の合計に占める割合を求める。

2004年の訪日外国人旅行者数		全体の人数		百分率に直す		
6,140,000	÷	22,970,000	×	100	=	26.73…%

2015年の訪日外国人旅行者数		全体の人数		百分率に直す		
19,740,000	÷	35,950,000	×	100	=	54.90…%

この数値をもとに、2004 年と比べた、2015 年に訪日外国人旅行者数が出国日本人数と訪日外国人旅行者数の合計に占める割合が何倍かを求める。

2015年		2004年		
54.90	÷	26.73	=	2.053…倍

よって、正しい。

2章 計数　1. 図表問題

⑨ 読み取り

・問題の答えを図表から読み取り、正しい選択肢を選ぶ
・さまざまな図表に慣れ、読み取りができるようにしよう

ゼロからわかる問題

図表を見て次の問いに答えなさい。
【日本の国籍別外国人の割合（2020年）】

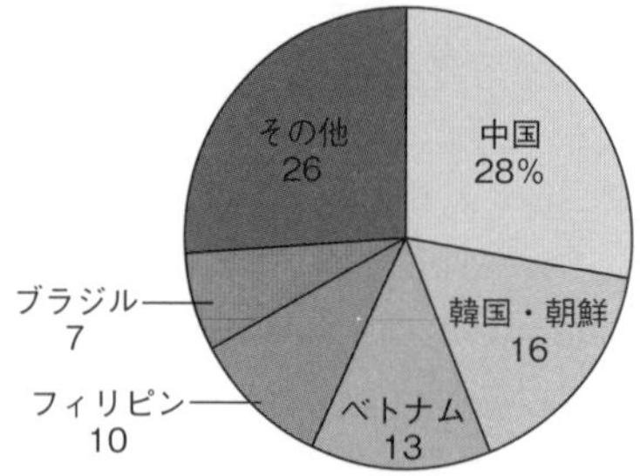

（総務省統計局　令和2年「国勢調査」より）

日本の国籍別外国人の割合が4番目に大きいものはどれか。以下の選択肢の中から1つ選びなさい。

○ 中国　○ 韓国・朝鮮　○ ベトナム　○ フィリピン　○ ブラジル

正解　フィリピン

解説　円グラフの中の数値を見比べて、答えを出し、正しい選択肢を選ぶ

円グラフの中の数値を見比べると、日本の国籍別外国人の割合が4番目に大きいのはフィリピンだということがわかる。よって、正しい選択肢はフィリピンである。

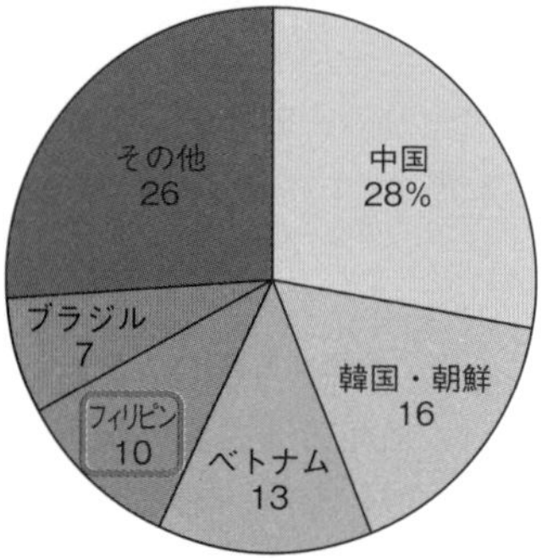

図表を見て次の問いに答えなさい。

【主な国内線の旅客輸送量（定期輸送）（2021 年）】

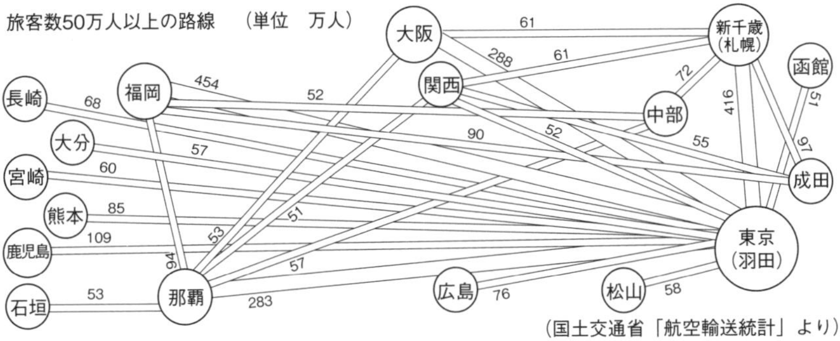

（国土交通省「航空輸送統計」より）

東京（羽田）からの旅客輸送量が最も多いのはどこか。以下の選択肢の中から１つ選びなさい。

○ 那覇　○ 新千歳（札幌）　○ 大阪　○ 福岡　○ 関西

正解 福岡

解説 グラフの見方がわかれば簡単に解ける

このグラフでは各空港間の旅客輸送量が線と数値で表されている。多くの輸送量があるほど線が太くなっている。以下の数値に注目する。

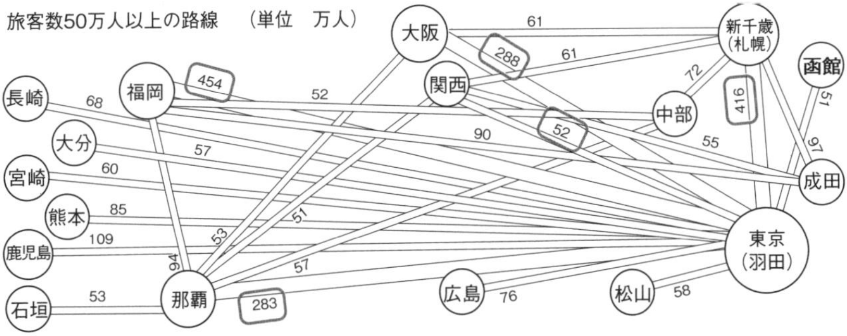

この中で最も数値が大きいのは福岡の 454 万人である。

自信をつける問題

1　図表を見て次の問いに答えなさい。

【XYZ 間のバスの運行状況】

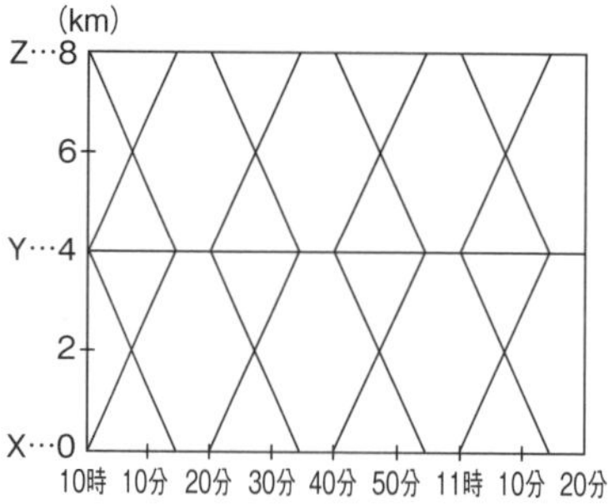

10 時 20 分に Z 地点を出発したバスが最初にすれ違うのは、X 地点を何時何分に出発したバスか。以下の選択肢の中から 1 つ選びなさい。

○ 10 時 00 分　○ 10 時 20 分　○ 10 時 35 分　○ 10 時 40 分　○ 11 時 00 分

2　図表を見て次の問いに答えなさい。

【1 人あたりの国内総生産（名目 GDP)】

（米ドル）

	フランス	ドイツ	日本	イギリス	アメリカ
2015年	36,612	41,036	34,973	44,530	56,839
2016年	36,980	42,187	39,396	40,623	58,031
2017年	38,721	44,552	38,907	39,901	60,117
2018年	41,492	47,685	39,832	42,557	63,015
2019年	40,319	46,232	40,791	41,855	65,134

（総務省統計局資料より）

正しい大小関係を示したものはどれか。以下の選択肢の中から 1 つ選びなさい。

○ 2015 年：ドイツの 1 人あたりの国内総生産>イギリスの 1 人あたりの国内総生産
○ 2016 年：ドイツの 1 人あたりの国内総生産>アメリカの 1 人あたりの国内総生産
○ 2017 年：日本の 1 人あたりの国内総生産>フランスの 1 人あたりの国内総生産
○ 2018 年：イギリスの 1 人あたりの国内総生産>ドイツの 1 人あたりの国内総生産
○ 2019 年：フランスの 1 人あたりの国内総生産>イギリスの 1 人あたりの国内総生産

解答・解説

1　正解　10時00分

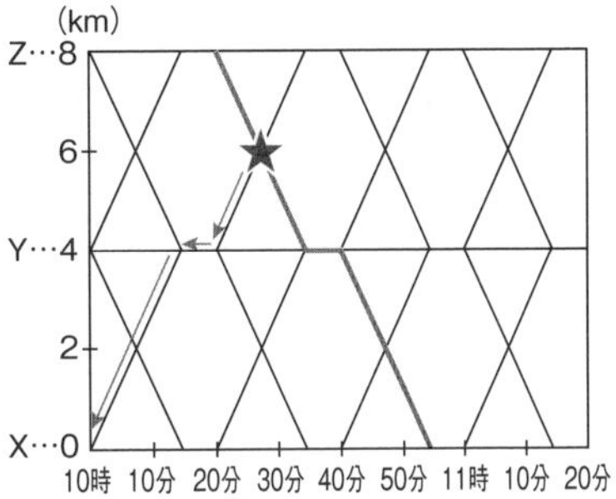

このグラフのように、交通機関（電車やバスなど）の運行状況を表したものを、ダイヤグラムという。ダイヤグラムの問題は一見難しそうにみえるが、見方さえわかれば簡単に解ける。

10時20分にZ地点を出発したバス（オレンジ）は、Y地点で5分間停車した後、10時55分にX地点に到着する。10時20分にZ地点を出発したバスが、X地点からZ地点に向かうバスと初めてすれ違うのは、10時27分頃（星印）である。ダイヤグラムを遡っていく（矢印）と、このときすれ違ったX地点からZ地点に向かうバスがX地点を出発した時刻は、10時00分であるということがわかる。よって、正しい選択肢は10時00分である。

この問題のダイヤグラムでは、X地点からは20分おきに右上がりに（Z地点に向かって）バスが発車し、Z地点からは20分おきに右下がりに（X地点に向かって）バスが発車していることがわかるね。

2　正解　2017年：日本の1人あたりの国内総生産>フランスの1人あたりの国内総生産

	フランス	ドイツ	日本	イギリス	アメリカ
2015年	36,612	41,036	34,973	44,530	56,839
2016年	36,980	42,187	39,396	40,623	58,031
2017年	38,721	44,552	38,907	39,901	60,117
2018年	41,492	47,685	39,832	42,557	63,015
2019年	40,319	46,232	40,791	41,855	65,134

上のグラフで示された数値を見ると、正解である「2017年：日本の1人あたりの国内総生産>フランスの1人あたりの国内総生産」以外は不等号の向きがすべて逆である。

2015年：ドイツ　41,036　<　イギリス 44,530
2016年：ドイツ　42,187　<　アメリカ 58,031
2017年：日本　38,907　>　フランス 38,721
2018年：イギリス 42,557　<　ドイツ　47,685
2019年：フランス 40,319　<　イギリス 41,855

⑩ 選択肢に「わからない」がある問題

・選択肢に「表（グラフ）からはわからない」がある
・与えられた図表で正誤が判断できるか選択肢を慎重に検討しよう

ゼロからわかる問題

図表を見て次の問いに答えなさい。

【産業別就業者数の推移】

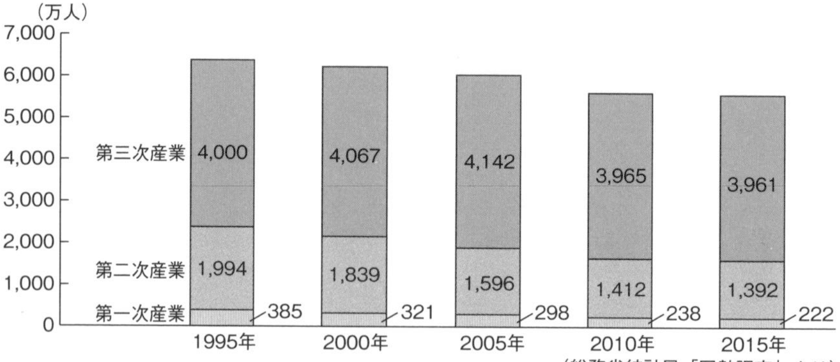

（総務省統計局「国勢調査」より）

2008年の第二次産業の就業者数は何人か。以下の選択肢の中から1つ選びなさい。

○ 1,574万人　○ 1,532万人　○ 1,498万人　○ 1,433万人
○ グラフからはわからない

正解　グラフからはわからない

解説　2008年の就業者数に関する情報はグラフからは読み取れない

グラフには、2008年の第二次産業の就業者数についての情報がないため、2008年の第二次産業の就業者数が何人かはわからない。

第二次産業の就業者数が一定の割合で増減することなどがわかっていれば、2008年の第二次産業の就業者数が求められたかもしれないね。

自信をつける問題

図表を見て次の問いに答えなさい。

【防衛費の上位 5 か国（2022 年）】

	防衛費（百万ドル）	1人あたりの防衛費（ドル）	世界計に占める割合（%）	GDPに占める割合（%）
アメリカ	766,606	2,272	38.7	3.1
中国	242,409	171	12.3	1.2
イギリス	70,029	1,033	3.5	2.2
ロシア	66,857	471	3.4	3.1
インド	65,307	48	3.4	1.9

（「世界国勢図会 2023/24」より）

イギリスの人口はおよそ何人か。以下の選択肢の中から1つ選びなさい。

○ 4,500 万人　○ 5,900 万人　○ 6,800 万人　○ 7,400 万人

○ 表からはわからない

解答・解説

正解 6,800 万人

選択肢に「表からはわからない」があるため、まず答えが出せるかどうかを考える。

	防衛費（百万ドル）	1人あたりの防衛費（ドル）	世界計に占める割合（%）	GDPに占める割合（%）
イギリス	70,029	1,033	3.5	2.2

表にはイギリスの防衛費と国民 1 人あたりの防衛費があるため、防衛費全体を 1 人あたりの防衛費でわれば、人口が導き出せる。計算をするときは、単位が異なっていることに注意する。

防衛費		1人あたりの防衛費		人口
70,029,000,000	÷	1,033	=	67,791,868.34…人
			≒	6,800 万人

知識として答えがわかっても、実際に図表から答えが導き出せるかを考えて答えるようにしよう。

模擬テスト

20 問 / 17 分

図表を見て次の問いに答えなさい。

1

【日本の原子力発電所の設備利用率の推移】

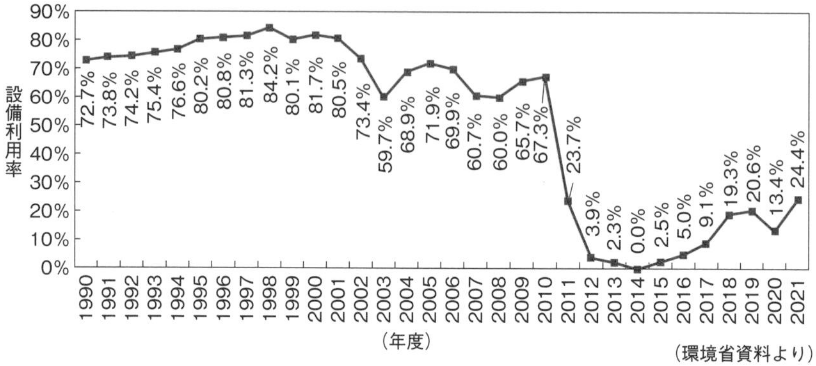

（環境省資料より）

1995 年度の原子力発電所の設備利用率は、2018 年度の原子力発電所の設備利用率のおよそ何倍か。最も近いものを、以下の選択肢の中から 1 つ選びなさい。

○ 3.2 倍　○ 3.4 倍　○ 3.8 倍　○ 4.2 倍　○ 4.6 倍

2

【日本の原油の輸入先（2015 年度）】

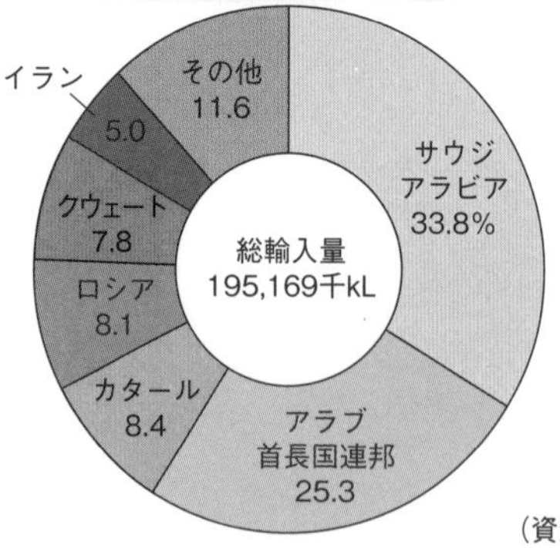

（資源エネルギー庁資料より）

2015 年度に日本がカタールから輸入した原油はおよそ何 kL か。最も近いものを、以下の選択肢の中から 1 つ選びなさい。

○ 1,400 万 kL　○ 1,500 万 kL　○ 1,600 万 kL　○ 1,700 万 kL　○ 1,800 万 kL

3

【生産額ベースの食料自給率の推移】

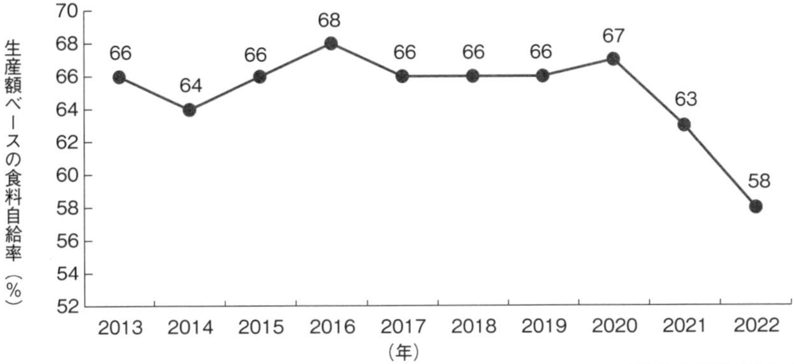

（農林水産省資料より）

2022年の生産額ベースの食料自給率は、2015年と比べておよそ何％減少したか。最も近いものを、以下の選択肢の中から１つ選びなさい。

○ 11%　○ 12%　○ 13%　○ 14%　○ 15%

4

【日本の産業別国内生産額】（単位：十億円）

	2015年	2016年	2017年	2018年	2019年
商業	96,107	95,559	94,227	95,349	92,300
医療・福祉	67,587	69,217	69,348	70,114	70,741
建設	60,664	61,755	64,393	63,006	64,372
輸送機械	55,378	54,610	57,703	58,868	59,469
情報通信産業	104,765	104,332	106,835	109,287	108,419

（総務省　令和３年度「情報通信白書」より）

日本の産業別国内生産額の大小について、正しい記述はどれか。以下の選択肢の中から１つ選びなさい。

○ 2016 年商業の国内生産額 ＜ 2018 年商業の国内生産額
○ 2015 年情報通信産業の国内生産額 ＜ 2016 年情報通信産業の国内生産額
○ 2017 年建設の国内生産額 ＜ 2019 年建設の国内生産額
○ 2016 年医療・福祉の国内生産額 ＜ 2017 年医療・福祉の国内生産額
○ 2015 年輸送機械の国内生産額 ＜ 2016 年輸送機械の国内生産額

5

【個人経営の農業経営体数と団体経営の農業経営体数の推移】

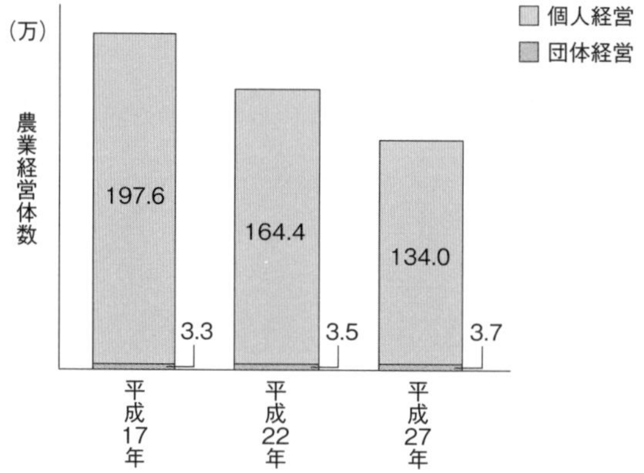

（農林水産省「農林業センサス」より）

令和２年の個人経営の農業経営体数において、対平成 27 年減少率が 22.6％ だったとすると、令和２年の個人経営の農業経営体数はおよそいくつか。最も近いものを、以下の選択肢の中から１つ選びなさい。

○ 101.2 万　○ 102.8 万　○ 103.7 万　○ 104.3 万　○ 105.8 万

6

【小学校の採用・転入・離職教員数の推移】

	採用者（人）	転入者（人）	離職者（人）
平成21年度間	17,389	67,319	16,819
平成24年度間	17,594	65,892	18,366
平成27年度間	18,596	63,798	18,100
平成30年度間	20,194	64,303	17,080
令和3年度間	19,715	64,457	15,427

（文部科学省「学校教員統計調査」より）

平成 24 年度間の採用者数と平成 27 年度間の採用者数の平均は、平成 30 年度間の離職者数と令和３年度間の離職者数の平均よりおよそ何人多いか。最も近いものを、以下の選択肢の中から１つ選びなさい。

○ 1,718 人　○ 1,739 人　○ 1,805 人　○ 1,826 人　○ 1,841 人

7

【日本の主要商品別輸出額（令和２年）】

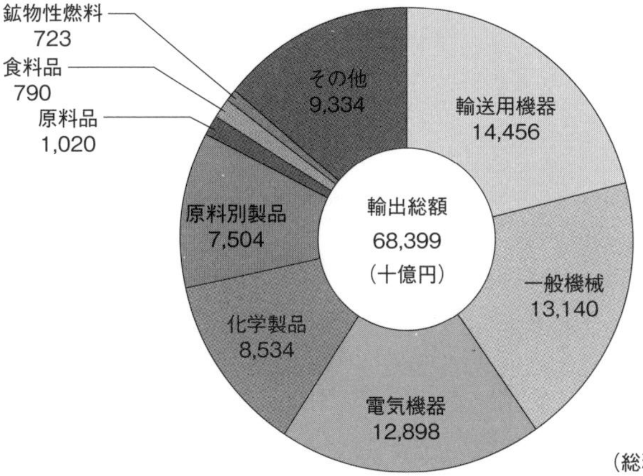

（総務省統計局資料より）

化学製品の輸出額は、輸出総額のおよそ何％か。最も近いものを、以下の選択肢の中から１つ選びなさい。

○ 12.5%　○ 13.2%　○ 14.1%　○ 15.8%　○ 16.7%

8

【Ａ国のエネルギー発電供給割合の推移】

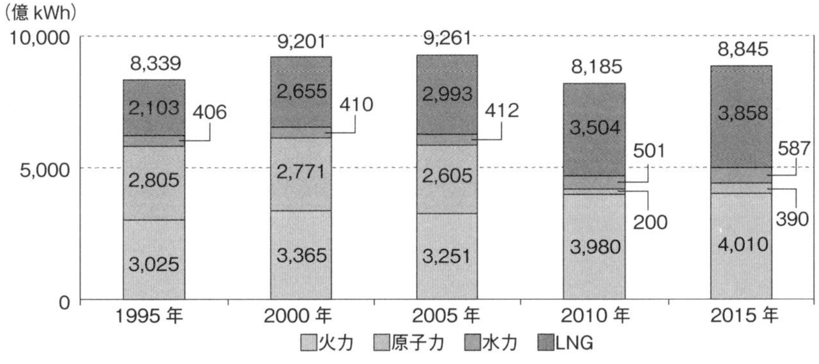

2020年の火力の発電供給量が2005年の火力の発電供給量よりも23.3％増加したとすると、2020年の火力の発電供給量はおよそ何億kWhになるか。最も近いものを、以下の選択肢の中から１つ選びなさい。

○ 3,243億kWh　○ 3,767億kWh　○ 4,008億kWh
○ 4,425億kWh　○ 4,986億kWh

9

【世界の地域別の世界遺産登録数（2019 年）】

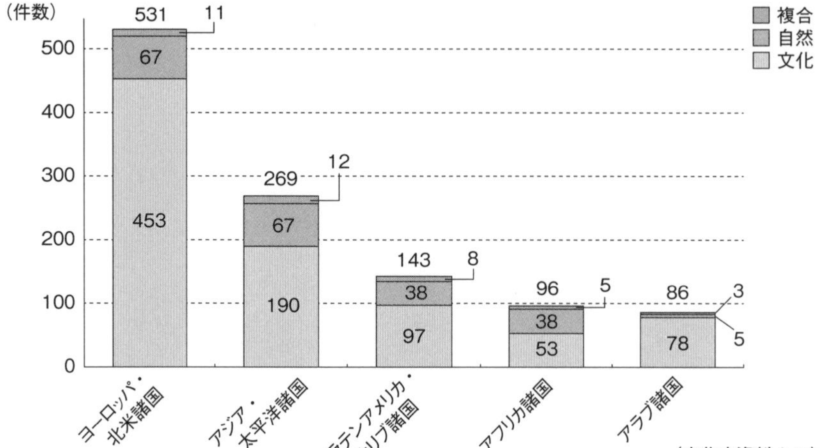

（文化庁資料より）

アジア・太平洋諸国の世界遺産登録数の合計に対する、アジア・太平洋諸国の世界文化遺産登録数の割合は、アフリカ諸国の世界遺産登録数の合計に対する、アフリカ諸国の世界自然遺産登録数の割合よりもおよそ何%高いか。最も近いものを、以下の選択肢の中から１つ選びなさい。

○ 28%　○ 31%　○ 34%　○ 37%　○ 40%

10

【河川の流域面積と長さ】

	流域面積（千km^2）	長さ（km）
長江（揚子江）	1,959	6,380
アマゾン川	7,050	6,516
ナイル川	3,349	6,695
ドナウ川	815	2,850

（「理科年表 2022」より）

ドナウ川の流域面積を１とすると、アマゾン川の流域面積は、おおよそいくつで表されるか。最も近いものを、以下の選択肢の中から１つ選びなさい。

○ 7.58　○ 7.94　○ 8.09　○ 8.27　○ 8.65

11

【あるクラスの 10 人の数学と英語のテストの点数】

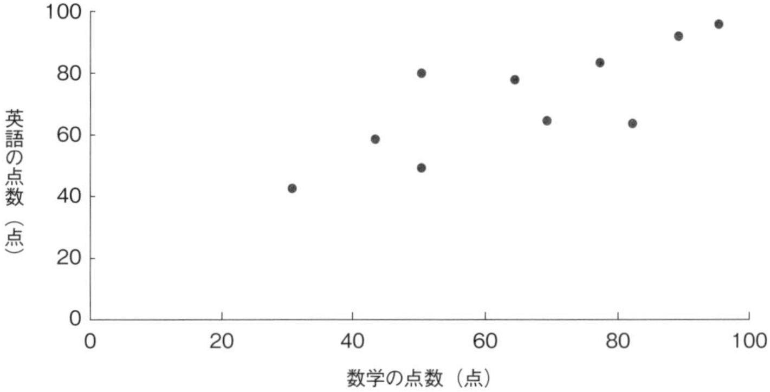

10 人の数学のテストの平均点は何点か。以下の選択肢の中から 1 つ選びなさい。

○ 48 点　○ 52 点　○ 63 点　○ 70 点

○ 散布図からはわからない

12

【日本の国土利用（平成 24 年）】

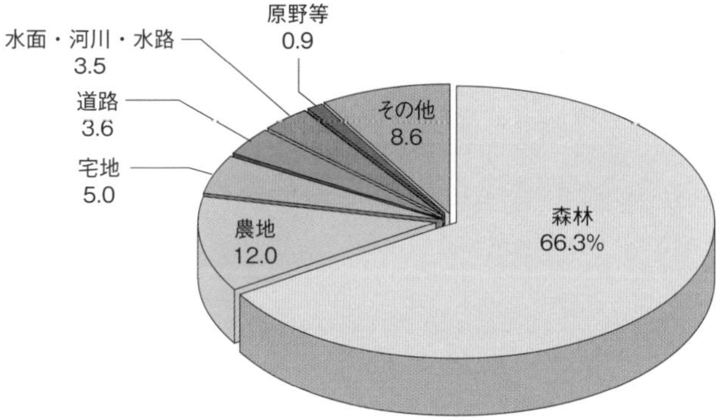

（国土交通省資料より）

日本の国土全体を X とすると、道路に利用されている国土は、どのように表されるか。以下の選択肢の中から 1 つ選びなさい。

○ $0.030X$　○ $0.032X$　○ $0.034X$　○ $0.036X$　○ $0.038X$

13

【日本の果実と花きの産出額の都道府県の構成割合】

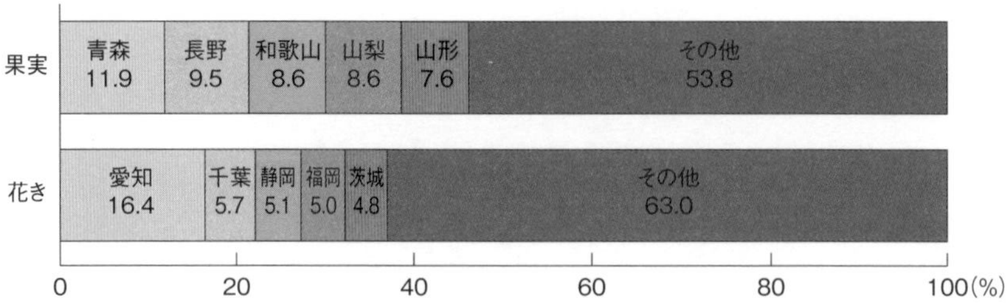

（農林水産省「令和3年農業産出額及び生産農業所得（都道府県別）」より）

愛知県の花きの産出額の割合と茨城県の花きの産出額の割合をたした値は、長野県の果実の産出額の割合と山梨県の果実の産出額の割合をたした値のおよそ何倍か。最も近いものを、以下の選択肢の中から１つ選びなさい。

○ 1.2 倍　○ 1.4 倍　○ 1.6 倍　○ 1.8 倍　○ 2.0 倍

14

【京浜工業地帯と中京工業地帯と阪神工業地帯の工業出荷額と割合】

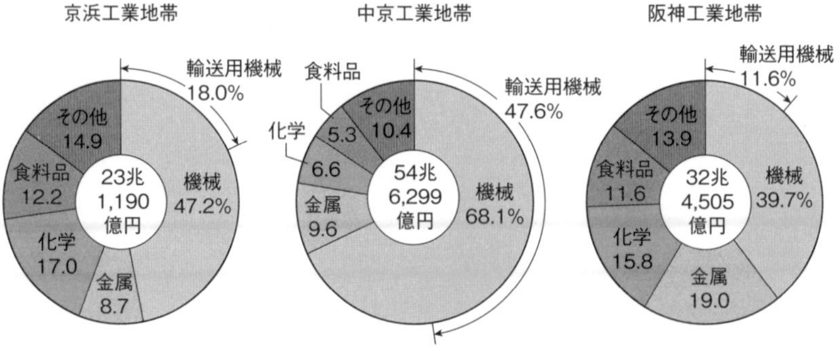

（「日本のすがた2023」より）

中京工業地帯の機械の出荷額は、京浜工業地帯の機械と阪神工業地帯の機械の出荷額の合計よりおよそいくら多いか。最も近いものを、以下の選択肢の中から１つ選びなさい。

○ 100,000 億円　○ 110,000 億円　○ 125,000 億円

○ 135,000 億円　○ 150,000 億円

15

【造船竣工量の推移】

	2016年（千総t）	2017年（千総t）	2018年（千総t）	2019年（千総t）
中国	22,355	23,834	23,151	23,218
韓国	25,035	22,427	14,320	21,744
日本	13,309	13,074	14,526	16,215
フィリピン	1,204	1,981	1,996	805
ベトナム	455	394	481	558

（一般社団法人日本船主協会資料より）

2018 年から 2019 年にかけての造船竣工量の増加率が 2 番目に大きいのはどこの国か。以下の選択肢の中から 1 つ選びなさい。

○ 中国　○ 韓国　○ 日本　○ フィリピン　○ ベトナム

16

【平日のインターネット利用の時間帯別行為者率の推移】

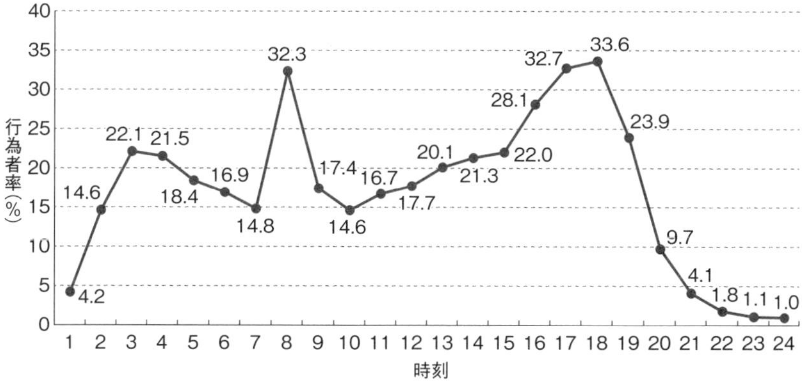

（総務省「情報通信白書」より）

8 時のインターネット利用の行為者率を 100 とすると、20 時のインターネット利用の行為者率は、およそいくつで表されるか。最も近いものを、以下の選択肢の中から 1 つ選びなさい。

○ 22　○ 24　○ 26　○ 28　○ 30

17

【コンビニエンスストアの商品別販売額の推移】

	販売額の合計（億円）	FF・日配食品販売額（億円）	加工食品販売額（億円）	非食品販売額（億円）	サービス売上高（億円）
2018年度	120,505	45,584	32,366	35,892	6,663
2019年度	121,748	46,009	32,517	36,587	6,635
2020年度	115,600	42,553	30,535	36,484	6,029
2021年度	118,043	43,107	30,728	38,107	6,101
2022年度	123,530				

（経済産業省「商業動態統計」より）

2022 年度の販売額の合計に対する 2022 年度の加工食品販売額の割合が、2020 年度の販売額の合計に対する 2020 年度のサービス売上高の割合より 20.7% 多いとき、2022 年度の加工食品の販売額はおよそいくらか。最も近いものを、以下の選択肢の中から 1 つ選びなさい。

○ 29,778 億円　○ 30,312 億円　○ 31,473 億円
○ 32,019 億円　○ 33,983 億円

18

【電源種別の発電電力量の推移】

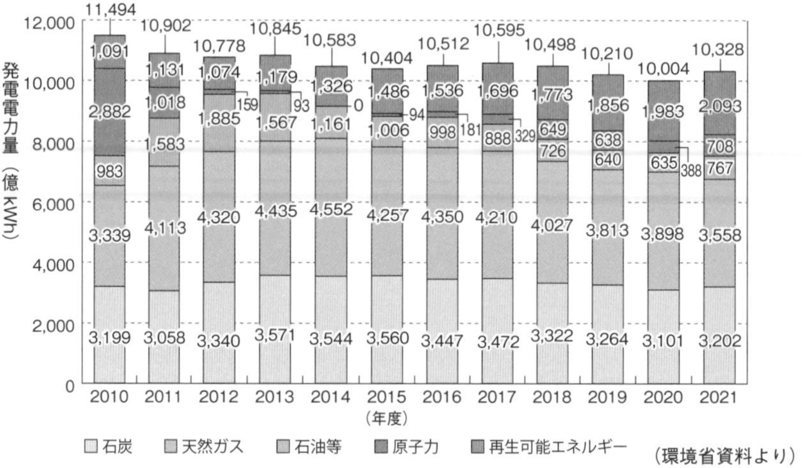

（環境省資料より）

2017 年度から 2021 年度の中で全体の発電電力量に対する石油等の発電電力量の割合が 2 番目に大きい年はいつか。以下の選択肢の中から 1 つ選びなさい。

○ 2017 年度　○ 2018 年度　○ 2019 年度　○ 2020 年度　○ 2021 年度

19

【陸地面積と森林面積】

	陸地面積（千ha）	森林面積（千ha）
日本	36,456	24,935
インド	297,319	72,160
モンゴル	155,356	14,173
パキスタン	77,088	3,726

（総務省統計局「世界の統計 2023」より）

パキスタンにおける、陸地面積に対する森林面積の割合を X とすると、日本における、陸地面積に対する森林面積の割合は、X を用いてどのように表されるか。最も近いものを、以下の選択肢の中から１つ選びなさい。

○ 12.1X　○ 13.8X　○ 14.2X　○ 15.3X　○ 16.7X

20

【最低賃金の推移と最低賃金の全国加重平均額の推移】

	2006年（円）	2010年（円）	2014年（円）	2018年（円）	2022年（円）
北海道	644	691	748	835	920
埼玉県	687	750	802	898	987
東京都	719	821	888	985	1,072
愛知県	694	745	800	898	986
大阪府	712	779	838	936	1,023
福岡県	652	692	727	814	900
沖縄県	610	642	677	762	853
全国加重平均額	673	730	780	874	961

（厚生労働省資料より）

次の記述のうち、表を正しく説明しているものはいくつあるか。以下の選択肢の中から１つ選びなさい。

・2006 年の福岡県の最低賃金は、2022 年の福岡県の最低賃金の 72% である
・埼玉県の最低賃金は常に北海道の最低賃金よりも高く、常に愛知県の最低賃金よりも低い
・2010 年の沖縄県の最低賃金は 2010 年の最低賃金の全国加重平均額に比べて 12% 低く、2018 年の沖縄県の最低賃金は 2018 年の最低賃金の全国加重平均額に比べて 14% 低い
・2010 年から 2014 年にかけての最低賃金の増加率（全国加重平均額を除く）が 3 番目に大きいのは大阪府である

○ 0　○ 1 つ　○ 2 つ　○ 3 つ　○ 4 つ

模擬テスト　解答・解説

1　**正解** 4.2 倍

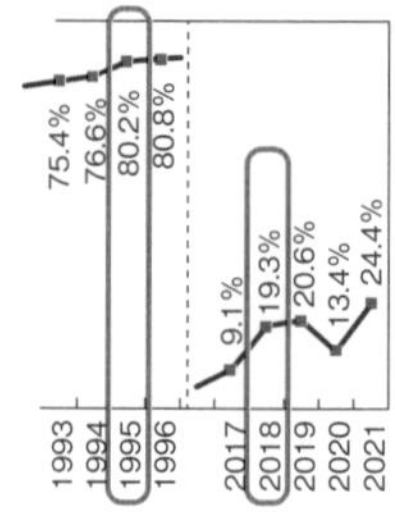

グラフから、1995 年度の原子力発電所の設備利用率は 80.2% であり、2018 年度の原子力発電所の設備利用率は 19.3% であることがわかる。

比べる量である 1995 年度の原子力発電所の設備利用率を、もとの量である 2018 年度の原子力発電所の設備利用率でわればよい。

1995年度　2018年度　何倍か

80.2　÷　19.3　＝　4.15… ≒ 4.2 倍

2　**正解** 1,600 万 kL

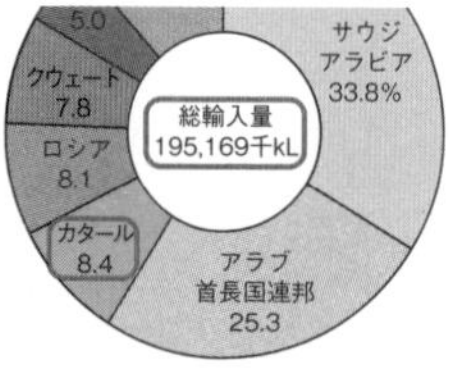

円グラフから、2015 年度の日本の原油の総輸入量は 195,169,000kL であり、そのうちカタールから輸入した原油は 8.4% を占めていることがわかる。2015 年度の日本の原油の総輸入量にカタールから輸入した原油の割合をかけ算する。

2015 年度の日本の原油の総輸入量　カタールから輸入した原油の割合　カタールから輸入した原油の量

195,169,000　×　0.084　＝　16,394,196 ≒ 約 1,600 万 kL

3　**正解** 12%

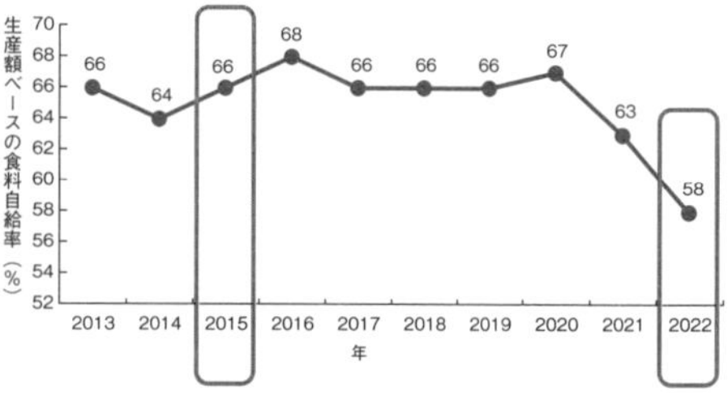

グラフから、2015 年の生産額ベースの食料自給率は 66% であり、2022 年の生産額ベースの食料自給率は 58% であることがわかる。

2015 年から 2022 年にかけての生産額ベースの食料自給率の増加率を、「(2022 年の生産額ベースの食料自給率÷ 2015 年の生産額ベースの食料自給率) × 100 － 100」で求める。

2022年の食料自給率　2015年の食料自給率　増加率

58　÷　66　×　100　－　100　＝　－ 12.1…

≒ 約 12% 減少

4　**正解** 2016 年医療・福祉の国内生産額＜ 2017 年医療・福祉の国内生産額

選択肢に出てくる項目の国内生産額を、表から読み取って比較する。

	2015年	2016年	2017年	2018年	2019年
商業	96,107	95,559	94,227	95,349	92,300
医療・福祉	67,587	69,217	69,348	70,114	70,741
建設	60,664	61,755	64,393	63,006	64,372
輸送機械	55,378	54,610	57,703	58,868	59,469
情報通信産業	104,765	104,332	106,835	109,287	108,419

・2016 年商業の国内生産額 ＜ 2018 年商業の国内生産額
　→ 95,559 ＞ 95,349　→正しくない
・2015 年情報通信産業の国内生産額＜ 2016 年情報通信産業の国内生産額
　→ 104,765 ＞ 104,332　→正しくない
・2017 年建設の国内生産額＜ 2019 年建設の国内生産額
　→ 64,393 ＞ 64,372　→正しくない
・2016 年医療・福祉の国内生産額＜ 2017 年医療・福祉の国内生産額
　→ 69,217 ＜ 69,348　→正しい
・2015 年輸送機械の国内生産額＜ 2016 年輸送機械の国内生産額
　→ 55,378 ＞ 54,610　→正しくない

5　**正解** 103.7 万

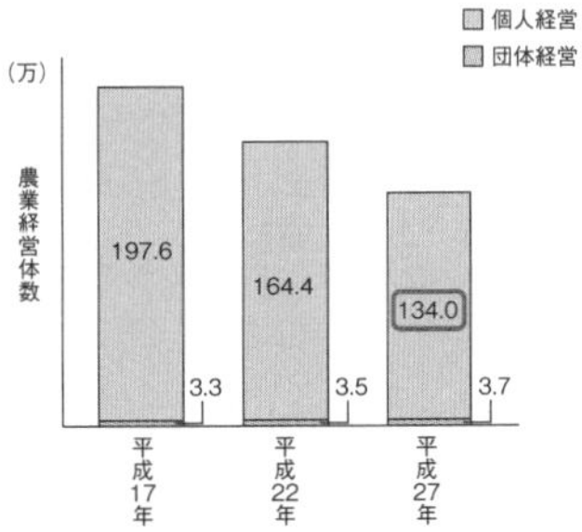

令和 2 年の個人経営の農業経営体数についてのグラフはないが、平成 27 年の個人経営の農業経営体数はグラフから読み取れ、対平成 27 年減少率が 22.6% であるとわかっているため、令和 2 年の個人経営の農業経営体数を推測することができる。

令和 2 年の個人経営の農業経営体数は、「平成 27 年の個人経営の農業経営体数×（1 − 0.226）」で求められる。

平成 27 年の個人経営の農業経営体数		平成 27 年における割合		令和 2 年の個人経営の農業経営体数
134.0	×	（1 − 0.226）	＝	103.716 ≒ 103.7 万

6　**正解** 1,841 人

表から、平成 24 年度間の採用者数は 17,594 人であり、平成 27 年度間の採用者数は 18,596 人であることがわかる。平成 24 年度間の採用者数と平成 27 年度間の採用者数の平均を求める。

平成24年度間　　平成27年度間　　データの数　　平均
（17,594　＋　18,596）　÷　2　＝　18,095

表から、平成 30 年度間の離職者数は 17,080 人であり、令和 3 年度間の離職者数は 15,427 人であることがわかる。平成 30 年度間の離職者数と令和 3 年度間の離職者数の平均を求める。

平成30年度間　　令和3年度間　　データの数　　平均
（17,080　＋　15,427）　÷　2　＝　16,253.5 ≒ 16,254

よって、これらの差を求める。

18,095　−　16,254　＝　1,841 人

7　**正解**　12.5%

円グラフから、化学製品の輸出額は 8,534（十億円）であり、輸出総額は 68,399（十億円）であることがわかる。比べる量である化学製品の輸出額を、もとの量である輸出総額でわればよい。計算を簡単にするため、単位の十億円は無視して計算する。

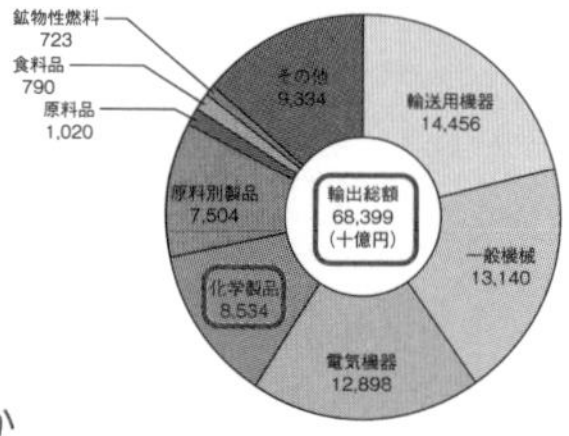

化学製品の輸出額　　輸出総額　　百分率に直す　　何%か
8,534　÷　68,399　×100　＝　12.47… ≒ 12.5%

8　**正解**　4,008 億 kWh

棒グラフより、2005 年の火力の発電供給量は 3,251 億 kWh であり、2020 年の火力の発電供給量は 2005 年の火力の発電供給量よりも 23.3% 増加したから、2020 年の火力の発電供給量は、「2005 年の火力の発電供給量×（1 + 0.233）」で求められる。

2005 年の火力の発電供給量　　2005 年から 2020 年への増加率　　2020 年の火力の発電供給量
3,251　×　（1 + 0.233）　＝　4,008.4… ≒ 4,008 億 kWh

9　**正解**　31%

グラフから、数値を抜き出し、アジア・太平洋諸国の世界遺産登録数の合計に対するアジア・太平洋諸国の世界文化遺産登録数の割合を求める。アフリカ諸国の割合も同様に求める。

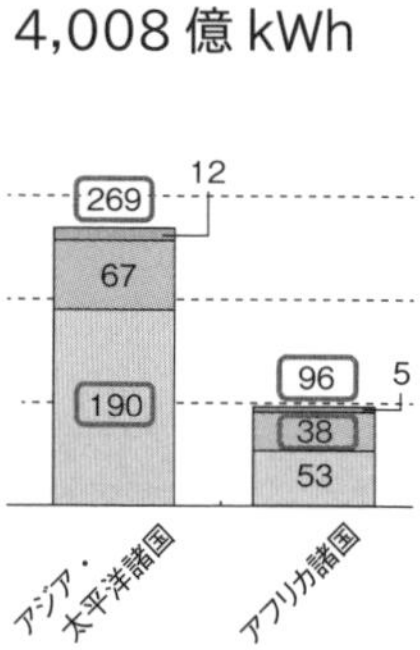

アジア・太平洋諸国の世界文化遺産登録数　　アジア・太平洋諸国の世界遺産登録数の合計　　百分率に直す
190　÷　269　×　100　＝　70.63… ≒ 70.6%

アフリカ諸国の世界自然遺産登録数 ÷ アフリカ諸国の世界遺産登録数の合計 × 百分率に直す

38 ÷ 96 × 100 = 39.58… ≒ 39.6%

これらの値より、「(アジア・太平洋諸国の世界遺産登録数の合計に対するアジア・太平洋諸国の世界文化遺産登録数の割合) − (アフリカ諸国の世界遺産登録数の合計に対するアフリカ諸国の世界自然遺産登録数の割合)」で求めることができる。

70.6 − 39.6 = 31.0 ≒ 31%

10 　**正解** 8.65

	流域面積(千km^2)	長さ(km)
アマゾン川	7,050	6,516
ドナウ川	815	2,850

ドナウ川の流域面積を 1 としたときのアマゾン川の流域面積は、「アマゾン川の流域面積÷ドナウ川の流域面積」で求められる。

アマゾン川の流域面積 ÷ ドナウ川の流域面積 = ドナウ川を1としたときのアマゾン川

7,050 ÷ 815 = 8.650… ≒ 8.65

11 　**正解** 散布図からはわからない

散布図には、10 人の数学のテストの具体的な点数が示されていないため、10 人の数学のテストの平均点を求めることはできない。よって、10 人の数学のテストの平均点は散布図からはわからない。

12 　**正解** 0.036X

グラフから、日本の国土のうち道路に利用されている国土の割合は、3.6% であるとわかる。最初に、日本の国土全体を 1 としたときの道路に利用されている国土を、「道路に利用されている国土の割合÷日本の国土全体」で求める。

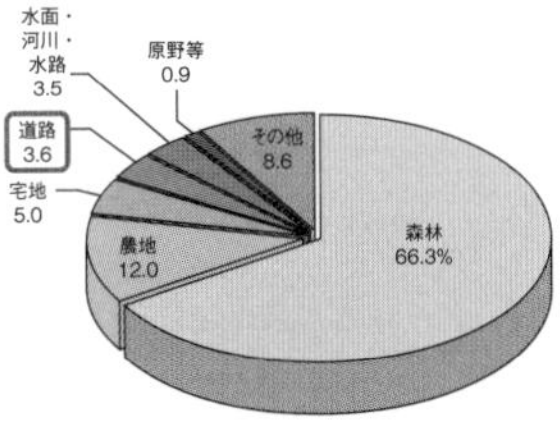

道路の割合 ÷ 国土全体 = 全体を1としたときの道路

3.6 ÷ 100 = 0.036

これを X 倍することにより、日本の国土全体を X としたときの道路に利用されている国土が表せる。

$0.036 \times X = 0.036X$

13　**正解** 1.2 倍

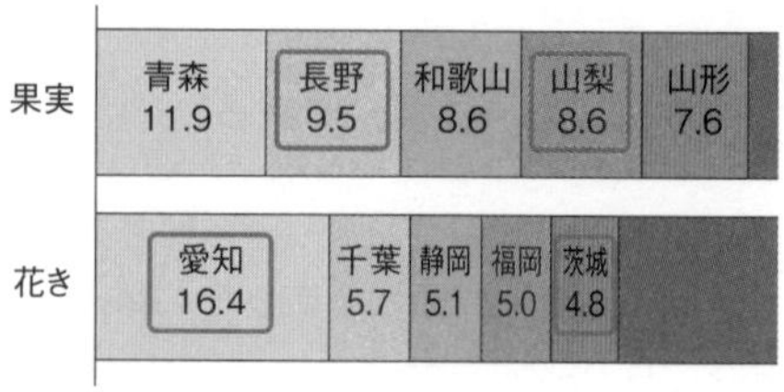

グラフから、長野県の果実の産出額の割合は 9.5% であり、山梨県の果実の産出額の割合は 8.6% であることがわかる。これらの値をたす。

長野県　山梨県
9.5　+　8.6　=　18.1%

また、グラフから、愛知県の花きの産出額の割合は 16.4% であり、茨城県の花きの産出額の割合は 4.8% であることがわかる。これらの値をたす。

愛知県　茨城県
16.4　+　4.8　=　21.2%

そして、比べる量である「愛知県の花きの産出額の割合と茨城県の花きの産出額の割合をたした値」を、もとの量である「長野県の果実の産出額の割合と山梨県の果実の産出額の割合をたした値」でわればよい。

21.2　÷　18.1　=　1.17… ≒ 1.2 倍

14　**正解** 135,000 億円

それぞれの工業地帯における機械の出荷額を求める。計算を簡単にするために、億円単位で計算する。

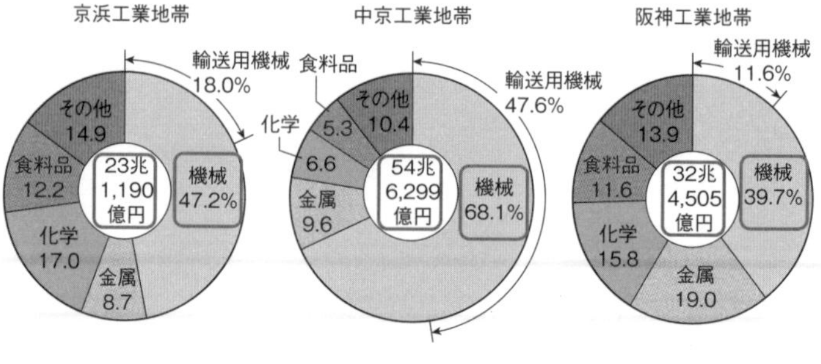

京浜工業地帯の総出荷額　機械の割合　機械の出荷額
231,190　×　0.472　=　109,121.68 億円

中京工業地帯の総出荷額　機械の割合　機械の出荷額
546,299　×　0.681　=　372,029.619 億円

阪神工業地帯の総出荷額　機械の割合　機械の出荷額
324,505　×　0.397　=　128,828.485 億円

ここで、京浜工業地帯と阪神工業地帯の機械の出荷額の合計を求める。

京浜工業地帯の機械　阪神工業地帯の機械
109,121.6　+　128,828.4　=　237,950 億円

そして、中京工業地帯の機械の出荷額とこの合計の差を求める。

372,029.6　−　237,950　=　134,079.6… ≒ 135,000 億円

15　**正解** ベトナム

表から、5 か国の 2018 年の造船竣工量と 2019 年の造船竣工量の値を読み取る。5 か国について、2018 年から 2019 年にかけての造船竣工量の増加率を、「(2019 年の造船竣工量÷ 2018 年の造船竣工量) × 100 − 100」で求める。計算を簡単にするため、単位の千総 t は無視して計算する。

	2018年（千総t）	2019年（千総t）
中国	23,151	23,218
韓国	14,320	21,744
日本	14,526	16,215
フィリピン	1,996	805
ベトナム	481	558

	2019年		2018年		百分率に直す				増加率
中国	23,218	÷	23,151	×	100	−	100	=	0.2894…%
韓国	21,744	÷	14,320	×	100	−	100	=	51.84…%
日本	16,215	÷	14,526	×	100	−	100	=	11.62…%
フィリピン	805	÷	1,996	×	100	−	100	=	−59.66…%
ベトナム	558	÷	481	×	100	−	100	=	16.00…%

2018 年から 2019 年にかけての造船竣工量の増加率が大きい国から順に並べると、韓国、ベトナム、日本、中国、フィリピンとなる。よって、2018 年から 2019 年にかけての造船竣工量の増加率が 2 番目に大きい国はベトナムである。

16　**正解** 30

8 時のインターネット利用の行為者率は 32.3% であり、20 時のインターネット利用の行為者率は 9.7% である。まず、8 時のインターネット利用の行為者率を 1 としたときの 20 時のインターネット利用の行為者率を求める。

20時の行為者率		8時の行為者率		8時の行為者率を1としたときの20時の行為者率
9.7	÷	32.3	=	0.300… ≒ 0.30

そして、これを 100 倍することにより、8 時のインターネット利用の行為者率を 100 としたときの 20 時のインターネット利用の行為者率を求めることができる。

17　**正解** 32,019 億円

	販売額の合計（億円）	FF・日配食品販売額（億円）	加工食品販売額（億円）	非食品販売額（億円）	サービス売上高（億円）
2020年度	115,600	42,553	30,535	36,484	6,029
2021年度	118,043	43,107	30,728	38,107	6,101
2022年度	123,530				

2020 年度の販売額の合計に対する 2020 年度のサービス売上高の割合を求める。

サービス売上高		販売額の合計		百分率に直す		割合
6,029	÷	115,600	×	100	=	5.215… ≒ 5.22%

また、2022 年度の販売額の合計に対する 2022 年度の加工食品販売額の割合が、2020 年度の販売額の合計に対する 2020 年度のサービス売上高の割合より 20.7%

多いことから、2022 年度の販売額の合計に対する 2022 年度の加工食品販売額の割合が求められる。

5.22 ＋ 20.70 ＝ 25.92%

「(2022 年度の販売額の合計) × (2022 年度の販売額の合計に対する 2022 年度の加工食品販売額の割合)」により、2022 年度の加工食品の販売額の合計を求める。

販売額の合計		合計に対する加工食品の販売額の割合				加工食品の販売額
123,530	×	(25.92	÷	100)	＝	32,018.976 ≒ 32,019 億円

18 **正解** 2021 年度

2017 年度から 2021 年度までの比べる量である石油等の発電電力量を、もとの量である全体の発電電力量でわることにより、全体の発電電力量に対する石油等の発電電力量の割合を求める。

	石油等の発電電力量		全体の発電電力量		割合
2017 年度	888	÷	10,595	＝	0.0838…
2018 年度	726	÷	10,498	＝	0.0691…
2019 年度	640	÷	10,210	＝	0.0626…
2020 年度	635	÷	10,004	＝	0.0634…
2021 年度	767	÷	10,328	＝	0.0742…

よって、2017 年度から 2021 年度にかけての全体の発電電力量に対する石油等の発電電力量の割合が 2 番目に大きい年は 2021 年度である。

19 **正解** 14.2X

	陸地面積(千ha)	森林面積(千ha)
日本	36,456	24,935
パキスタン	77,088	3,726

比べる量である「森林面積」を、もとにする量である「陸地面積」でわることにより、陸地面積に対する森林面積の割合を求める。

	森林面積		陸地面積		陸地面積に対する森林面積の割合
パキスタン	3,726	÷	77,088	＝	0.04833… ≒ 0.0483
日本	24,935	÷	36,456	＝	0.6839… ≒ 0.684

パキスタンの陸地面積に対する森林面積の割合を 1 としたときの、日本の陸地面積に対する森林面積の割合を、「日本の陸地面積に対する森林面積の割合÷パキスタンの陸地面積に対する森林面積の割合」で求める。

日本の割合		パキスタンの割合		
0.684	÷	0.0483	＝	14.161… ≒ 14.2

これを X 倍することにより、答えがわかる。

14.2 × X ＝ 14.2X

20　正解　2つ

・2006 年の福岡県の最低賃金は、2022 年の福岡県の最低賃金の 72% である→正しい

2006 年の福岡県の最低賃金は 652 円であり、2022 年の福岡県の最低賃金は 900 円である。これらの値を用いて、割合を計算する。

2006年		2022年		百分率に直す		
652	÷	900	×	100	=	72.44…%

・埼玉県の最低賃金は常に北海道の最低賃金よりも高く、常に愛知県の最低賃金よりも低い→正しくない

埼玉県の最低賃金は常に北海道の最低賃金よりも高くなっているということは正しい。しかし、埼玉県の最低賃金が愛知県の最低賃金より低いのは 2006 年だけである。

・2010 年の沖縄県の最低賃金は 2010 年の最低賃金の全国加重平均額に比べて 12% 低く、2018 年の沖縄県の最低賃金は 2018 年の最低賃金の全国加重平均額に比べて 14% 低い→正しくない

2010 年の方は正しいが、2018 年を見ると、沖縄県の最低賃金は 762 円であり、2018 年の最低賃金の全国加重平均額は 874 円である。これらの値を比較する。

2018年沖縄県		2018年全国加重平均額		百分率に直す				
762	÷	874	×	100	−	100	=	−12.81…%

よって、2018 年の沖縄県の最低賃金は 2018 年の最低賃金の全国加重平均額に比べて 13% 低い。よって、正しくない。

・2010 年から 2014 年にかけての最低賃金の増加率（全国加重平均額を除く）が 3 番目に大きいのは大阪府である→正しい

全国加重平均額を除く 7 都道府県について、2010 年から 2014 年にかけての増加率を求める。

	2014年		2010年		百分率に直す				
北海道	748	÷	691	×	100	−	100	=	8.24…%
埼玉県	802	÷	750	×	100	−	100	=	6.93…%
東京都	888	÷	821	×	100	−	100	=	8.16…%
愛知県	800	÷	745	×	100	−	100	=	7.38…%
大阪府	838	÷	779	×	100	−	100	=	7.57…%
福岡県	727	÷	692	×	100	−	100	=	5.05…%
沖縄県	677	÷	642	×	100	−	100	=	5.45…%

よって、2010 年から 2014 年にかけての最低賃金の増加率（全国加重平均額を除く）が 3 番目に大きいのは大阪府であるから正しい。

2章 計数　2. 四則逆算

「四則逆算」とは？

「四則逆算」とは？

「四則逆算」とは、表示された計算式の□に当てはまる数字を選択肢の中から選ぶ問題です。この四則逆算は、計算問題の基礎となるものですので、しっかり練習をしておきましょう。

問題例

下のような問題が出題されます。

□に入る数値として正しいものを、選択肢の中から1つ選びなさい。

1　78+46−56+□=38×3

○ 36　○ 29　○ 46　○ 49　○ 39

2　9+15×□=25×3−21

○ 2　○ 3　○ 4　○ 5　○ 6

3　18+13×4=144÷□+58

○ 6　○ 11　○ 12　○ 9　○ 16

4　(52−39)×(56−□)=76+28

○ 62　○ 52　○ 58　○ 56　○ 48

この他にも、小数や分数が含まれた式が出題されます。整数だけではなく、小数や分数を含む式の計算方法もしっかりと復習して、すばやく問題が解けるようにしておきましょう。

問題数と制限時間

種類	問題数	制限時間
四則逆算	50問	9分

四則逆算は、1種類のタイプの出題しかありません。制限時間9分で50問出題されるので、1分に6問以上解かなければすべて解ききることはできない計算です。つまり1問にかけられる時間は、11秒程度です。そのため、玉手箱の中では最もすばやく問題を解き続けることが求められます。

整数、小数、分数、%が出題される

四則逆算では、整数のみの問題や、整数と小数の問題、整数と分数の問題、さらに、( )と+−×÷の組み合わせなど、さまざまなバリエーションがあります。すべての計算の仕方を確認して慣れておき、苦手を作らないようにしましょう。1問11秒程度しかないので、迷っていると時間がなくなってしまいます。

先に進むほど問題が難しくなる

先に進むほど問題が難しくなっていきます。初めの方は比較的取り組みやすい問題が出題されますので、後半の難解な問題にも焦らずに取り組めるよう、そこですばやくしっかりと正解をして、解答時間に余裕を持たせるようにしましょう。

前の画面には戻れない

一度次の問題に進んでしまうと、前の問題に戻ることはできません（企業によってはまれに戻れるものもあります）。後から間違いに気づいたり、誤って次へ進んでしまったりした場合も、前の問題に戻ることはできないので、気をつけて解答をしていきましょう。

電卓などが使用可能

電卓やメモ用紙などを使用することができますので、活用して問題に取り組みましょう。うまく活用するためにも、事前に電卓を使い慣れておくことが大切です。自分の使いやすい電卓を用意し、何度も繰り返し使ってみるのがよいでしょう。

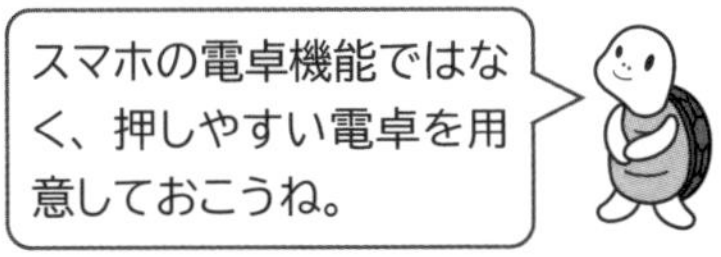

問題の解き方の手順（例）

次のページから、四則逆算の実際の解き方の手順の例を、具体的な問題例を用いて解説していきます。

【例題】

$6+3+\square=2-3$

○ 10　　○ 4　　○ 15　　○ − 6　　○ − 10

1. まず計算式を確認

計算式を見て□の位置や数、整数、小数、分数の種類、＋−×÷などを確認しましょう。右辺に□がある場合は、自分で計算する際に左辺に移した方が見やすいことが多いです。

2. 計算の仕方を確認

計算式を確認した後は、計算の流れを思い浮かべましょう。計算する際は、（　）内→×÷→＋−の順で行います。上の例題はすべて整数で難しくないため、左辺の□以外を移項して計算すれば答えが出ます。

3. 計算をする

計算の方法がわかったら実際に計算してみましょう。計算は電卓とメモ用紙を用いて行います。画面に表示されている問題文や式を書く必要はなく、忘れてしまいそうな、計算をした結果の数字を書いていくとよいでしょう。上の例題でいうと、まず「＋ 6」と「＋ 3」を右辺へ移項します。それと同時に「2 − 3」を計算し、結果である「− 1」をメモしておきます。その横に移項してきた「− 6」「− 3」を書きます。これらを計算し「− 1 − 6 − 3」で「− 10」。よって、答えは「− 10」だとわかります。今回の例題のような問題は、電卓を使うより暗算した方が速く答えを出せるでしょう。

4. 余裕があれば検算

もし時間に余裕があると感じた場合は、計算して出てきた数字を□に入れて計算してみましょう。一度先に進んでしまうと前の問題には戻れないため、時間があれば間違いがないか確認しておくことも大切です。

問題に慣れてきたら、上の 1 と 2 はすぐに終わらせ、3 の計算だけで問題が解けるようにしよう。問題を見た瞬間に電卓をたたくくらいのスピード感を目指して、問題に取り組もう。

すばやく問題を解くことを心がける

四則逆算は、問題自体は難しいというわけではありません。電卓を使えることもあり、誰でも解くことができるものです。しかし、注意しなければいけないのが、時間です。先にも述べましたが、四則逆算は1問を11秒程度で解かなければいけません。また、一度先に進んでしまうと前の問題には戻れないため、すばやく正確に問題を解いていくことが求められます。問題演習をする際もそのことを念頭において、時間を気にしながら練習問題を解いていくことが重要となります。

計算方法を確認しておく

四則逆算では、すばやく計算をする必要があるため、速くできる計算方法を確認しておくとよいでしょう。例えば、「○÷□＝△」とあった場合は、すぐに「□＝○÷△」と変形できるようにしておきましょう（次のページに「計算のコツ」としてまとめてあります）。また、分数や%の計算など、時間のかかりそうなものも出題されるので、そのような問題にも慣れておきましょう。

わからない問題はとばす

先にも述べた通り、一度先に進むと前の画面には戻れない仕様になっています。1問の目安は11秒程度での解答ですので焦る気持ちもわかりますが、焦ってもいいことはありません。問題の難易度を見極めて、解答目安時間を大幅に超えて時間がかかりそうな問題や自分では解けなさそうな問題は見切りをつけてとばすことも重要になってきます。そのとばす問題の基準や感覚を確認することも大切な対策です。

電卓を使い慣れておく

四則逆算では、電卓がカギとなってきます。桁が多い計算では打ち間違いに気をつけましょう。また、1桁の計算など電卓を使わずに暗算で計算したほうが速く答えが出せる問題もあります。その見極めもできるようになりましょう。問題演習を繰り返していけば、暗算でできる範囲がどんどん広がっていきます。基本的に暗算でできれば、電卓で計算するよりも速いので、できるだけ暗算でできるように問題演習に取り組み、慣れていきましょう。

落ち着いて取り組むことが大切

「時間が少ない」や「先に進むほど問題が難しくなる」など、怖がらせるようなことを言いましたが、本番では焦らずに落ち着いて問題に取り組むことが大切です。慌ててしまうと、簡単なケアレスミスをしてしまい、本来なら解けるのに不正解になってしまう問題が多くなってしまいます。焦らずに落ち着いて問題に取り組めるようにするためにも、問題演習と対策に取り組み、自信を持って本番を迎えるようにしましょう。

① 整数の計算

・式を計算しやすい順に移項し、一気に計算する
・問題の選択肢によっては、暗算で計算できる場合もある

ゼロからわかる問題

□に入る数値として正しいものを、選択肢の中から１つ選びなさい。

1　31＋□＋26＝93－19
○ 17　○ 14　○ 12　○ 21　○ 19

2　24＋□＝84－(11＋5)
○ 34　○ 41　○ 53　○ 44　○ 48

3　9×□＋13＝175－45
○ 5　○ 13　○ 9　○ 7　○ 11

4　4×3＝(39＋□)÷5
○ 27　○ 25　○ 21　○ 19　○ 17

5　68÷□＋6＝27＋14－18
○ 3　○ 4　○ 5　○ 6　○ 7

計算のコツ

□＝の式にするために他の数字を右辺に移す。

① ＋の式
□＋2＝10 → □＝10－2
2＋□＝10 → □＝10－2

② －の式
□－2＝10 → □＝10＋2
2－□＝10 → □＝2－10

③ ×の式
□×2＝10 → □＝10÷2
2×□＝10 → □＝10÷2

④ ÷の式
□÷2＝10 → □＝10×2
2÷□＝10 → □＝2÷10

解説　移項して式を計算しやすい形に変える

1　正解 17

$31+\square+26=93-19$

計算のコツ①

$\square=93-19-31-26$

$\square=17$

2　正解 44

$24+\square=84-(11+5)$

計算のコツ①

$\square=84-(11+5)-24$

（　）内を計算する

$\square=84-16-24$

$\square=44$

3　正解 13

$9\times\square+13=175-45$

計算のコツ①

$9\times\square=175-45-13$

$9\times\square=117$

計算のコツ③

$\square=117\div9$

$\square=13$

4　正解 21

$4\times3=(39+\square)\div5$

両辺を入れ替える

$(39+\square)\div5=4\times3$

計算のコツ④

$39+\square=4\times3\times5$

$39+\square=60$

計算のコツ①

$\square=60-39$

$\square=21$

5　正解 4

$68\div\square+6=27+14-18$

計算のコツ①

$68\div\square=27+14-18-6$

$68\div\square=17$

計算のコツ④

$\square=68\div17$

$\square=4$

＋やーを移項してから、×や÷を右辺へ移動するよ。先に計算する×や÷は、後に移動させると覚えておこう。また、×や÷を右辺へ移動するときは、移動先の式をあらかじめ（　）に入れるか計算しておこう。

自信をつける問題

□に入る数値として正しいものを、選択肢の中から１つ選びなさい。

1　$78+46-56+\square=38\times3$

○ 36　○ 29　○ 46　○ 49　○ 39

2　$9+15\times\square=25\times3-21$

○ 2　○ 3　○ 4　○ 5　○ 6

3　$18+13\times4=144\div\square+58$

○ 6　○ 11　○ 12　○ 9　○ 16

4　$(52-39)\times(56-\square)=76+28$

○ 62　○ 52　○ 58　○ 56　○ 48

5　$(\square+6)\times58+2=37\times22$

○ 3　○ 8　○ 10　○ 16　○ 22

解答・解説

1　正解　46

$78+46-56+\square=38\times3$

$\square=38\times3-78-46+56$　計算のコツ①②

$\square=46$

2　正解　3

$9+15\times\square=25\times3-21$

$15\times\square=25\times3-21-9$　計算のコツ①

$15\times\square=45$

$\square=45\div15$　計算のコツ③

$\square=3$

どの問題も、式変形の順番や符号の変更に気をつければ簡単に解けるね！計算に慣れてスピードを上げていこう。

3　**正解** 12

$18+13\times4=144\div\square+58$

↓ 両辺を入れ替える

$144\div\square+58=18+13\times4$

↓ 計算のコツ①

$144\div\square=18+13\times4-58$

$144\div\square=12$

↓ 計算のコツ④

$\square=144\div12$

$\square=12$

4　**正解** 48

$(52-39)\times(56-\square)=76+28$

↓ 計算のコツ③

$56-\square=(76+28)\div(52-39)$

$56-\square=104\div13$

$56-\square=8$

↓ 計算のコツ②

$\square=56-8$

$\square=48$

5　**正解** 8

$(\square+6)\times58+2=37\times22$

↓ 計算のコツ①

$(\square+6)\times58=37\times22-2$

$(\square+6)\times58=812$

↓ 計算のコツ③

$\square+6=812\div58$

$\square+6=14$

↓ 計算のコツ①

$\square=14-6$

$\square=8$

上の問題で、＋や－を先に移項し、その後に×や÷を右辺に移動させているのは、□の含まれない項から移しているからだね。

2章 計数　2. 四則逆算

② 小数と%の計算

・選択肢が分数の場合は、分数に直して計算する
・%の問題は、%の部分を小数に直して電卓で計算する

ゼロからわかる問題

□に入る数値として正しいものを、選択肢の中から1つ選びなさい。

1　$2.3+9.4-\square=2.8+7.5$

○ 1.0　○ 1.2　○ 1.4　○ 1.6　○ 1.8

2　$0.4\times0.07=\square\times0.014$

○ 0.12　○ 0.2　○ 2　○ 1.2　○ 12

3　$\square\div1.3=70\times0.8-17$

○ 50.7　○ 52.5　○ 53.2　○ 51.5　○ 51.9

4　$\square\times0.2=8\times0.375\div40$

○ 2/3　○ 5/7　○ 1/3　○ 4/5　○ 3/8

5　450の□%=175.5

○ 26　○ 36　○ 33　○ 29　○ 39

解説　式を計算しやすい形に変える

1　正解　1.4

$2.3+9.4-\square=2.8+7.5$

$9.4-\square=2.8+7.5-2.3$　← 計算のコツ①

$9.4-\square=8$

$\square=9.4-8$　← 計算のコツ②

$\square=1.4$

基本的な計算方法は、整数のときと同じなんだね！

2　正解 2

$0.4\times0.07=\square\times0.014$

$\square\times0.014=0.4\times0.07$　　両辺を入れ替える

$\square=0.4\times0.07\div0.014$　　計算のコツ③

$\square=2$

3　正解 50.7

$\square\div1.3=70\times0.8-17$

$\square\div1.3=39$

$\square=39\times1.3$　　計算のコツ④

$\square=50.7$

4　正解 3/8

$\square\times0.2=8\times0.375\div40$

$\square=8\times0.375\div40\div0.2$　　計算のコツ③

$\square=\frac{8}{1}\times\frac{375}{1000}\div\frac{40}{1}\div\frac{2}{10}$　　分数に直す

$\square=\frac{8}{1}\times\frac{375}{1000}\times\frac{1}{40}\times\frac{10}{2}$　　わり算をかけ算に直す

$\square=\frac{3}{8}$

5　正解 39

450の□％＝175.5

→$450\times\triangle=175.5$　　「の□％」を「×△」に置き換える

$\triangle=175.5\div450$　　計算のコツ③

$\triangle=0.39$

$\square=0.39\times100$　　％に戻すため、100をかける

$\square=39$

自信をつける問題

□に入る数値として正しいものを、選択肢の中から１つ選びなさい。

1　(0.93－0.28)×40＝□÷0.9

○ 25.3　○ 23.4　○ 24.5　○ 24.3　○ 32.4

2　8×□÷0.2＝2.6×18－14

○ 0.73　○ 0.85　○ 0.82　○ 0.69　○ 0.64

3　(8.2－4.6)÷12＝□÷6×4.5

○ 1/8　○ 2/3　○ 5/8　○ 2/5　○ 6/7

4　275の□%＝121

○ 0.44　○ 0.38　○ 3.8　○ 44　○ 34

5　□の68%＝340

○ 340　○ 470　○ 435　○ 500　○ 395

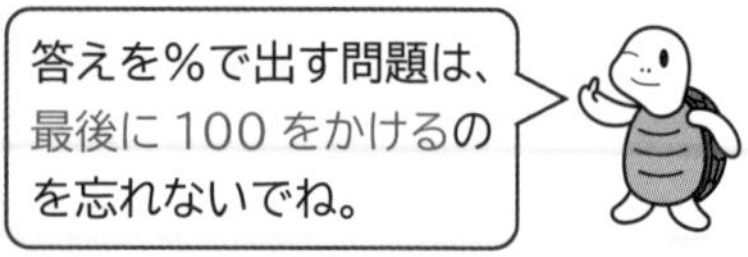

解答・解説

1　正解　23.4

(0.93－0.28)×40＝□÷0.9

□÷0.9＝(0.93－0.28)×40　（両辺を入れ替える）

□＝(0.93－0.28)×40×0.9　（計算のコツ④）

□＝0.65×40×0.9　（(　)内を計算する）

□＝23.4

2　正解 0.82

$8\times\square\div0.2=2.6\times18-14$

$8\times\square\div0.2=32.8$

$\square=32.8\div8\times0.2$　← 計算のコツ③④

$\square=0.82$

3　正解 2/5

$(8.2-4.6)\div12=\square\div6\times4.5$

$\square\div6\times4.5=(8.2-4.6)\div12$　← 両辺を入れ替える

$\square=(8.2-4.6)\div12\times6\div4.5$　← 計算のコツ③④

$\square=3.6\div12\times6\div4.5$　← (　)内を計算する

$\square=\frac{36}{10}\div\frac{12}{1}\times\frac{6}{1}\div\frac{45}{10}$　← 分数に直す

$\square=\frac{36}{10}\times\frac{1}{12}\times\frac{6}{1}\times\frac{10}{45}$　← わり算をかけ算に直す

$\square=\frac{2}{5}$

分数をわり算からかけ算に直すときは逆数にするんだよね！

4　正解 44

275の□％＝121

$\to275\times\triangle=121$　← 「の□％」を「×△」に置き換える

$\triangle=121\div275$　← 計算のコツ③

$\triangle=0.44$

$\square=0.44\times100$　← ％に戻すため、100をかける

$\square=44$

5　正解 500

□の68％＝340

$\to\square\times0.68=340$　← 「の68％」を「×0.68」に置き換える

$\square=340\div0.68$　← 計算のコツ③

$\square=500$

2章 計数　2. 四則逆算

③ 分数の計算

・小数に直すか、分数に直すかを問題によって判断する
・電卓が使えるときは積極的に使って解いていく

ゼロからわかる問題

□に入る数値として正しいものを、選択肢の中から 1 つ選びなさい。

1　(3/4＋□)×4＝432÷80

○ 0.5　○ 0.3　○ 0.45　○ 0.6　○ 0.55

2　□×6÷3/7＝35×4

○ 12　○ 5　○ 18　○ 8　○ 10

3　□×11＝4/5＋2/3

○ 2/15　○ 2　○ 3/2　○ 3/4　○ 5

4　1/2÷1/8＝1/5×□

○ 3/2　○ 20　○ 3/4　○ 10　○ 12

解説　式を自分が計算しやすい形に変える

1　正解 0.6

$$\left(\frac{3}{4}+\square\right)\times 4=432\div 80$$

↓ 計算のコツ③

$$\frac{3}{4}+\square=432\div 80\div 4$$

↓ 計算のコツ①

$$\square=432\div 80\div 4-\frac{3}{4}$$

↓ 分数を小数に直す

$$\square=432\div 80\div 4-0.75$$

$$\square=0.6$$

分数の問題だけど、小数に直して計算するの？

今回は選択肢がすべて小数だったから、分数を小数に直して計算したよ。場合によって、自分で判断して計算できるようになろう。

2 正解 10

$\square \times 6 \div \frac{3}{7} = 35 \times 4$

↓ 計算のコツ③④

$\square = 35 \times 4 \div 6 \times \frac{3}{7}$

↓ わり算をかけ算に直す

$\square = 35 \times 4 \times \frac{1}{6} \times \frac{3}{7}$

↓ 約分する

$\square = 10$

35 × 4 をすぐに計算せず、あえてそのままにしておくと、後で約分しやすくなるよ。

3 正解 2/15

$\square \times 11 = \frac{4}{5} + \frac{2}{3}$

↓ $\frac{4}{5}$ を $\frac{12}{15}$ に、$\frac{2}{3}$ を $\frac{10}{15}$ に通分

$\square \times 11 = \frac{12}{15} + \frac{10}{15}$

$\square \times 11 = \frac{22}{15}$

↓ 計算のコツ③

$\square = \frac{22}{15} \div 11$

$\square = \frac{2}{15}$

4 正解 20

$\frac{1}{2} \div \frac{1}{8} = \frac{1}{5} \times \square$

↓ 両辺を入れ替える

$\frac{1}{5} \times \square = \frac{1}{2} \div \frac{1}{8}$

↓ 計算のコツ③

$\square = \frac{1}{2} \div \frac{1}{8} \div \frac{1}{5}$

↓ わり算をかけ算に直す

$\square = \frac{1}{2} \times 8 \times 5$

↓ 約分する

$\square = 20$

通分、約分のときに計算ミスをしないように注意しよう。

自信をつける問題

□に入る数値として正しいものを、選択肢の中から１つ選びなさい。

1　□×0.3＝3/14

○ 8/3　○ 5/7　○ 3/4　○ 7/5　○ 2/3

2　5/6＋1/3＝14/15×□

○ 5/4　○ 3/2　○ 5/11　○ 5/6　○ 2/7

3　(□−3)÷42＝1/2−2/7

○ 8　○ 2/3　○ 3/4　○ 15　○ 12

4　3×□＋1/2＝7/10＋4

○ 3/4　○ 3/10　○ 7/5　○ 3/7　○ 3/15

解答・解説

1　**正解**　5/7

$$\square \times 0.3 = \frac{3}{14}$$

↷ 計算のコツ③

$$\square = \frac{3}{14} \div 0.3$$

↷ 分数に直す

$$\square = \frac{3}{14} \div \frac{3}{10}$$

↷ わり算をかけ算に直す

$$\square = \frac{3}{14} \times \frac{10}{3}$$

↷ 約分する

$$\square = \frac{5}{7}$$

2 正解 5/4

$\frac{5}{6}+\frac{1}{3}=\frac{14}{15}\times\square$

↓ 両辺を入れ替える

$\frac{14}{15}\times\square=\frac{5}{6}+\frac{1}{3}$

↓ 右辺を通分する

$\frac{14}{15}\times\square=\frac{5}{6}+\frac{2}{6}$

$\frac{14}{15}\times\square=\frac{7}{6}$

↓ 計算のコツ③、わり算をかけ算に直す

$\square=\frac{7}{6}\times\frac{15}{14}$

↓ 約分する

$\square=\frac{5}{4}$

「$\frac{14}{15}\times$」を右辺に移すと、「$\div\frac{14}{15}$」になり、その後「$\times\frac{15}{14}$」とすることが多いよ。一息で「$\frac{14}{15}\times$」を「$\times\frac{15}{14}$」にできたらすばやく計算できるね。

3 正解 12

$(\square-3)\div42=\frac{1}{2}-\frac{2}{7}$

↓ 右辺を通分し、計算する（$\frac{7}{14}-\frac{4}{14}$）

$(\square-3)\div42=\frac{3}{14}$

↓ 計算のコツ④

$\square-3=\frac{3}{14}\times42$

↓ 右辺を計算する

$\square-3=9$

↓ 計算のコツ②

$\square=9+3$

$\square=12$

左辺を$\frac{(\square-3)}{42}$と見て、

$\frac{(\square-3)}{42}=\frac{21}{42}-\frac{12}{42}$

$\frac{(\square-3)}{42}=\frac{9}{42}$

$\square-3=9$

$\square=12$

と計算してもよいね。

4 正解 7/5

$3\times\square+\frac{1}{2}=\frac{7}{10}+4$

↓ 分数に直す

$3\times\square+\frac{1}{2}=\frac{7}{10}+\frac{40}{10}$

↓ 右辺を計算する

$3\times\square+\frac{1}{2}=\frac{47}{10}$

↓ 計算のコツ①、通分する

$3\times\square=\frac{47}{10}-\frac{5}{10}$

↓ 右辺を計算し、計算のコツ③

$\square=\frac{42}{10}\div3$

↓ 約分する

$\square=\frac{7}{5}$

2章 計数　2. 四則逆算

④ □が複数あるときの計算

・□が複数あるときは、□にかかっている数字を（　）で囲んだり、答えの見当をつけてから選択肢を確かめたりする

ゼロからわかる問題

□に入る数値として正しいものを、選択肢の中から１つ選びなさい。

1　□×3.5－□＝16×5（□には同じ値が入る）

○ 30　○ 32　○ 28　○ 20　○ 35

2　□×□＝370－9（□には同じ値が入る）

○ 29　○ 19　○ 21　○ 17　○ 31

解説　－□は－１×□と見て計算する

1　正解　32

□×3.5－□＝16×5

（－□を－1×□にする）

□×3.5－1×□＝16×5

（3.5と－1を(　)でくくる）

(3.5－1)×□＝16×5

2.5×□＝80

（計算のコツ③）

□＝80÷2.5

□＝32

2　正解　19

□×□＝370－9

□×□＝361

（20×20＝400だから、□は20より小さい数だと見当をつけて選択肢を確かめる）

□＝19

□×□の計算が難しいな…。

√を計算できる機能のついた電卓を使うと、楽に計算できるから便利だよ。

自信をつける問題

□に入る数値として正しいものを、選択肢の中から1つ選びなさい。

1 70×□=375−□×55（□には同じ値が入る）

○ 3　○ 25　○ 5　○ 10　○ 15

2 □×78=(31−□)×15（□には同じ値が入る）

○ 2　○ 5　○ 12　○ 18　○ 27

□にかかっている数字を（ ）でまとめるのがポイントだね。

解答・解説

1 正解 3

70×□=375−□×55

（計算のコツ②）

70×□+□×55=375

（□にかかっている数字を( )でくくる）

(70+55)×□=375

125×□=375

（計算のコツ③）

□=375÷125

□=3

符号が変わることに注意しよう。

2 正解 5

□×78=(31−□)×15

（( )を外す）

□×78=31×15−□×15

□×78=465−□×15

（計算のコツ②）

□×78+□×15=465

（□にかかっている数字を( )でくくる）

(78+15)×□=465

93×□=465

（計算のコツ③）

□=465÷93

□=5

模擬テスト　50問 / 9分

□に入る数値として正しいものを、選択肢の中から１つ選びなさい。

1　$6\times\square=38+76$

○ 18　○ 19　○ 16　○ 17　○ 21

2　$6\times9+2=8\times\square$

○ 9　○ 5　○ 8　○ 6　○ 7

3　$\square\div9=63-54$

○ 45　○ 90　○ 81　○ 108　○ 63

4　$\square+15\times3=32\times5-98$

○ 17　○ 13　○ 15　○ 18　○ 22

5　$66\times\square=0.06\times1.1$

○ 1000　○ 0.1　○ 10　○ 0.01　○ 0.001

6　$11+45+\square=113-(12+5)$

○ 29　○ 40　○ 46　○ 63　○ 74

7　$39+169=17\times\square+4$

○ 15　○ 16　○ 13　○ 12　○ 14

8　$5/18\div\square=1/3$

○ 5/6　○ 1/2　○ 1/6　○ 2/3　○ 1/5

9　$336\div14-2=8+\square$

○ 18　○ 10　○ 14　○ 20　○ 12

10　$228\div(27-\square)=97-78$

○ 21　○ 25　○ 19　○ 12　○ 15

11　$5/6-\square=5/12+1/24$

○ 11/24　○ 1/3　○ 7/12　○ 2/5　○ 3/8

12 94−78+16=156÷□+19

○ 20　○ 13　○ 15　○ 14　○ 12

13 (□−8)÷3/4=68

○ 42　○ 48　○ 56　○ 59　○ 72

14 5/14×16÷20/21=□÷1/8

○ 3/4　○ 4/7　○ 2/3　○ 9/14　○ 3/8

15 8.9−5.6+□=6.3−0.9

○ 8.7　○ 2.3　○ 3.9　○ 4.5　○ 2.1

16 89−53+18=□+26

○ 80　○ 28　○ 26　○ 18　○ 54

17 □×□=0.94×2+0.08(□には同じ値が入る)

○ 1.2　○ 1.4　○ 2.3　○ 1.7　○ 0.9

18 18×□=9.2+17.8

○ 1.5　○ 1.2　○ 0.6　○ 0.5　○ 2.1

19 (5.4−□)×0.4=0.9×0.8

○ 1.4　○ 3.2　○ 4.5　○ 7.2　○ 3.6

20 7.2×□=6.2×9.8−0.28

○ 4.7　○ 5.6　○ 6.1　○ 8.4　○ 9.2

21 □÷1.7+0.8=0.84÷0.7

○ 0.54　○ 6.2　○ 3.4　○ 0.68　○ 5.1

22 17−5÷0.4=0.5×□

○ 0.6　○ 9　○ 6　○ 15　○ 0.9

23 2+0.8×□=10.8÷1.5−0.4

○ 9　○ 5　○ 6　○ 7　○ 8

24 (□−4)×0.7=117.6÷8

○ 17　○ 21　○ 25　○ 10　○ 14

25 □+11.75=3.38×4.5−0.81

○ 2.65　○ 10.35　○ 0.72　○ 5.62　○ 26.1

26 8.75×6=15×(3.57−□)

○ 0.15　○ 0.12　○ 0.05　○ 0.07　○ 0.04

27 280の□%=95.2

○ 29　○ 36　○ 32　○ 30　○ 34

28 □の62%=155

○ 280　○ 250　○ 230　○ 270　○ 300

29 6+12×□=37×7−25

○ 19　○ 20　○ 17　○ 13　○ 15

30 5×4=□×35÷14

○ 9　○ 10　○ 12　○ 11　○ 8

31 □×3/14=1/20×6

○ 3/7　○ 7/5　○ 3/10　○ 2/7　○ 5/12

32 4/5−1/3=4/15+□

○ 2/15　○ 1/6　○ 1/5　○ 2/3　○ 1/2

33 (98−□)×7=289−2×8

○ 61　○ 59　○ 47　○ 62　○ 56

34 □×2=3/8÷21/22

○ 11/42　○ 3/4　○ 11/56　○ 13/21　○ 7/11

35 □×3/4÷2=7/18×9/14

○ 1/2　○ 5/8　○ 3/4　○ 7/10　○ 2/3

36 7÷3=98÷(□+13)

○ 29　○ 15　○ 4　○ 9　○ 21

37 (□+5)÷20=2/15+5/12

○ 8　○ 3/5　○ 1/3　○ 6　○ 9

38 $91 \div \square - 3 = 8 \times 3 - 14$

○ 9　○ 7　○ 13　○ 5　○ 11

39 $(5 \times \square - 10) \div 3 = \square + 28$(□には同じ値が入る)

○ 21　○ 56　○ 34　○ 38　○ 47

40 $3/7 \times 14/\square = 5 \times 1/8 - 9/40$

○ 18　○ 24　○ 15　○ 21　○ 30

41 $(\square \times 8 + 1/15) \div 4 = 3/4 + 1/3$

○ 2/3　○ 8/15　○ 9/16　○ 7/12　○ 5/8

42 □の56%＝476

○ 850　○ 920　○ 835　○ 880　○ 900

43 $48 - 3 \times \square = 4 \times 7 + \square$(□には同じ値が入る)

○ 4　○ 3　○ 6　○ 5　○ 7

44 $4 \times \square - (1/6 + 5/9) = 7/9$

○ 7/12　○ 3/8　○ 5/12　○ 5/8　○ 3/4

45 $\square \times 10 + 7/2 = 5/8 \times 24$

○ 1.15　○ 0.74　○ 1.56　○ 0.98　○ 1.06

46 $3/2 - 0.8 = 0.75 \times \square + 3/10$

○ 4/5　○ 8/15　○ 1/2　○ 3/4　○ 1/6

47 $3.75 \times \square = (70 - \square) \times 0.45$(□には同じ値が入る)

○ 10.6　○ 5.8　○ 9.7　○ 7.5　○ 3.6

48 $0.04 \div 0.8 = \square \div 38$

○ 2.1　○ 1.2　○ 1.9　○ 2.4　○ 0.9

49 $22/45 - \square = 5/6 \times \square$(□には同じ値が入る)

○ 4/15　○ 8/9　○ 7/15　○ 1/3　○ 7/9

50 $\square \times \square = (105 - 15) \times 5/2$(□には同じ値が入る)

○ 13　○ 15　○ 19　○ 17　○ 21

模擬テスト　解答・解説

1　正解　19

$6\times\square=38+76$

$6\times\square=114$

$\square=114\div6$　（計算のコツ③）

$\square=19$

2　正解　7

$6\times9+2=8\times\square$　（両辺を入れ替える）

$8\times\square=6\times9+2$

$8\times\square=56$

$\square=56\div8$　（計算のコツ③）

$\square=7$

3　正解　81

$\square\div9=63-54$

$\square\div9=9$

$\square=9\times9$　（計算のコツ④）

$\square=81$

4　正解　17

$\square+15\times3=32\times5-98$

$\square+45=62$

$\square=62-45$　（計算のコツ①）

$\square=17$

5　正解　0.001

$66\times\square=0.06\times1.1$　（右辺を計算する）

$66\times\square=0.066$

$\square=0.066\div66$　（計算のコツ③）

$\square=0.001$

6 **正解** 40

$11+45+\square=113-(12+5)$

( )の中から計算する

$11+45+\square=113-17$

$11+45+\square=96$

計算のコツ①

$\square=96-11-45$

$\square=40$

7 **正解** 12

$39+169=17\times\square+4$

両辺を入れ替える

$17\times\square+4=39+169$

計算のコツ①

$17\times\square=39+169-4$

$17\times\square=204$

計算のコツ③

$\square=204\div17$

$\square=12$

8 **正解** 5/6

$\frac{5}{18}\div\square=\frac{1}{3}$

計算のコツ④

$\square=\frac{5}{18}\div\frac{1}{3}$

わり算をかけ算にする

$\square=\frac{5}{18}\times3$

$\square=\frac{5}{6}$

9 **正解** 14

$336\div14-2=8+\square$

両辺を入れ替える

$8+\square=336\div14-2$

計算のコツ①

$\square=336\div14-2-8$

$\square=14$

10 **正解** 15

$228\div(27-\square)=97-78$

$228\div(27-\square)=19$

計算のコツ④

$27-\square=228\div19$

$27-\square=12$

計算のコツ②

$\square=27-12$

$\square=15$

11　正解　3/8

$$\frac{5}{6}-\square=\frac{5}{12}+\frac{1}{24}$$

計算のコツ②

$$\square=\frac{5}{6}-\left(\frac{5}{12}+\frac{1}{24}\right)$$

$$\frac{20}{24}-\left(\frac{10}{24}+\frac{1}{24}\right)$$

$$\square=\frac{9}{24}$$

約分する

$$\square=\frac{3}{8}$$

12　正解　12

$$94-78+16=156\div\square+19$$

両辺を入れ替える

$$156\div\square+19=94-78+16$$

計算のコツ①

$$156\div\square=94-78+16-19$$

$$156\div\square=13$$

計算のコツ④

$$\square=156\div13$$

$$\square=12$$

13　正解　59

$$(\square-8)\div\frac{3}{4}=68$$

計算のコツ④

$$\square-8=68\times\frac{3}{4}$$

$$\square-8=51$$

計算のコツ②

$$\square=51+8$$

$$\square=59$$

14　正解　3/4

$$\frac{5}{14}\times16\div\frac{20}{21}=\square\div\frac{1}{8}$$

両辺を入れ替える

$$\square\div\frac{1}{8}=\frac{5}{14}\times16\div\frac{20}{21}$$

計算のコツ④、わり算をかけ算に直す

$$\square=\frac{5}{14}\times16\times\frac{21}{20}\times\frac{1}{8}$$

$$\square=\frac{3}{4}$$

15　正解　2.1

$8.9-5.6+\square=6.3-0.9$

（計算のコツ①②）

$\square=6.3-0.9-8.9+5.6$

$\square=2.1$

16　正解　28

$89-53+18=\square+26$

（両辺を入れ替える）

$\square+26=89-53+18$

（計算のコツ①）

$\square=89-53+18-26$

$\square=28$

17　正解　1.4

$\square\times\square=0.94\times2+0.08$

（かけ算から計算する）

$\square\times\square=1.88+0.08$

$\square\times\square=1.96$

（見当をつけ選択肢を確かめる）

$\square=1.4$

18　正解　1.5

$18\times\square=9.2+17.8$

（右辺を計算する）

$18\times\square=27$

（計算のコツ③）

$\square=27\div18$

$\square=1.5$

19　正解　3.6

$(5.4-\square)\times0.4=0.9\times0.8$

（計算のコツ③）

$5.4-\square=0.9\times0.8\div0.4$

$5.4-\square=1.8$

（計算のコツ②）

$\square=5.4-1.8$

$\square=3.6$

20　正解　8.4

$7.2\times\square=6.2\times9.8-0.28$

$7.2\times\square=60.48$

（計算のコツ③）

$\square=60.48\div7.2$

$\square=8.4$

21　**正解**　0.68

$\square \div 1.7 + 0.8 = 0.84 \div 0.7$

$\square \div 1.7 + 0.8 = 1.2$

↓ 計算のコツ①

$\square \div 1.7 = 1.2 - 0.8$

$\square \div 1.7 = 0.4$

↓ 計算のコツ④

$\square = 0.4 \times 1.7$

$\square = 0.68$

22　**正解**　9

$17 - 5 \div 0.4 = 0.5 \times \square$

↓ 両辺を入れ替える

$0.5 \times \square = 17 - 5 \div 0.4$

$0.5 \times \square = 4.5$

↓ 計算のコツ③

$\square = 4.5 \div 0.5$

$\square = 9$

23　**正解**　6

$2 + 0.8 \times \square = 10.8 \div 1.5 - 0.4$

$2 + 0.8 \times \square = 6.8$

↓ 計算のコツ①

$0.8 \times \square = 6.8 - 2$

$0.8 \times \square = 4.8$

↓ 計算のコツ③

$\square = 4.8 \div 0.8$

$\square = 6$

24　**正解**　25

$(\square - 4) \times 0.7 = 117.6 \div 8$

↓ 計算のコツ③

$\square - 4 = 117.6 \div 8 \div 0.7$

$\square - 4 = 21$

↓ 計算のコツ②

$\square = 21 + 4$

$\square = 25$

25　**正解**　2.65

$\square + 11.75 = 3.38 \times 4.5 - 0.81$

$\square + 11.75 = 14.4$

↓ 計算のコツ①

$\square = 14.4 - 11.75$

$\square = 2.65$

26　正解　0.07

$$8.75 \times 6 = 15 \times (3.57 - \square)$$

両辺を入れ替える

$$15 \times (3.57 - \square) = 8.75 \times 6$$

計算のコツ③

$$3.57 - \square = 8.75 \times 6 \div 15$$

$$3.57 - \square = 3.5$$

計算のコツ②

$$\square = 3.57 - 3.5$$

$$\square = 0.07$$

27　正解　34

$$280の\square\% = 95.2$$

「の□%」を「×△」に置き換える

$$\rightarrow 280 \times \triangle = 95.2$$

計算のコツ③

$$\triangle = 95.2 \div 280$$

$$\triangle = 0.34$$

%に戻すため、100をかける

$$\square = 0.34 \times 100$$

$$\square = 34$$

28　正解　250

$$\squareの62\% = 155$$

「の62%」を「×0.62」に置き換える

$$\rightarrow \square \times 0.62 = 155$$

計算のコツ③

$$\square = 155 \div 0.62$$

$$\square = 250$$

29　正解　19

$$6 + 12 \times \square = 37 \times 7 - 25$$

$$6 + 12 \times \square = 234$$

計算のコツ①

$$12 \times \square = 234 - 6$$

$$12 \times \square = 228$$

計算のコツ③

$$\square = 228 \div 12$$

$$\square = 19$$

30　正解　8

$$5 \times 4 = \square \times 35 \div 14$$

両辺を入れ替える

$$\square \times 35 \div 14 = 5 \times 4$$

$$\square \times 35 \div 14 = 20$$

計算のコツ③④

$$\square = 20 \div 35 \times 14$$

$$\square = 8$$

31　**正解** 7/5

$\square\times\frac{3}{14}=\frac{1}{20}\times6$

↻ 計算のコツ③、わり算をかけ算に直す

$\square=\frac{1}{20}\times6\times\frac{14}{3}$

$\square=\frac{7}{5}$

32　**正解** 1/5

$\frac{4}{5}-\frac{1}{3}=\frac{4}{15}+\square$

↻ 両辺を入れ替える

$\frac{4}{15}+\square=\frac{4}{5}-\frac{1}{3}$

↻ 計算のコツ①

$\square=\frac{4}{5}-\frac{1}{3}-\frac{4}{15}$

↻ $\frac{12}{15}-\frac{5}{15}-\frac{4}{15}$

$\square=\frac{3}{15}$

↻ 約分する

$\square=\frac{1}{5}$

33　**正解** 59

$(98-\square)\times7=289-2\times8$

$(98-\square)\times7=273$

↻ 計算のコツ③

$98-\square=273\div7$

$98-\square=39$

↻ 計算のコツ②

$\square=98-39$

$\square=59$

34　**正解** 11/56

$\square\times2=\frac{3}{8}\div\frac{21}{22}$

↻ 計算のコツ③

$\square=\frac{3}{8}\div\frac{21}{22}\div2$

↻ わり算をかけ算に直す

$\square=\frac{3}{8}\times\frac{22}{21}\times\frac{1}{2}$

$\square=\frac{11}{56}$

35 **正解** 2/3

$$\square \times \frac{3}{4} \div 2 = \frac{7}{18} \times \frac{9}{14}$$

↲ 計算のコツ③④、わり算をかけ算に直す

$$\square = \frac{7}{18} \times \frac{9}{14} \times \frac{4}{3} \times 2$$

$$\square = \frac{2}{3}$$

36 **正解** 29

$$7 \div 3 = 98 \div (\square + 13)$$

↲ 両辺を入れ替える

$$98 \div (\square + 13) = 7 \div 3$$

↲ 7÷3はわりきれないので分数にする

$$98 \div (\square + 13) = \frac{7}{3}$$

↲ 計算のコツ④

$$\square + 13 = 98 \div \frac{7}{3}$$

↲ わり算をかけ算に直す

$$\square + 13 = 98 \times \frac{3}{7}$$

$$\square + 13 = 42$$

↲ 計算のコツ①

$$\square = 42 - 13$$

$$\square = 29$$

37 **正解** 6

$$(\square + 5) \div 20 = \frac{2}{15} + \frac{5}{12}$$

↲ $\frac{8}{60} + \frac{25}{60}$

$$(\square + 5) \div 20 = \frac{33}{60}$$

↲ 計算のコツ④

$$\square + 5 = \frac{33}{60} \times 20$$

$$\square + 5 = 11$$

↲ 計算のコツ①

$$\square = 11 - 5$$

$$\square = 6$$

38 **正解** 7

$$91 \div \square - 3 = 8 \times 3 - 14$$

$$91 \div \square - 3 = 10$$

↲ 計算のコツ②

$$91 \div \square = 10 + 3$$

$$91 \div \square = 13$$

↲ 計算のコツ④

$$\square = 91 \div 13$$

$$\square = 7$$

39　正解　47

$(5\times\square-10)\div3=\square+28$

計算のコツ④

$5\times\square-10=(\square+28)\times3$

右辺の(　)をはずす

$5\times\square-10=\square\times3+28\times3$

$5\times\square-10=\square\times3+84$

計算のコツ①②

$5\times\square-\square\times3=84+10$

□にかかっている数を(　)でくくる

$(5-3)\times\square=94$

$2\times\square=94$

計算のコツ③

$\square=94\div2$

$\square=47$

40　正解　15

$\frac{3}{7}\times\frac{14}{\square}=5\times\frac{1}{8}-\frac{9}{40}$

$\frac{25}{40}-\frac{9}{40}$

$\frac{3}{7}\times\frac{14}{\square}=\frac{16}{40}$

計算のコツ③、わり算をかけ算に直す

$\frac{14}{\square}=\frac{16}{40}\times\frac{7}{3}$

$\frac{14}{\square}=\frac{14}{15}$

$\square=15$

41　正解　8/15

$(\square\times8+\frac{1}{15})\div4=\frac{3}{4}+\frac{1}{3}$

計算のコツ④

$\square\times8+\frac{1}{15}=(\frac{3}{4}+\frac{1}{3})\times4$

$\square\times8+\frac{1}{15}=3+\frac{4}{3}$

計算のコツ①

$\square\times8=3+\frac{4}{3}-\frac{1}{15}$

$\frac{45}{15}+\frac{20}{15}-\frac{1}{15}$

$\square\times8=\frac{64}{15}$

計算のコツ③

$\square=\frac{64}{15}\div8$

$\square=\frac{8}{15}$

42　**正解** 850

$\square$の$56\%=476$

（「の56%」を「×0.56」に置き換える）

$\rightarrow \square\times0.56=476$

（計算のコツ③）

$\square=476\div0.56$

$\square=850$

43　**正解** 5

$48-3\times\square=4\times7+\square$

（計算のコツ①）

$-3\times\square-\square=4\times7-48$

（$-\square$を$-1\times\square$と見て、$\square$にかかっている数字を(　)でくくる）

$(-3-1)\times\square=28-48$

$-4\times\square=-20$

（計算のコツ③）

$\square=-20\div(-4)$

$\square=5$

44　**正解** 3/8

$$4\times\square-\left(\frac{1}{6}+\frac{5}{9}\right)=\frac{7}{9}$$

（計算のコツ②）

$$4\times\square=\frac{7}{9}+\left(\frac{1}{6}+\frac{5}{9}\right)$$

（$\frac{14}{18}+\frac{3}{18}+\frac{10}{18}$）

$$4\times\square=\frac{27}{18}$$

$$4\times\square=\frac{3}{2}$$

（計算のコツ③）

$$\square=\frac{3}{2}\div4$$

$$\square=\frac{3}{8}$$

45　正解　1.15

$$\square\times10+\frac{7}{2}=\frac{5}{8}\times24$$

計算のコツ①

$$\square\times10=\frac{5}{8}\times24-\frac{7}{2}$$

$$\frac{30}{2}-\frac{7}{2}$$

$$\square\times10=\frac{23}{2}$$

計算のコツ③

$$\square=\frac{23}{2}\div10$$

$$\square=\frac{23}{20}$$

小数に直す

$$\square=1.15$$

46　正解　8/15

$$\frac{3}{2}-0.8=0.75\times\square+\frac{3}{10}$$

両辺を入れ替える

$$0.75\times\square+\frac{3}{10}=\frac{3}{2}-0.8$$

計算のコツ①

$$0.75\times\square=\frac{3}{2}-0.8-\frac{3}{10}$$

$$\frac{15}{10}-\frac{8}{10}-\frac{3}{10}$$

$$0.75\times\square=\frac{4}{10}$$

0.75を分数にする

$$\frac{3}{4}\times\square=\frac{4}{10}$$

計算のコツ③、わり算をかけ算に直す

$$\square=\frac{4}{10}\times\frac{4}{3}$$

$$\square=\frac{8}{15}$$

47　正解　7.5

$$3.75\times\square=(70-\square)\times0.45$$

(　)をはずす

$$3.75\times\square=31.5-\square\times0.45$$

計算のコツ②

$$3.75\times\square+\square\times0.45=31.5$$

□にかかっている数字を(　)でくくる

$$(3.75+0.45)\times\square=31.5$$

$$4.2\times\square=31.5$$

計算のコツ③

$$\square=31.5\div4.2$$

$$\square=7.5$$

48　**正解**　1.9

$$0.04 \div 0.8 = \square \div 38$$

↲ 両辺を入れ替える

$$\square \div 38 = 0.04 \div 0.8$$

↲ 計算のコツ④

$$\square = 0.04 \div 0.8 \times 38$$

$$\square = 1.9$$

49　**正解**　4/15

$$\frac{22}{45} - \square = \frac{5}{6} \times \square$$

↲ 計算のコツ①

$$-\square - \frac{5}{6} \times \square = -\frac{22}{45}$$

↲ 通分し、□にかかっている数字を(　)でくくる

$$\left(-\frac{6}{6} - \frac{5}{6}\right) \times \square = -\frac{22}{45}$$

$$-\frac{11}{6} \times \square = -\frac{22}{45}$$

↲ 計算のコツ③、わり算をかけ算に直す

$$\square = -\frac{22}{45} \times \left(-\frac{6}{11}\right)$$

$$\square = \frac{4}{15}$$

50　**正解**　15

$$\square \times \square = (105 - 15) \times \frac{5}{2}$$

↲ (　)の中から計算する

$$\square \times \square = 90 \times \frac{5}{2}$$

$$\square \times \square = 225$$

↲ 見当をつけ選択肢を確かめる

$$\square = 15$$

2章 計数　3. 表の空欄問題

「表の空欄問題」とは？

「表の空欄問題」とは？

「表の空欄問題」とは、表示された表から数字の法則を見つけ、表の空欄に当てはまる数値を推測し選択肢の中から選ぶ問題です。この表の空欄問題は、対策をしておかないと、初めて見たときにはなかなか解くのが難しい問題です。問題なく解くことができるようにしっかりと対策をしておきましょう。

問題例

下のような問題が出題されます。

ある場所の土地内の面積と金額の関係を示しています。

【土地の面積と金額】

面積（坪）	20	40	60	80	120
金額（万円）	1,050	2,100	3,150	4,200	?

土地面積が 120 坪のときの金額はいくらと推測できるか。

○ 5,250 万円　○ 6,300 万円　○ 6,500 万円

○ 7,300 万円　○ 7,350 万円

この他にもさまざまな表や推定方法の問題が出題されます。しっかりと対策を行い、問題を見たらなんとなく解き方が思い浮かぶくらいになれるよう、問題演習を重ねましょう。

問題数と制限時間

種類	問題数	制限時間
表の空欄問題	35 問	35 分
	20 問	20 分

短い方でも 20 分もあるから、集中力が必要になってくるね…。

表の空欄問題は、２種類のタイプの出題があります。どちらのタイプの問題も、問題数と制限時間の割合が同じになっているので、１問にかけられる時間は１分です。玉手箱の計数の中では、１問にかけられる時間が最も長くなっていますが、その分、他よりも問題が難しいことを意味します。

１つの表で１つの問題のみ

表の空欄問題では、１つの表で１つの問題が出題されます。しかし、図表問題のように表について深く理解しなくてもよいわけではありません。表の中のどの数値が答えを出すために必要なのかわからないためです。この後の問題で解き方を学び、実際のテストの際も十分に表を検討する必要があるでしょう。

先に進むほど問題が難しくなる

先に進むほど問題が難しくなっていきます。初めの方は基本的な問題が出題されますので、そこでしっかりと正解をして、解答時間に余裕を持たせるようにすばやく解答していきましょう。そうすれば難しめな後半の問題にも焦らずに落ち着いて取り組むことができるようになります。

前の画面には戻れない

一度次の問題に進んでしまうと、前の問題に戻ることはできません（企業によってはまれに戻れるものもあります）。間違えて進んだり後で間違いに気づいたりしても、修正することはできないので、気をつけて解答をしていきましょう。

電卓などが使用可能

電卓や筆記用具などを使用することができますので、活用して問題に取り組みましょう。うまく活用するためにも事前に電卓を使いなれておくことが大切です。自分の使いやすい電卓を用意し、何度も繰り返し使ってみるのがよいでしょう。また、筆記用具やメモ用紙も使うことができます。この表の空欄問題では、答えを出すときにさまざまな可能性を検討するため、他の問題よりも筆記用具やメモ用紙を使うことが多いでしょう。

表について検討する際に多くの計算をするときがあるから、四則逆算よりも電卓を使うかもしれないよ。

問題の解き方の手順（例）

次ページから、表の空欄問題の実際の解き方の手順の例を、具体的な問題例を用いて解説していきます。

【例題】
【おにぎりの個数と合計金額】

おにぎりの個数（個）	1	2	3	4
合計金額（円）	150	300	450	?

おにぎりの個数が 4 個のときの合計金額はいくらと推測できるか。
○ 500 円　○ 550 円　○ 600 円　○ 650 円　○ 700 円

1. まず表タイトルと表を確認

まず初めに今回の問題で用いられている表がどのようなものであるかを確認しましょう。この段階ではまだ数値を細かく見ていく必要はありません。表のタイトルや項目名でどのようなものかのイメージをつけましょう。例題での表はおにぎりの個数と金額の表です。この情報だけでも、おにぎりの個数と合計金額ということは、おにぎりの個数が増えていくほど、合計金額も増えていくだろうということや、おにぎりの値段は一定だろうから、おにぎりの個数と金額は比例の関係にあるかもしれないと考えておくことができます。

2. 表中の数値などを確認して法則を見つける

問題で用いられている表がどのようなものかを確認したら、表の具体的な数値を見ていきましょう。例題では、おにぎりの個数は 1、2、3、4 と 1 個ずつ増え、合計金額は 150、300、450 と 150 円ずつ増えていることがわかります。よって、1 でも想定した通り、おにぎりは 1 個 150 円でおにぎりの個数と合計金額は比例の関係にあると推測できます。

3. 計算をする

表を確認して空欄の導き出し方が予想できたら、実際に計算してみましょう。今回の例題では、おにぎり 4 個のときの金額は 3 個のときの金額に 150 円をたせばよいので、600 円となります。今回の例題は単純な問題のため、計算が簡単でしたが、少し複雑な計算式を用いなければならないこともあるため、計算方法も忘れずに対策をしておきましょう。

「表の空欄問題」で最も重要で難しいのは 2 の法則を見つけること。その法則の種類を問題ページで示してあるからしっかり確認して対策しておいてね。

解くために必要な情報を特定しよう

表の空欄問題で最も重要なことは、どれだけ早く解き方を発見できるかということです。計算自体はそこまで難しいものではありませんので、解き方を見つけることが重要になってきます。他の計数の問題とは違い、柔軟に考えることが必要になっており、対策に最も手間取る問題だといえます。

さまざまな情報を駆使しよう

表の空欄問題では解き方を見つけるのが重要ですが、その解き方を見つけるためにさまざまな情報を駆使する必要があります。例えば、問題文や表のタイトル、表内の項目など問題で示されているすべての情報を確認して、さまざまな角度から検討することが大切になってきます。

計算方法を確認しておく

表の空欄問題では解き方を見つけるのが大切といっても、計算方法の確認ももちろん大切です。せっかく解き方がわかっても基本的な計算でつまずいたり、簡単なミスを何度もしてしまったりしてはもったいないです。そうならないためにも、分数や小数の計算や割合など基本的な計算はしっかり復習しておきましょう。

わからない問題はとばす

表の空欄問題は柔軟に考えることが必要な問題のため、解けないときは本当に解けないということがあります。表の空欄問題での１問の目安は１分での解答ですので、これを大幅に超えて時間がかかりそうな問題や解けない問題は見切りをつけてとばすことが重要です。本番で考えがまとまらず、時間がかかりすぎていると感じた場合は落ち着いてその問題をとばすなどする必要もあります。そのとばす問題の基準や感覚を確認することも大切な対策となります。

落ち着いて取り組むことが大切

本番では焦らずに落ち着いて問題に取り組むことが大切です。対策を行ったとしても、本番で力を発揮できないと意味がありません。本番で落ち着いて問題に取り組むことができるように、この問題はもう心配ないと思えるほど自信を持てる対策を行うようにするとよいでしょう。

2章 計数　3. 表の空欄問題

① 比例

・ある項目と別の項目の2つの変化が比例関係にあるもの
・数値の比較から「?」の項目との比例関係を考え、法則を見つけよう

ゼロからわかる問題

ある場所の土地内の面積と金額の関係を示しています。

【土地の面積と金額】

面積(坪)	20	40	60	80	120
金額(万円)	1,050	2,100	3,150	4,200	?

土地面積が120坪のときの金額はいくらと推測できるか。

○ 5,250万円 ○ 6,300万円 ○ 6,500万円 ○ 7,300万円 ○ 7,350万円

正解 6,300万円

解説　土地の面積と金額の関係性に注目→比例の関係にある

表より、土地の面積が2倍、3倍と増加するにしたがって、金額も2倍、3倍と増加する。

×2　×3　×4　×6

面積(坪)	20	40	60	80	120
金額(万円)	1,050	2,100	3,150	4,200	?

×2　×3　×4　×6

120坪は20坪の6倍なので、金額も同様に6倍すればよい。

20坪の金額　　　120坪の金額

1,050 × 6 = 6,300万円

「金額÷面積」で1坪あたりの金額がわかるね。1,050 ÷ 20 = 52.5だから、120坪のときの金額は何万円だろう…?

比例の関係式は $y = ax$ だったね。1坪あたりの金額が52.5万円だから、$y = 52.5x$。この x に坪数を代入しても金額が算出できるね。

各農園の面積とリンゴの収穫量について調べています。

【各農園の面積とリンゴの収穫量】

	A農園	B農園	C農園	D農園	E農園
面積(m^2)	104	260	432	312	144
収穫量(kg)	208	520	864	624	?

E 農園のリンゴの収穫量は何 kg と推測できるか。

○ 286 kg　○ 288 kg　○ 290 kg　○ 292 kg　○ 294 kg

正解 288kg

解説　面積と収穫量の関係に注目→比例の関係にある

例えば A 農園は面積 104m^2 に対して、収穫量は 208kg。

104：208 ＝ 1：2

つまり、面積：収穫量＝ 1：2 という比例関係にある。

	A農園	B農園	C農園	D農園	E農園
面積(m^2)	×2 104	×2 260	×2 432	×2 312	×2 144
収穫量(kg)	208	520	864	624	?

E 農園の面積 144m^2 を、面積：収穫量＝ 1：2 に当てはめる。

面積　収穫量　　　E 農園の収穫量

1　：　2　＝　144　：　?

?　＝　2　×　144

?　＝　288

よって、収穫量は 288 kg となる。

問題 1 は、面積が増えるごとに金額が増えていくと予想できるね。問題 2 も、面積が増えれば収穫量も増えると予想できるよ。どちらも比例の関係に気づけば、簡単に解くことができるね。

自信をつける問題

1　ある遊園地の来園者数と園内の店舗の売上を集計しています。

【来園者数と園内の店舗の売上】

	火曜日	水曜日	木曜日	金曜日	土曜日
来園者数（千人）	36	47	53	55	82
お土産店（万円）	150	100	303	323	625
レストラン（万円）	4,140	5,405	6,095	6,325	?

土曜日のレストランの売上はいくらと推測できるか。

○ 9,000 万円 ○ 9,255 万円 ○ 9,430 万円 ○ 9,550 万円 ○ 9,600 万円

2　ある会社の社員の平均年収を集計しています。

【社員の平均年収】

	20歳	30歳	40歳	50歳	60歳
平均年収（万円）	252	353	494	692	?
平均残業時間（時間/月）	20	28	30	32	28
扶養手当（円/月）	3,000	18,000	24,000	26,000	27,000

60 歳の平均年収はいくらと推測できるか。

○ 965 万円　○ 967 万円　○ 969 万円　○ 971 万円　○ 973 万円

解答・解説

1　**正解** 9,430 万円

まず、レストランの売上と関係のありそうなものを探すと、来園者数が関係がありそうだと考えられ、来園者数が増えるほど、レストランの売上も増えるので、比例の関係にあるのではないかと推測できる。またお土産店の売上とレストランの売上については、関係はみられないことがわかる。

ここで 1 千人あたりのレストランの売上を計算し、比例関係を見つける。例として火曜日を計算すると、4,140 ÷ 36 ＝ 115 万円となる。各曜日、同様に計算するとすべての曜日で 1 千人あたり 115 万円を売上ていることがわかる。

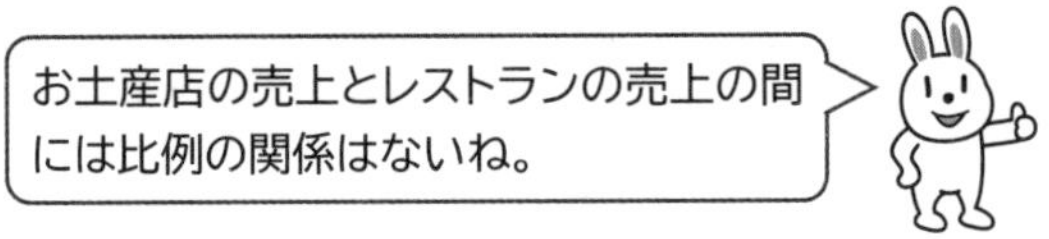

	火曜日	水曜日	木曜日	金曜日	土曜日
来園者数（千人）	36	47	53	55	82
お土産店（万円）	×115　150	×115　100	×115　303	×115　323	×115　625
レストラン（万円）	4,140	5,405	6,095	6,325	?

よって土曜日のレストランの売上は、来園者数に115をかければよい。

土曜日の来園者数		1千人あたりのレストランの売上		土曜日のレストランの売上
82	×	115	=	9,430万円

2　**正解**　969万円

まず、平均年収と関係のありそうなものを探すと、扶養手当の金額の増加と共に平均年収も増加しているが、一定の相関はみられない。平均残業時間についても関係はなさそうである。そのため、平均年収の増加傾向にのみ注目する。

一般的に年齢を重ねて仕事のスキルが上がるほど年収は増加すると考えられる。そこで10歳年齢を重ねたときの年収の増加傾向をみると、20歳から30歳では353÷252≒1.4となる。同様にすべてにおいて計算を行うと、10歳年齢を重ねるごとに年収が約1.4倍に増加しているとわかる。

×1.4（20歳→30歳）　×1.4（30歳→40歳）　×1.4（40歳→50歳）　×1.4（50歳→60歳）

	20歳	30歳	40歳	50歳	60歳
平均年収（万円）	252	353	494	692	?
平均残業時間（時間/月）	20	28	30	32	28
扶養手当（円/月）	3,000	18,000	24,000	26,000	27,000

よって60歳の平均年収は、50歳の平均年収を1.4倍すればよい。

50歳の平均年収				60歳の平均年収
692	×	1.4	=	968.8≒969万円

② 大小

・ある項目の大小関係から、選択肢を考察する
・表全体の傾向から「?」の数値を推測することで答えを探す

ゼロからわかる問題

ある観光農園の降水確率とトウモロコシの収穫量の関係を示している。
【降水確率とトウモロコシの収穫量】

7月	15日	16日	17日	18日	19日
降水確率(%)	50	80	25	20	45
収穫量(kg)	243	125	284	300	?

19 日のトウモロコシの収穫量は何 kg と推測できるか。
○ 260kg　○ 290kg　○ 320kg　○ 340kg　○ 360kg

正解 260kg

解説　降水確率と収穫量の関係に注目→降水確率が高くなると、収穫量は減少する

降水確率が低い順に並べて整理して考える。降水確率が 20 → 25 → 50 → 80 と高くなるにつれ、収穫量は 300 → 284 → 243 → 125 の順で減少する。

増加　増加　増加　増加

7月	18日	17日	19日	15日	16日
降水確率(%)	20	25	45	50	80
収穫量(kg)	300	284	?	243	125

減少　減少　減少　減少

19 日の降水確率は 45%なので、収穫量は 284kg より少なく、243kg よりも多いと推測できる。よって選択肢から、260kg が解答であるとわかる。

降水確率が高くなると、収穫量は減少するから…。降水確率が 45%だと 25%と 50%の間だから、何 kg だろう?

表の値の傾向をわかりやすくするために数値を大きい順や小さい順で並び替えてあげると理解しやすいね。

ある地域のジムの会員数についてまとめています。

【ジムの会員数】

	A店	B店	C店	D店	E店
マシーン数（台）	25	10	42	30	38
インストラクター数（人）	6	3	8	8	9
会員数（人）	225	205	300	240	?

E 店の会員数は何人と推測できるか。

○ 238 人　○ 240 人　○ 265 人　○ 305 人　○ 308 人

正解 265 人

解説　マシーン数と会員数の関係に注目→マシーン数が多いほど会員数も多い

まず会員数とインストラクター数の関連をみる。C 店と D 店ではインストラクター数が同じだが会員数に差がある。よってこの 2 つには関連がない。次にマシーン数と会員数の関連をみると、マシーン数の増加とともに会員数が多くなることがわかる。そこでマシーン数の少ない順に並べ替えて考える。

増加　増加　増加　増加

	B店	A店	D店	E店	C店
マシーン数（台）	10	25	30	38	42
インストラクター数（人）	3	6	8	9	8
会員数（人）	205	225	240	?	300

増加　増加　増加　増加

E 店のマシーン数は 38 台なので、会員数は 240 人より多く 300 人より少なくなると推測できる。よって選択肢から、265 人が解答であるとわかる。

問題 1 は、ある項目が増加するともう 1 つの項目が減少するもの。
問題 2 は、ある項目が増加するともう 1 つの項目も増加するもの。
いずれの場合も並び替えて大小関係を整理するとわかりやすいね。

自信をつける問題

1　あるお店での集客方法と、その結果を集計しています。

【集客方法と客数の統計】

	A店	B店	C店	D店	E店	F店
チラシ(枚)	75	110	130	75	110	130
声掛け(分)	70	70	70	90	90	90
客数(人)	4,551	5,461	6,553	7,000	?	9,002

E 店の客数は何人と推測できるか。

○ 6,250 人　○ 6,505 人　○ 6,888 人　○ 7,910 人　○ 9,100 人

2　あるお店のカーテンの価格の検討をしています。

【カーテンの価格表】

	A種	B種	C種	D種	E種
長さ(m)	5	15	18	8	12
人気順位(位)	1	4	5	2	3
製作日数(日)	2	7	8	4	6
価格(円)	16,000	21,500	26,400	18,800	?

E 種のカーテンの価格はいくらと推測できるか。

○ 17,500 円　○ 18,000 円　○ 20,500 円　○ 22,000 円　○ 25,000 円

解答・解説

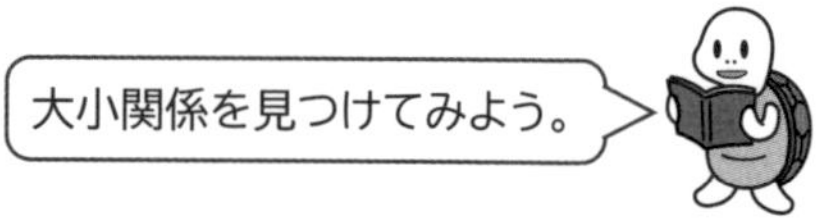

1　**正解**　7,910 人

表を見ると、声掛け時間が同じ A・B・C 店は、チラシの枚数が多いほど客数が多くなることがわかる。よって D・E・F 店も同様の傾向があると考えられる。チラシの枚数は D → E → F 店と増加しているので、客数も D → E → F 店の順になると推測できる。選択肢の中で、7,000 人よりも多く 9,002 人よりも少ないのは、7,910 人だけであるため、答えは 7,910 人となる。

声掛け時間が同じ店同士で比較すると
チラシの枚数が多いほど客数が多いね。

	A店	B店	C店	D店	E店	F店
チラシ(枚)	75	110	130	75	110	130
声掛け(分)	70	70	70	90	90	90
客数(人)	4,551	5,461	6,553	7,000	?	9,002

またチラシの枚数が同じで、声掛け時間が違う店を比較することでも解くことができる。A店とD店では、客数はD店の方が2,449人多い。C・F店においても同様に、客数は声掛け時間が長かったF店の方が2,449人多い。よってE店の客数はB店の客数に2,449人たしたものであると推測することもできる。

B店の客数				E店の客数
5,461	+	2,449	=	7,910人

2　**正解**　20,500円

表を見ると、長さが長いほど、また製作日数が多いほど価格が高くなると考えられる。よって、長さ・製作日数の大小がわかるように並べ替えて整理する。するとE種の価格は18,800円より大きく、21,500円より小さい値であると推測できる。よって選択肢から該当するのは20,500円だけである。

	A種	D種	E種	B種	C種
長さ(m)	5	8	12	15	18
人気順位(位)	1	2	3	4	5
製作日数(日)	2	4	6	7	8
価格(円)	16,000	18,800	?	21,500	26,400

また、人気順位と価格の比較でも解くことができる。上の表を見るとわかりやすいが、順位が高いほど価格は低くなっている。よって、ここからもE種の価格は20,500円だと推測することができる。

③ 算出式

・複数の項目から算出式を立てて、答えを導く問題
・表の中から共通する数値はないか見つけ出して算出式を導こう

ゼロからわかる問題

ある不動産会社で土地を買うときの金額をまとめています。
【土地の購入金額】

	土地A	土地B	土地C	土地D
地価（万円/㎡）	5	7	10	8
土地の広さ（㎡）	70	65	50	60
手数料等（万円）	21	27	30	29
支払総額（万円）	371	482	530	?

土地Ｄの支払総額はいくらと推測できるか。
○ 480万円　○ 488万円　○ 495万円　○ 509万円　○ 516万円

正解 509万円

解説　きれいな数値の土地Ｃに注目→支払総額の算出式を導く

	土地A	土地B	土地C	土地D
地価（万円/㎡）	5	7	10	8
土地の広さ（㎡）	×70	×65	×50	×60
手数料等（万円）	+21	+27	+30	+29
支払総額（万円）	371	482	530	?

計算しやすいきれいな数字となっている土地Ｃを見ると「10 × 50+30 ＝ 530」となっているため、この「地価×土地の広さ＋手数料等＝支払総額」と推測できる。

土地Ｄについて計算すると答えが出てくる。

地価		土地の広さ		手数料等		支払総額
8	×	60	+	29	＝	509万円

問題と表の項目からも、土地を買うときの支払総額は、「地価」と「土地の広さ」をかけて、「手数料等」をたしたものであるのではないかと考えられるね。

オーダーメイドの洋服店が洋服の料金を検討しています。

【洋服の料金】

	洋服A	洋服B	洋服C	洋服D
材料費(円)	5,000	6,000	8,000	10,000
作成時間(時間)	8	12	13	18
料金(円)	29,000	42,000	?	64,000

洋服 C の料金はいくらと推測できるか。

○ 43,000 円　○ 44,000 円　○ 45,000 円　○ 46,000 円　○ 47,000 円

正解 47,000 円

解説 表の項目に注目して料金を導く

「料金」には「材料費」が加えられていると考えることができるため、「料金」から「材料費」をひいてみる。するとそれぞれ、洋服 A:24,000 円、洋服 B:36,000 円、洋服 D:54,000 円となる。これを「作成時間」でわると、1 時間あたりの単価が、3,000 円だとわかる。

	洋服A	洋服B	洋服C	洋服D
作成時間(時間)	8	12	13	18
単価	×3,000	×3,000	×3,000	×3,000
材料費(円)	+5,000	+6,000	+8,000	+10,000
料金(円)	29,000	42,000	?	64,000

よって、「作成時間× 3,000+ 材料費＝料金」という式が導き出せる。洋服 C についてこの式に当てはめて考えると答えが出てくる。

作成時間		単価		材料費		料金
13	×	3,000	+	8,000	=	47,000 円

3,000 円は表のどこに書いてあるの？

3,000 円は表には書いてないんだ。計算して自分で導かなければいけないよ。

自信をつける問題

1 ある地域の市役所で、6 つの公園内における塗装工事の見積金額を検討しています。

【塗装工事見積金額】

	A公園	B公園	C公園	D公園	E公園	F公園
公園面積(坪)	1,000	1,700	2,300	3,600	5,200	5,500
工事単価(万円/坪)	3.5	3.5	4.0	4.0	4.8	4.8
塗料単価(万円/坪)	1.0	1.0	1.2	1.2	1.4	1.4
工事所要時間(時間)	20	30	30	30	45	45
見積金額(万円)	4,500	7,650	11,960	18,720	32,240	?

F 公園の見積金額はいくらと推測できるか。

○ 32,600 万円　○ 33,250 万円　○ 33,280 万円
○ 34,050 万円　○ 34,100 万円

2 ある引っ越し会社が引っ越しの料金を検討しています。

【引っ越し料金】

	現場A	現場B	現場C	現場D	現場E
荷物量(個未満)	20	20	30	40	40
作業員数(人)	2	2	3	3	3
トラック台数(台)	1	1	1	1	1
作業時間(時間)	6	5	4	5	6
移動距離(km)	30	20	10	15	30
見積金額(円)	60,000	50,000	60,000	?	90,000

現場 D の見積金額はいくらと推測できるか。

○ 55,000 円　○ 60,000 円　○ 65,000 円
○ 70,000 円　○ 75,000 円

解答・解説

1　正解　34,100万円

工事単価と塗料単価が１坪あたりの金額なので、見積金額は「(工事単価＋塗料単価)×公園面積」だと推測できる。

	A公園	B公園	C公園	D公園	E公園	F公園
公園面積(坪)	1,000	1,700	2,300	3,600	5,200	5,500
工事単価(万円/坪)	× 3.5	× 3.5	× 4.0	× 4.0	× 4.8	× 4.8
塗料単価(万円/坪)	1.0	1.0	1.2	1.2	1.4	1.4
見積金額(万円)	4,500	7,650	11,960	18,720	32,240	？

推測した計算式に当てはめて、それぞれ計算すると、いずれも一致する。 Fも同様に計算する。

工事単価		塗料単価		公園面積		F公園の見積金額
(4.8	＋	1.4)	×	5,500	＝	34,100万円

あれ？工事所要時間は見積金額に関係しないの？

時間に関する単位が他にないから、見積金額には関係ない項目だね。
表の数値をすべて使うとは限らないから、単位をよく見て算出式を導こう。

2　正解　75,000円

項目が多く複雑になっているため、関係のありそうなものを考える。荷物量や移動距離の数値が大きければ、見積金額は高くなりそうだが、それは荷物量や移動距離が大きければ作業員数や作業時間がかかるので高くなると考えることができる。作業員数と作業時間を考えるときは、作業員１人あたりの１時間の単価を考えるようにするとよい。

	現場A	現場B	現場C	現場D	現場E
作業員数(人)	2	2	3	3	3
単価	×5,000	×5,000	×5,000	×5,000	×5,000
作業時間(時間)	×6	×5	×4	×5	×6
見積金額(円)	60,000	50,000	60,000	？	90,000

計算すると１人１時間5,000円であると計算できるため、これを現場Dに当てはめる。

作業員数		単価		作業時間		見積金額
3	×	5,000	×	5	＝	75,000円

2 章 計数　3. 表の空欄問題

④ 推移

・「何人増えるごとに、いくら増える」など、増減の推移に法則がある
・数列のように、値の差を見る・わり算をするなどで法則を見つけよう

ゼロからわかる問題

ある会社で、食事会の出席人数と費用を計算しています。

【食事会の出席人数と費用】

出席人数(人)	5	10	15	20	25
費用(円)	19,250	35,500	51,750	68,000	?

25 人出席したときの費用はいくらと推測できるか。

○ 83,250 円　○ 84,250 円　○ 85,500 円　○ 86,750 円　○ 88,500 円

正解　84,250 円

解説　費用の増え方に注目→5人増えると、費用が 16,250 円増える

表では、出席人数は5人ずつ増えており、費用は 16,250 円ずつ増えている。

+5　+5　+5　+5

出席人数(人)	5	10	15	20	25
費用(円)	19,250	35,500	51,750	68,000	?

+16,250　+16,250　+16,250　+16,250

25 人なら、20 人の費用 68,000 円に 5 人増える分の 16,250 円をたせばよい。

20 人の費用		5 人増の費用		25 人の費用
68,000	＋	16,250	＝	84,250 円

「費用÷出席人数」で 1 人あたりの費用がわかるよね。35,500 ÷ 10=3,550 だから、25 人だと 3,550 × 25=88,750…あれ？

実は「基本料金」として 3,000 円がかかっていて、さらに 1 人あたり 3,250 円が加算されているんだ。公共料金なども同じ仕組みだね。

ある地域で、2 つの遊園地の利用者数の推移について調べています。

【遊園地の利用者数】

	2018年	2019年	2020年	2021年	2022年
A遊園地（千人）	60	30	90	360	72
B遊園地（千人）	150	300	100	25	?

2022 年の B 遊園地の利用者数は何千人と推測できるか。

○ 100 千人　○ 125 千人　○ 150 千人　○ 175 千人　○ 200 千人

正解 125 千人

解説　利用者数の増減に注目→ A 遊園地と B 遊園地で逆数

2018 年と 2019 年を比べてみると、A 遊園地の利用者数は$\frac{1}{2}$倍になっており、B 遊園地の利用者数は2倍になっている。つまり、利用者数の増減は、A 遊園地と B 遊園地で逆数になっていると推測できる。

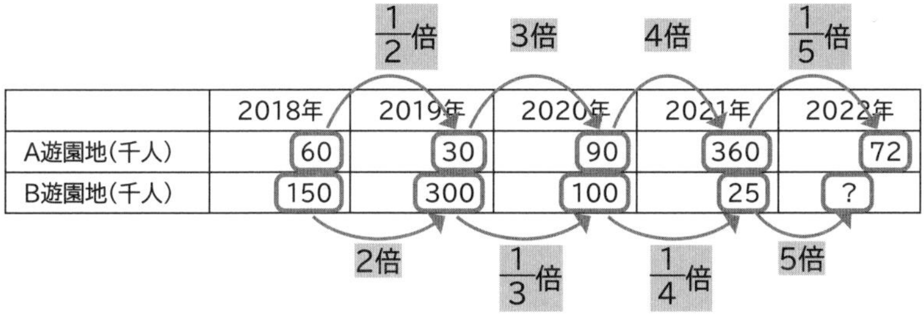

2021 年と 2022 年を比べると、A 遊園地の利用者数は$\frac{1}{5}$倍になっているため、B 遊園地ではその逆数である 5 倍になっていると考えられる。

2021 年の B　5 倍　2022 年の B

25 × 5 = 125 千人

問題 1 は、人数が増えるごとに費用が増えていくと予想できる。問題 2 も、片方の利用者数が増えれば、もう片方が減ることが予想できる。このように、問題の題材からおおよその増減が予想できることもあるよ。

自信をつける問題

1　ある音楽フェスで、来場者数とグッズの売上金額を集計しています。

【来場者数とグッズの売上】

	2015年	2016年	2017年	2018年	2019年
来場者数（千人）	35	37	32	39	42
参加アーティスト数（組）	40	40	41	45	42
グッズ売上（万円）	7,525	7,955	6,880	8,385	?

2019 年のグッズの売上金額はいくらと推測できるか。

○ 8,870万円　○ 8,955万円　○ 9,030万円　○ 9,055万円　○ 9,100万円

2　ある大学で、部活動数とその部員数を集計しています。

【部活動数と部員数】

	2015年	2016年	2017年	2018年	2019年
文化系部活動数（部）	25	26	27	28	29
運動系部活動数（部）	29	28	29	29	30
文化系部員数（百人）	54	63	61	62	65
運動系部員数（百人）	62	53	55	54	?

2019 年の運動系部活の部員数は何百人と推測できるか。

○ 50百人　○ 51百人　○ 53百人　○ 55百人　○ 57百人

3　ある写真店の、写真撮影の価格表をまとめます。

【写真撮影の価格表】

お渡し写真枚数（枚）	1	2	3	4	5
料金（円）	7,000	10,950	14,850	18,700	?

お渡し写真枚数が5枚のときの料金はいくらと推測できるか。

○ 22,000円　○22,050円　○22,500円　○22,550円　○22,700円

解答・解説

1　**正解**　9,030 万円

グッズの売上の増減の前年比を追ってみると、2016 年と 2018 年では増加、2017 年では減少している。同様の増減をしているのは来場者数である。2016 年は前年比

+2 千人で +430 万円、2017 年は－5 千人で－1,075 万円であることから、1 千人で 215 万円の増減とわかる。2019 年は前年比 +3 千人だから、3 × 215=645 万円の増加と推測できる。

+2　－5　+7　+3

	2015年	2016年	2017年	2018年	2019年
来場者数（千人）	35	37	32	39	42
参加アーティスト数（組）	40	40	41	45	42
グッズ売上（万円）	7,525	7,955	6,880	8,385	?

+430　－1,075　+1,505　+645

645 万円を 2018 年のグッズ売上 8,385 万円とたせばよい。

2018 年のグッズ売上　2019 年の増加額　2019 年のグッズ売上
8,385 ＋ 645 ＝ 9,030 万円

2　**正解** 51 百人

文化系運動系それぞれの部員数の増減を追ってみると、2016 年文化系部員数は前年より 9 百人増え、運動系部員数は 9 百人減っている。2017 年を見ても、文化系は 2 百人減り、運動系は 2 百人増えている。どちらかが増えると、もう一方が同じだけ減っていることがわかる。

	2015年	2016年	2017年	2018年	2019年
文化系部活動数（部）	25	+9　26	－2　27	+1　28	+3　29
運動系部活動数（部）	29	28	29	29	30
文化系部員数（百人）	54	63	61	62	65
運動系部員数（百人）	62	53	55	54	?

－9　+2　－1　－3

2019 年の文化系部員数は前年より 3 百人増えているので、運動系部員数は 3 百人減ると予測できる。

2018 年運動系部員数　前年からの減少数　2019 年運動系部員数
54 － 3 ＝ 51 百人

3　**正解** 22,500 円

お渡し写真枚数が 1 枚から 2 枚になると 3,950 円、2 枚から 3 枚では 3,900 円、3 枚から 4 枚では 3,850 円増えている。1 枚増えるごとに、料金の増え方が 50 円ずつ減っているため、4 枚目から 5 枚目は 3,800 円増えると推測できる。

お渡し写真枚数（枚）	1	2	3	4	5
料金（円）	7,000	10,950	14,850	18,700	?

3,950　3,900　3,850　3,800

お渡し写真 4 枚での料金　料金増加分　お渡し写真 5 枚での料金
18,700 ＋ 3,800 ＝ 22,500 円

2章 計数　3. 表の空欄問題

⑤ 合計が同じ

・表中のいくつかの項目の合計がいつも同じ値になる
・ある項目が増え、別の項目が減っているときにこの法則を使おう

ゼロからわかる問題

ある高校で修学旅行でどこに行きたいか、生徒にアンケートをとっています。
【アンケート結果】

	2014年	2015年	2016年	2017年	2018年
北海道	40	81	51	64	32
東京都	65	29	52	22	?
広島県	45	58	64	42	31
沖縄県	50	32	33	72	56

2018 年の東京都を選んだ人は何人と推測できるか。
○ 45 人　○ 54 人　○ 63 人　○ 72 人　○ 81 人

正解 81 人

解説　各年のアンケート結果の合計に注目

各年のアンケート結果の合計人数はいつも 200 人になっている。

	2014年	2015年	2016年	2017年	2018年
北海道	40	81	51	64	32
東京都	65	29	52	22	?
広島県	45	58	64	42	31
沖縄県	50	32	33	72	56
	200	200	200	200	200

よって、200 人から、2018 年の東京都以外の人数をひけば答えが出る。

合計　北海道　広島県　沖縄県　東京都
200 − (32 + 31 + 56) = 81 人

高校の生徒数だから、問題文から合計人数が同じになるんじゃないかって推測できるね。

自信をつける問題

複数の家電量販店の PC 売り場で、どのメーカーの PC が気になっているか調査を行いました。

【調査結果】

	A店	B店	C店	D店	E店
メーカー1	33	46	35	39	42
メーカー2	12	10	9	17	11
メーカー3	3	5	6	6	12
メーカー4	51	38	49	?	42
メーカー5	8	3	5	10	2
メーカー6	23	28	30	21	25

D 店でメーカー 4 が気になっていると答えたのは何人と推測できるか。

○ 40 人　○ 45 人　○ 49 人　○ 51 人　○ 58 人

解答・解説

正解 45 人

メーカー 4 と上がり下がり幅が同じものを探す。すると、メーカー 1 の人数が増えると、同じだけメーカー 4 の人数が減り、メーカー 1 とメーカー 4 の合計人数が、どの店でも、同じ 84 人となることが読み取れる。

	A店	B店	C店	D店	E店
メーカー1	33	46	35	39	42
メーカー2	12	10	9	17	11
メーカー3	3	5	6	6	12
メーカー4	51	38	49	?	42
メーカー5	8	3	5	10	2
メーカー6	23	28	30	21	25

メーカー1：+13　−11　+4　+3
メーカー4：−13　+11　−4　−3

ここから D 店のメーカー 4 を選んだ人数が計算できる。

合計		D店のメーカー1の人数		D店でのメーカー4の人数
84	−	39	=	45 人

2章 計数　3. 表の空欄問題

⑥ 積算

- それぞれの「単価×個数」をたしたものが合計になっている
- 他は共通しているが、1項目だけ違うものを見つけたら、ひき算をして単価を求める

ゼロからわかる問題

ある市バスで、ある日のA～Fルートの売上についてまとめています。

【市バスの売上金額】

	Aルート	Bルート	Cルート	Dルート	Eルート	Fルート
大人(人)	17	13	18	21	13	11
子ども(人)	5	6	5	3	10	4
売上金額(円)	5,000	4,150	5,250	5,700	4,750	?

※大人と子どもで料金はそれぞれ均一なものとする。

Fルートの売上金額はいくらと推測できるか。

○ 2,990円　○ 3,180円　○ 3,260円　○ 3,350円　○ 3,410円

正解 3,350円

解説　大人1人、子ども1人の金額を導き出そう

各ルートの乗車人数の違いから、大人と子どものバス料金をそれぞれ求める。A・Cルートの違いは大人1人で売上金額の違いは250円。

	Cルート	−	Aルート	
大人(人)	18	−	17	1
子ども(人)	5	−	5	0
売上金額(円)	5,250	−	5,000	250

B・Eルートの違いは子ども4人で売上金額の違いは600円。よって、子ども1人150円。

	Eルート	−	Bルート	
大人(人)	13	−	13	0
子ども(人)	10	−	6	4
売上金額(円)	4,750	−	4,150	600

上記で求めた1人あたりのバス料金にFルートの乗車人数をかけ算する。

	大人のバス料金		Fの大人人数			子どものバス料金		Fの子ども人数		Fの売上金額
(	250	×	11	)	+ (	150	×	4	) =	3,350円

自信をつける問題

ある市バスで、ある日のA～Eルートの売上についてまとめています。

【市バスの売上金額】

	Aルート	Bルート	Cルート	Dルート	Eルート
大人(人)	32	62	14	21	15
子ども(人)	8	12	4	32	3
売上金額(円)	5,360	10,140	2,380	5,390	?

※大人と子どもで料金はそれぞれ均一なものとする。

Eルートの売上金額はいくらと推測できるか。

○ 1,860円　○ 2,210円　○ 2,460円　○ 2,620円　○ 2,850円

解答・解説

正解 2,460円

ゼロからわかる問題と似た題材だが、数字がまちまちのため、単純なひき算では計算できない。AとCの子どもの人数を見ると、AはCを2倍した数なので、そこから大人1人あたりの金額を計算できる。

	Aルート	−	Cルート×2	
大人(人)	32	−	28	4
子ども(人)	8	−	8	0
売上金額(円)	5,360	−	4,760	600

大人4人で600円ということは、大人1人で150円だとわかる。これをもとに子ども1人あたりの金額を調べる。数字の小さいCをもとに子ども1人の金額を計算してみる。

Cルートの金額　大人人数　大人1人の金額　子ども人数　子ども1人の金額

(2,380 − 14 × 150) ÷ 4 = 70円

これをEルートに当てはめる。

大人人数　大人1人の金額　子ども人数　子ども1人の金額　Eの売上金額

(15 × 150) + (3 × 70) = 2,460円

⑦ 列ごとの計算

・「ある列の項目の値の2倍が、他の列の項目の値と同じになる」と考えるもの
・複数の列を組み合わせて、項目ごとの内訳を同じにしてみる

ゼロからわかる問題

あるアパレル店で、福袋の料金を検討しています。

【福袋の料金表】

	福袋A	福袋B	福袋C	福袋D	福袋E	福袋F
コート(枚)	1	0	0	1	1	1
ワンピース(枚)	0	1	1	2	1	1
トップス(枚)	0	0	1	0	1	1
スカート(枚)	0	0	0	0	0	1
料金(円)	12,000	6,000	?	24,000	21,000	25,000

福袋Cの料金はいくらと推測できるか。

○ 9,000円　○ 11,000円　○ 14,000円　○ 18,000円　○ 23,000円

正解 9,000円

解説　福袋Cの項目と同じになるように組み合わせる→福袋E－福袋A＝福袋C

福袋Eから福袋Aをひくと、福袋の内訳が福袋Cと同じになる。内訳が同じということは、金額も同じである。

	福袋E	－	福袋A	＝	福袋C
コート(枚)	1	－	1	＝	0
ワンピース(枚)	1	－	0	＝	1
トップス(枚)	1	－	0	＝	1
スカート(枚)	0	－	0	＝	0
料金(円)	21,000	－	12,000	＝	?

福袋Eの料金から福袋Aの料金をひき算すると、福袋Cの料金になる。

福袋Eの料金　福袋Aの料金　福袋Cの料金
21,000 － 12,000 ＝ 9,000円

自信をつける問題

あるピザ屋で、ピザの価格を検討しています。

【ピザ価格表】

	ピザA	ピザB	ピザC	ピザD	ピザE	ピザF
モッツァレラチーズ(個)	10	0	0	0	0	0
ソーセージ(個)	0	10	0	0	0	5
サラミ(枚)	0	0	10	0	0	5
えび(匹)	0	0	0	10	0	0
コーン(g)	0	0	0	0	10	0
ピーマン(個)	1	1	1	1	1	1
価格(円)	1,600	1,300	1,500	1,750	1,450	?

ピザ F の価格はいくらと推測できるか。

○ 1,350 円　○ 1,400 円　○ 1,500 円　○ 1,600 円　○ 1,650 円

解答・解説

正解 1,400 円

	ピザB	+	ピザC	÷2	ピザF
モッツァレラチーズ(個)	0	+	0	÷2	0
ソーセージ(個)	10	+	0	÷2	5
サラミ(枚)	0	+	10	÷2	5
えび(匹)	0	+	0	÷2	0
コーン(g)	0	+	0	÷2	0
ピーマン(個)	1	+	1	÷2	1
価格(円)	1,300	+	1,500	÷2	?

ピザ B･C を合わせて半分にすると、ピザの内訳がソーセージ 5 個、サラミ 5 枚、ピーマン 1 個で、ピザ F の内訳と同じになる。内訳が同じということは価格も同じだと推測できるため、ピザ B・C の価格をたして 2 でわり算したのが、ピザ F の価格になる。

（ピザBの価格 1,300 ＋ ピザCの価格 1,500 ）÷ 2 ＝ ピザFの価格 1,400 円

模擬テスト

12問 / 12分

1 ある会社で働くあるアルバイトの給料の推移は以下の通りです。

【給料の推移】

	1年目	2年目	3年目	4年目	5年目
月平均給料(円)	60,000	51,500	74,200	43,600	?
月平均労働時間(時間)	60	50	70	40	80

5 年目の給料はいくらと推測できるか。

○ 82,100円　○ 84,000円　○ 85,800円　○ 87,400円　○ 89,600円

2 ある会社で仕入れている材料の仕入れ先とその金額は以下の通りです。

【仕入れ先と仕入金額】

	2015年	2016年	2017年	2018年	2019年
A社からの仕入れ(t)	25	30	27	34	?
B社からの仕入れ(t)	57	52	55	48	45
仕入金額合計(万円)	850	862	852	875	882

2019 年の A 社からの仕入れは何 t と推測できるか。

○ 28t　○ 30t　○ 32t　○ 35t　○ 37t

3 ある不動産会社の月平均契約数と月平均仲介手数料は以下の通りです。

【月平均の契約数と月平均仲介手数料】

	2018年	2019年	2020年	2021年	2022年
月平均契約数(件)	72	78	?	78	81
月平均仲介手数料(千円)	5,904	6,396	6,150	6,396	6,642

2020 年の月平均契約数は何件と推測できるか。

○ 72件　○ 75件　○ 77件　○ 79件　○ 82件

4 ある職人が作る商品の個数と完成までの時間は以下の通りです。

【商品の個数と完成までの時間】

	1日目	2日目	3日目	4日目
商品Aの個数(個)	20	25	24	10
商品Bの個数(個)	15	15	18	?
完成までの合計時間(分)	315	345	378	372

4 日目の商品 B の個数は何個と推測できるか。

○ 21個　○ 22個　○ 23個　○ 24個　○ 25個

5 ある企業の研修の毎年の予算と実際の費用は以下の通りです。

【予算と実際の費用】

	2019年	2020年	2021年	2022年	2023年
予算（万円）	200	230	170	210	220
実際の費用（万円）	170	210	150	180	？
参加人数（人）	34	34	35	33	35

2023 年の実際の費用はいくらと推測できるか。

○ 180万円　○ 200万円　○ 220万円　○ 240万円　○ 260万円

6 あるサッカースタジアムの収入は以下の通りです。

【サッカースタジアムの収入データ】

	4月1日	4月4日	4月7日	4月8日	4月13日
平均チケット料金（円）	4,500	5,000	5,400	5,200	4,700
飲食代金総収入（万円）	550	630	820	870	540
入場者数（千人）	12	13	15	16	11
総収入（万円）	5,950	7,130	？	9,190	5,710

4月7日の総収入はいくらと推測できるか。

○ 7,540万円　○ 7,950万円　○ 8,570万円　○ 8,920万円　○ 9,260万円

7 ある機械をレンタルする料金の見積書は以下の通りです。

【レンタル見積書】

	1週間		2週間		3週間	
個数（個）	1	2	1	2	1	2
注文から搬入まで（日）	4	6	4	6	4	6
金額（万円）	5.2	10.0	7.5	12.4	？	14.8

機械 1 個を 3 週間レンタルする金額はいくらと推測できるか。

○ 8.4万円　○ 8.8万円　○ 9.0万円　○ 9.4万円　○ 9.8万円

8 各農園のモモの収穫量と販売総額は以下の通りです。

【収穫量と販売総額】

	A農園	B農園	C農園	D農園	E農園
収穫量(kg)	23	44	34	19	?
販売総額(円)	29,900	57,200	44,200	24,700	76,700

E 農園の収穫量は何 kg と推測できるか。

○ 51kg　○ 53kg　○ 55kg　○ 57kg　○ 59kg

9 ある遊園地の月ごとの来場者数と毎月の雨が降った日の日数は以下の通りです。

【月ごとの雨が降った日数と来場者数】

	5月	6月	7月	8月	9月
雨が降った日数(日)	14	23	10	7	18
来場者数(人)	?	107	200	235	164

5 月の来場者数は何人と推測できるか。

○ 150 人　○ 180 人　○ 210 人　○ 230 人　○ 250 人

10 ある飲食店でアルバイトで働く人たちのある月の給料は以下の通りです。

【アルバイト・パートの給料データ】

	Aさん	Bさん	Cさん	Dさん	Eさん
給料(円)	24,300	26,200	114,900	76,800	86,000
勤務時間(時間)	18	20	84	?	62
時給(円)	1,200	1,250	1,350	1,200	1,300
時給割増時間内の勤務時間(時間)	9	4	5	36	18

D さんの勤務時間は何時間と推測できるか。

○ 51 時間　○ 53 時間　○ 55 時間　○ 57 時間　○ 59 時間

11 ある動画における再生数と動画の広告収入の推移は以下の通りです。

【再生数と広告収入】

	4月	5月	6月	7月	8月
再生数(万回)	55	60	80	85	100
広告収入額(万円)	42	45	57	60	?

8 月の動画の広告収入額はいくらと推測できるか。

○ 63 万円　○ 66 万円　○ 69 万円　○ 72 万円　○ 75 万円

12 あるクレープ屋でクレープの価格を検討しています。

【クレープの材料の個数と価格】

	クレープA	クレープB	クレープC	クレープD	クレープE
生クリーム(g)	10	0	0	20	10
カスタード(g)	0	10	10	0	5
イチゴ輪切り(枚)	6	0	6	0	3
バナナ輪切り(枚)	0	6	0	6	3
バニラアイス(個)	0	1	1	1	1
チョコソース(g)	10	10	0	10	5
価格(円)	750	850	800	900	?

クレープ E の価格はいくらと推測できるか。

○ 750 円　○ 800 円　○ 850 円　○ 900 円　○ 950 円

模擬テスト　解答・解説

1　正解　89,600円

一般的にアルバイトの労働時間と給料は比例していると推測できるため、各月の給料÷労働時間で時給を計算する。

	1年目	2年目	3年目	4年目	5年目
月平均給料（円）	60,000	51,500	74,200	43,600	?
月平均労働時間（時間）	60	50	70	40	80

時給　1,000円　1,030円　1,060円　1,090円

+30　+30　+30

表より、1年目の時給は1,000円、2年目の時給は1,030円、3年目の時給は1,060円、4年目の時給は1,090円、毎年30円ずつ増えていっているため、5年目の時給は1,090+30=1,120円となる。これに月平均労働時間をかけると月平均給料がわかる。

時給　労働時間　給料
1,120 × 80 = 89,600円

2　正解　37t

2016年のA社からの仕入れは2015年より5t増え、B社からの仕入れは5t減っている。他の年も見ていくと、毎年どちらかの会社の仕入れ量が増えると、もう片方の会社からの仕入れが同じ量減っていること、つまりA社とB社からの仕入れの合計量は変わっていないことがわかる。

	2015年	2016年	2017年	2018年	2019年
A社からの仕入れ（t）	82　25	82　30	82　27	82　34	?
B社からの仕入れ（t）	57	52	55	48	45
仕入金額合計（万円）	850	862	852	875	882

表より、A社とB社からの仕入れの合計量は82tであるため、2019年のA社からの仕入れは、合計の82tから2019年のB社からの仕入れをひけばわかる。

2社からの仕入れの合計　2019年のB社からの仕入れ　2019年のA社からの仕入れ
82 − 45 = 37t

3 正解 75件

2019年と2021年がともに月平均契約数が78件で、月平均仲介手数料が6,396千円であることがわかる。そこから1契約あたりの平均仲介手数料が毎年同じではないかと考えることができる。

	2018年	2019年	2020年	2021年	2022年
月平均契約数(件)	72	78	?	78	81
月平均仲介手数料(千円)	5,904	6,396	6,150	6,396	6,642
1契約あたりの平均仲介手数料	82,000円	82,000円		82,000円	82,000円

表より、1契約あたりの平均仲介手数料は毎年82,000円であるため、2020年も同じであると考えられる。よって、月平均仲介手数料を、この1契約あたりの平均仲介手数料でわれば月平均の契約件数がわかる。

月平均仲介手数料		1契約あたりの平均仲介手数料		月平均契約件数
6,150	÷	82	=	75件

4 正解 24個

商品Aと商品Bを作った合計時間は商品Aと商品Bをそれぞれ何個作ったかに影響されていると考えられるので、商品Aと商品Bを1つ作るのにどれくらい時間がかかるのかをそれぞれ考えてみる。1日目と2日目を見ると、両日とも作った商品Bの数が同じであるため、両日の完成時間の差から、商品A 1つの完成までの時間を求めることができる。

	1日目	2日目	3日目	4日目
商品Aの個数(個)	20	25	24	10
商品Bの個数(個)	15	15	18	?
完成までの合計時間(分)	315	345	378	372

差5
差30

表より、商品Aは30分で5個、つまり、6分で1個作れることがわかる。これをもとに商品Bを作るのにかかる時間も考える。1日目を考えると、商品Aは20個作ったので商品Aを作ることに6×20＝120分かかっている。これを完成までの合計時間からひき、315－120＝195分が商品Bを作るのにかかった時間だとわかる。これを作った商品Bの個数でわり、195÷15＝13分が商品Bを1個作るのにかかる時間である。

4日目で商品Aを作るのにかかる時間は、10×6＝60分になる。合計時間の372分からこれをひいて372－60＝312分となり、これを商品Bを1個作るのにかかる時間13分でわると答えがわかる。

商品Bを作った合計時間		商品Bを1個作るのにかかる時間		作った商品Bの個数
312	÷	13	=	24個

5　**正解** 200 万円

表を見ると、参加人数と実際の費用には関連はないように思われる。そこで予算と実際の費用を見ると、予算の高い年は実際の費用も高く、予算が低い年は実際の費用も低くなっていることがわかる。

	2019年	2020年	2021年	2022年	2023年
予算（万円）	200	230	170	210	220
実際の費用（万円）	170	210	150	180	?
参加人数（人）	34	34	35	33	35

大　大　小　小

2023 年の予算は 220 万円で、2022 年の 210 万円より高く、2020 年の 230 万円よりも低いことから、実際の費用も 2022 年の 180 万円より高く、2020 年の 210 万円よりも低いと予測できる。よって選択肢の中で当てはまるものは 200 万円のみである。

6　**正解** 8,920 万円

この問題は表の設定より解き方が推測しやすい問題となっている。総収入はチケット収入と飲食代金収入の合計ではないかと想像することができる。チケット収入とは、平均チケット料金と入場者数をかけて求められると考えることができる。そこで、これらの関係を見ると、総収入は、平均チケット料金に入場者数をかけたものと飲食代金総収入の合計であることがわかる。

	4月1日	4月4日	4月7日	4月8日	4月13日
平均チケット料金（円）	4,500	5,000	5,400	5,200	4,700
	×	×	×	×	×
入場者数（千人）	12	13	15	16	11
	＋	＋	＋	＋	＋
飲食代金総収入（万円）	550	630	820	870	540
	‖	‖	‖	‖	‖
総収入（万円）	5,950	7,130	?	9,190	5,710

表より、4 月 7 日の平均チケット料金は 5,400 円、入場者数は 15,000 人であることから入場者から得られる収入がわかる。総収入は、これに飲食代金総収入をたせばわかる。

4月7日の平均チケット料金		4月7日の入場者数		入場者から得られる収入
5,400	×	15,000	＝	8,100 万円
入場者から得られる収入		飲食代金総収入		総収入
8,100	＋	820	＝	8,920 万円

7 **正解** 9.8万円

まず、2個レンタルする時の金額を見てみる。それぞれ10.0、12.4、14.8で2.4万円ずつ増えている。また、1個レンタルするときの金額を見ると、1週間と2週間では2.3万円差があり、2週間と3週間でも同じく2.3万円の差があるのではないかと推測できる。

	1週間		2週間		3週間	
個数(個)	1	2	1	2	1	2
注文から搬入まで(日)	4	6	4	6	4	6
金額(万円)	5.2	10.0	7.5	12.4	?	14.8

+2.3　+2.3

+2.4　+2.4

よって、機械1個を3週間レンタルする金額は、1個を2週間レンタルする金額7.5万円に2.3万円をたしたものだと推測できる。

1個を2週間　　　1個を3週間

7.5 + 2.3 = 9.8万円

また、1週間の1個と2個の金額を見ると、4.8万円の差があることがわかる。2週間ではこの差は4.9万円である。このことから3週間では5.0万円の差があるのではないかと推測もできる。

8 **正解** 59kg

A農園、B農園、C農園、D農園の収穫量と販売総額を比較すると、収穫量が少ない農園の販売総額は少なく、収穫量が多い農園の販売総額は多くなっている。よって、各農園の収穫量と販売総額の間には比例関係があり、収穫量1kgあたりの販売額が一定になるのではないかと考えることができる。

	A農園	B農園	C農園	D農園	E農園
販売総額(円)	29,900	57,200	44,200	24,700	76,700
	÷	÷	÷	÷	÷
収穫量(kg)	23	44	34	19	?
1kgあたりの販売額(円)	1,300	1,300	1,300	1,300	1,300

表より、各農園の収穫量1kgあたりの販売額は1,300円であるため、E農園の1kgあたりの収穫量も1,300円であると推測できる。よって、E農園の収穫量は販売総額を1kgあたりの販売額でわればわかる。

E農園の販売総額　　収穫量1kgあたりの販売額　　E農園の収穫量

76,700 ÷ 1,300 = 59kg

9　正解　180人

各月の雨が降った日数と来場者数を見ると、雨が降った日数が多いほど来場者数は少なく、雨が降った日数が少ないほど来場者数は多いことが考えられる。雨が降った日の数で表を並び替えると以下のようになる。

	8月	7月	5月	9月	6月
雨が降った日数(日)	7	< 10	< 14	< 18	< 23
来場者数(人)	235	> 200	> ?	> 164	> 107

表より、5月の雨が降った日数の14日は7月の10日より多く、9月の18日より少ないことから、5月の来場者数は7月の200人より少なく、9月の164人よりも多いと推測できる。選択肢を見ると200人より少なく、164人より多いものは1つだけであるため答えを選ぶことができる。

9月の来場者数 164人 < 5月の来場者数 180人 < 7月の来場者数 200人

10　正解　55時間

Aさん、Bさん、Cさん、Eさんそれぞれの時給の差は割増時間内の時給の差にも影響していると考えられるので、割増時間内の時給をそれぞれ考えてみる。例えばAさんの給料と時間を見ると、通常時の時給と勤務時間がわかるので、割増時間内の勤務時間を抽出して割増時間内の時給も求めることができる。

	Aさん	Bさん	Cさん	Dさん	Eさん
給料(円)	24,300	26,200	114,900	76,800	86,000
勤務時間(時間)	18	20	84	?	62
時給(円)	1,200 →	1,250	1,350	1,200	1,300
時給割増時間内の勤務時間(時間)	9	4	5	36	18
割増時間内の時給(円)	1,500 →	1,550	1,650		1,600

表より、Aさんは総勤務時間18時間のうち割増時間内は9時間勤務しており、通常時給時間内に稼いだ給料は10,800円であることがわかる。つまり24,300円の給料から10,800円をひいた、13,500円が割増時間内の9時間の勤務で稼いだ給料であり、割増時間内の時給が1,500円であることが求められる。同様にしてBさん、Cさん、Eさんの割増時間内の時給も導くことができる。

AさんとBさんを比較すると時給の差と割増時間内の時給の差が等しいことがわかるため、Dさんの割増時間内の時給はAさんと同額になる。よって、Dさんは給料のうち、割増時間内の36時間の勤務で1,500 × 36 = 54,000円稼いだことがわかり、通常時給での勤務では76,800 − 54,000 = 22,800円分の稼ぎがあり、これより、時給に対する勤務時間を求められる。

通常時給での勤務の給料		時給		割増時間内の勤務時間		勤務時間
22,800	÷	1,200	+	36	=	55時間

11 **正解** 69 万円

動画の再生数と広告収入額の関係を見ていく。例えば、4 月から 5 月は再生数が 5 万回増え、広告収入額は 3 万円増えている。再生数が、同じ 5 万回増えている 6 月から 7 月を見ると、広告収入額も同じく 3 万円増えており、これらには比例関係があると考えることができる。

	4月	5月	6月	7月	8月
		+5	+20	+5	+15
再生数(万回)	55	60	80	85	100
広告収入額(万円)	42	45	57	60	?
		+3	+12	+3	+9

表より、再生数の上り幅は広告収入額の上り幅と比例関係にあるため、7 月から 8 月にかけては、再生数は 15 万回増えていることから、広告収入額は 9 万円増えていると推測することができる。

7月の広告収入額		7月から8月にかけての広告収入額の上り幅		8月の広告収入額
60	+	9	=	69 万円

12 **正解** 850 円

クレープ A、クレープ B、クレープ C、クレープ D を組み合わせて、クレープ E の材料の種類や数のときの値段を推測する。表より、クレープ C とクレープ D の材料を合計したものがクレープ E の材料を 2 倍した量と等しいことがわかる。

	クレープA	クレープB	クレープC	クレープD	クレープE
生クリーム(g)	10	0	0	+ 20	10
カスタード(g)	0	10	10	+ 0	5
イチゴ輪切り(枚)	6	0	6	+ 0	3
バナナ輪切り(枚)	0	6	0	+ 6	3
バニラアイス(個)	0	1	1	+ 1	1
チョコソース(g)	10	10	0	+ 10	5
価格(円)	750	850	800	+ 900	?

×2

つまり、クレープ E の価格を 2 倍した価格はクレープ C とクレープ D の価格の合計と同じであると推測することができる。

クレープCの価格		クレープDの価格		クレープCとクレープDの価格の合計
800	+	900	=	1,700 円

クレープCとクレープDの価格の合計				クレープEの価格
1,700	÷	2	=	850 円

2章 計数　4. C-GAB

「C-GAB」とは？

「C-GAB」とは？

「C-GAB」とは、13 ページでも紹介した通り、専用の会場（テストセンター）で受験するテストで、内容は玉手箱とほとんど同じです。しかし、図表問題では電卓が使えないなど、異なるところもあります。今回は電卓の使えない図表問題の演習と対策を行っていきましょう。

問題例

下のような問題が出題されます。

図表を見て次の問いに答えなさい。

【2 人以上の世帯 1 世帯あたりの年間支出金額の構成比（2022 年）】

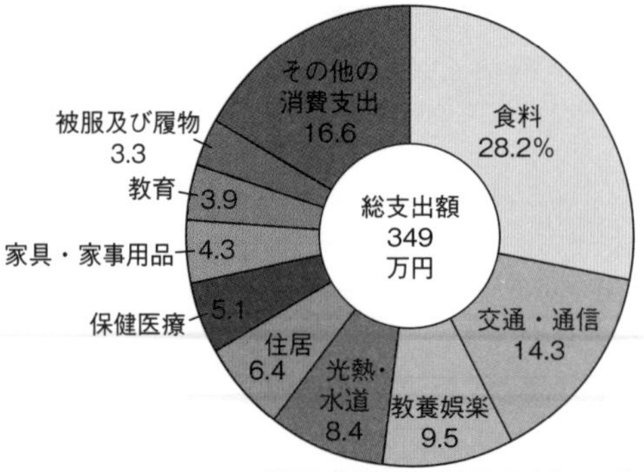

（総務省統計局「家計調査」より）

1 世帯あたりの年間支出金額が62万円を超える品目分類は、いくつあるか。以下の選択肢の中から 1 つ選びなさい。

○1つ　　○2つ　　○3つ　　○4つ　　○5つ

玉手箱の図表問題のように、この他にも、表、棒グラフや折れ線グラフ、普段はあまり見かけないような珍しい図表など、さまざまな種類の図表が出題されます。本番で出題されても問題なく解けるように、しっかりと対策をしておきましょう。

問題数と制限時間

種類	問題数	制限時間
図表問題	29問	15分

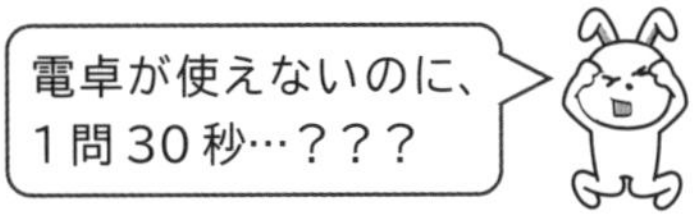

C-GABの図表問題は、玉手箱と同じ時間と問題数です。玉手箱では35分で40問の場合が多いのですが、C-GABでは15分で29問の1パターンのみとなっています。よって1問にかけられる時間は、約30秒です。電卓も使えないため、かなりの集中力が必要となってくるでしょう。

1つの図表で1つの問題のみ

図表問題では1つの図表で1つの問題が出題されます。ですので、その図表では問題を解くことができる情報さえ読み取れれば、他はまったくわからなくても、無視してもかまわないということです。時間短縮のために、必要な情報をすぐに読み取れるようにしておきましょう。

先に進むほど問題が難しくなる

先に進むほど問題が難しくなっていきます。初めの方に出題される問題は比較的解きやすいものが多いので、そこで確実に正解を重ねましょう。また後ろの方に待ちかまえている難しい問題に備えて、少しでも多く時間を残せるように、速めの解答を行うことも心がけたいです。

前の問題には戻れない

一度次の問題に進んでしまうと、前の問題に戻ることはできません（企業によってはまれに戻れるものもあります）。後から間違いに気づいても、すでに次の問題に進んでしまったら修正することはできないので、気をつけて解答をしていきましょう。

電卓が使用できない

重要なので何度も言いますが、C-GABでは玉手箱の図表問題と異なり、電卓が使用できません。そのことに十分注意して対策を行う必要があります。概算を用いた計算を行い、すばやく計算ができるようにしましょう。

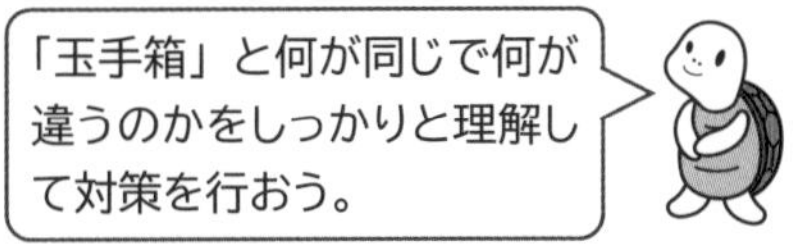

問題の解き方の手順（例）

【例題】

	A	B	C	D	E
値段(円)	55,320	25,125	12,530	46,598	32,050

A の値段は B の値段のおよそ何倍か。最も近いものを、以下の選択肢の中から 1 つ選びなさい。

○ 2 倍　○ 3 倍　○ 4 倍　○ 5 倍　○ 6 倍

1. まず図表を確認

おおよそは玉手箱の図表問題と同じです。まずは示されているのが何のどんな図表なのかを確認しましょう。この際、図表の具体的な数値などを詳しく見る必要はなく、「人口に関する棒グラフ」、「輸出入に関する円グラフ」、程度の確認で問題ありません。例題は A ～ E の値段の表です。

2. 問題文を読み取る

図表を確認したら、次に問題文の確認を行いましょう。問題文には、短い中にもさまざまな意味が含まれています。例題の「A の値段は B の値段のおよそ何倍か」では、「A の値段＝ B の値段×○倍」ということが問われていると頭の中で変換できるようにしておきましょう。つまり「A の値段÷ B の値段」で答えが出ます。またこの場合、A と B 以外の、C、D、E は見る必要がありません。A と B に関しても値段以外の情報があってもこの問題には必要ないことがわかります。図表には問題に必要のない情報も多く載っていることが多いため、この問題にはどの情報が必要か整理するためにも、「必要な情報」と「不要な情報」をしっかり分けられるようにしましょう。

3. もう一度図表を確認

読んだ問題文をもとに、もう一度図表を確認しましょう。問題文で確認をした「必要な情報」を図表から探し出しましょう。今回は「A：55,320 円、B：25,125 円」です。

4. 選択肢を確認して計算をする

図表から探した数値をもとに、数式を作り計算をして答えを求めましょう。C-GAB の図表問題で大切なポイントはここです。電卓が使えないので、概算を駆使しましょう。「55,320 ÷ 25,125 ＝ 2.201…」と計算するのは面倒で時間がかかります。例題の選択肢は整数倍なので、上から 2 桁くらいの概数で計算をすれば問題ないでしょう。「55,000 ÷ 25,000 ＝ 2.2」（頭の中では 55 ÷ 25 で十分）。

基本的には上から 2 桁くらいの概数で計算をしておけば選択肢から選ぶには十分であることがほとんどですが、問題によってはもう少し細かく計算しなければならない可能性もあるので、問題や選択肢によって判断しましょう。

概算を用いて計算する

C-GAB の図表問題では、電卓を使用することができないため、筆算や暗算ですばやく計算をするために概算を用いることがとても重要です。例題では上から 2 桁までの概数で計算をしました。また、小数点以下をとって整数値のみで計算するなども考えられます。これも選択肢や問題によって適切なものが異なるため、問題を解いていく中で身につけていきましょう。

計算方法を確認しておく

計算方法を確認して身につけておくことも重要です。C-GAB でも、「全体に占める A の割合」や「A は B の何倍か」、「A ～ C の平均は」などといった問題文が出てきます。そのあたりの基本的な計算でつまずいていては解けませんので、多くの問題演習を行い、問われたことに対する計算方法がすぐに出てくるようにしておきましょう。

わからない問題はとばす

一度先に進むと前の画面には戻れない仕様になっていますが、ミスを恐れてあまり慎重になりすぎていると、解答する時間がなくなってしまいます。1 問の目安は約 30 秒ですので、これを大幅に超えて時間がかかりそうな問題や解けない問題は、見切りをつけてとばすことが重要になってきます。そのとばす問題の基準や感覚を確認することも、大切な対策です。

「図表問題」にも取り組もう

問題演習はたくさんやればやるほど問題に慣れていき、問題が解けるようになっていきます。本書の「図表問題」の項目では、同じ形式の問題が出題されていますので、C-GAB の問題をすべて解いてしまった人は、そちらの問題も解いていきましょう。しかし、玉手箱は電卓が使用可能であるため、C-GAB の問題より複雑な計算がある場合がありますので、C-GAB の問題を終えた後のさらに発展問題だと思って取り組むのがよいでしょう。

落ち着いて取り組むことが大切

本番では焦らずに落ち着いて問題に取り組むことが大切です。本番ではこれが最も重要になってきます。慌ててしまうと思わぬミスをしたり、考えがまとまらなかったり、空回ってしまったりしてしまいます。問題対策をしっかり行うことで、本番で焦らない自信をつけましょう。

2章 計数　4. C-GAB

① かけ算・わり算の概算

・電卓が使えない C-GAB のかけ算・わり算の問題
・何桁になっても概算できるように慣れておこう

ゼロからわかる問題

図表を見て次の問いに答えなさい。

【2人以上の世帯1世帯あたりの年間支出金額の構成比（2022年）】

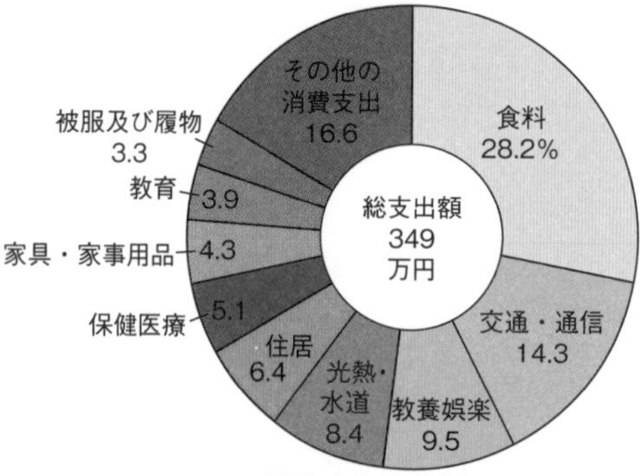

（総務省統計局「家計調査」より）

1世帯あたりの年間支出金額が62万円を超える品目分類は、いくつあるか。以下の選択肢の中から1つ選びなさい。

○1つ　　○2つ　　○3つ　　○4つ　　○5つ

正解　1つ

解説　1つ1つ計算しない方法を考える。まずは%をうまく活用してみる

各品目分類を1つ1つ計算するより、62万円が1世帯あたりの年間支出金額の何%にあたるかを計算し、その値を超える割合の品目を数える方が、簡単である。大まかな割合が求められればよいので、有効数字の上2桁までを使って概算していく。万は省略して計算する。

62万円　　総支出額
62　÷　349
⇒ 60　÷　350

有効数字　　　　　　　62万円の品目分類が占める割合
6　÷　35　=　0.1714…　≒　17.1%

17.1%よりも割合が多い品目分類は、「食料（28.2%）」の1つのみ。

図表を見て次の問いに答えなさい。
【世帯構造別にみた世帯数の構成割合の年次推移】

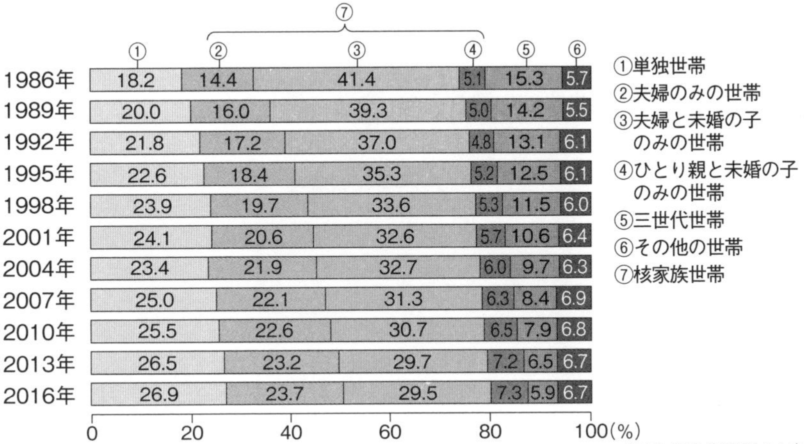

（厚生労働省資料より）

2010 年の単独世帯数は、同年の三世代世帯数のおよそ何%か。最も近いものを、以下の選択肢の中から 1 つ選びなさい。

○ 0.03%　○ 0.32%　○ 3.23%　○ 32.3%　○ 323%

正解 323%

解説 概算はやりすぎに注意。ここでは有効数字上 2 桁までを使う

2010 年の単独世帯数の割合について、「単独世帯÷三世代世帯」より求める。有効数字上 2 桁までを使って概算する。

単独世帯		三世代世帯		単独世帯の割合
25.5	÷	7.9	=	3.227… ≒ 323%

また、2010 年の単独世帯数は、2010 年の三世代世帯数よりも大きいことから、答えは 100%よりも大きいとわかるため、計算しなくても 323%を選ぶこともできる。

シンプルな問題も、工夫が必要な問題もある。
問題文を読んで、何を求めるのかを明確にすることで、何を使って解くべきかを見極める力を養おう。

自信をつける問題

1　図表を見て次の問いに答えなさい。

【同一感染源からの複数発生事例の陽性者数と報告件数】

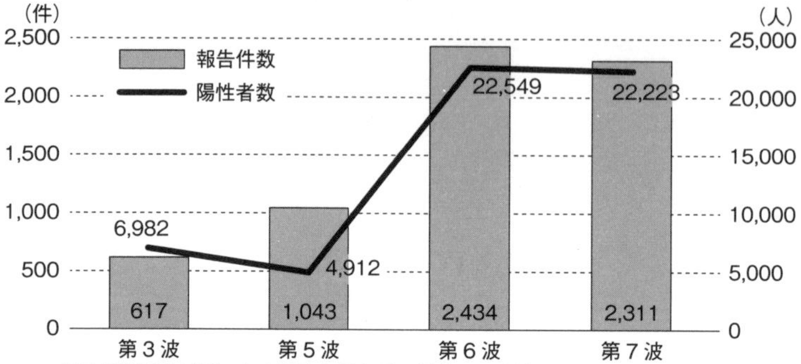

※7日間平均がピークを迎えた月とその前後１か月を含めた３か月を便宜的に１つの波と仮定している。

（厚生労働省資料より）

第６波の同一感染源からの複数発生事例の陽性者数は、第５波と比べおよそ何%増加したか。最も近いものを、以下の選択肢の中から１つ選びなさい。

○ 169%　○ 269%　○ 369%　○ 469%　○ 569%

2　図表を見て次の問いに答えなさい。

【各年のGDP（国内総生産）】

	名目	前期比		実質	前期比
			年率換算		
	(億円)	(%)	(%)	(億円)	(%)
平成22年	5,003,539	2.2	−	4,920,234	4.2
23年	4,914,085	△1.8	−	4,914,555	△0.1
24年	4,949,572	0.7	−	4,988,032	1.5
25年	5,031,756	1.7	−	5,087,806	2.0
26年	5,138,760	2.1	−	5,106,871	0.4
27年	5,313,198	3.4	−	5,169,324	1.2
28年	5,355,372	0.8	−	5,196,305	0.5

（厚生労働省資料より）

平成28年から平成29年の名目GDPの伸び率が、平成27年から平成28年の名目GDPの伸び率と同じだと仮定すると、平成29年の名目GDPは、およそいくらになるか。最も近いものを、以下の選択肢の中から１つ選びなさい。

○ 480兆円　○ 500兆円　○ 520兆円　○ 540兆円　○ 560兆円

解答・解説

1　正解 369%

「第 6 波÷第 5 波－ 1」より、第 6 波での増加率を求めることができる。5 桁や 4 桁の計算をそのままましてしまうと手間がかかってしまうため、有効数字上 3 桁を使って概算を行う。

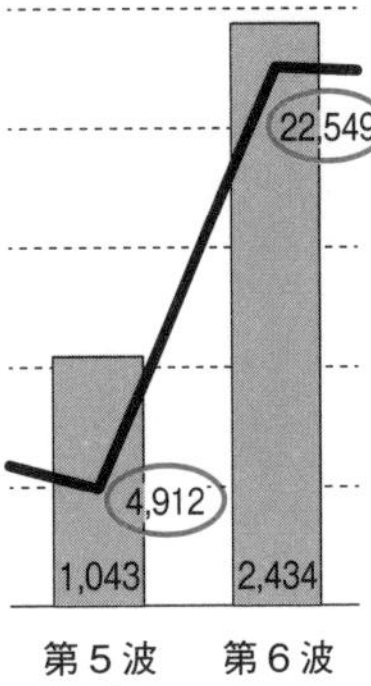

第 6 波　　第 5 波

22,549　÷　4,912　－　1

⇒ 23,000　÷　4,900　－　1

有効数字　　　　　　　　　　増加率

230　÷　49　－　1　＝　3.693…　≒　369%

2　正解 540 兆円

表の数値を確認すると、平成 28 年の名目 GDP は、前年比で 0.8%増加している。

	名目	前期比		実質	前期比
			年率換算		
27年	5,313,198	3.4	－	5,169,324	1.2
28年	5,355,372	0.8	－	5,196,305	0.5

平成 29 年の伸び率も同じだと仮定するため、平成 29 年の名目 GDP は「平成 28 年の名目 GDP ×（1 + 0.008)」より求められる。
有効数字上 4 桁までを使って概算する。億は省略して計算してよい。

平成 28 年　　（1 ＋増加率）

5,355,372　×　1.008

　　　　　　　　　　　　　　平成 29 年

5,355,000　×　1.008　＝　5,397,840　≒　5,400,000 億円

5,400,000 億円　＝　540 兆円

2章 計数　4. C-GAB

② たし算・ひき算の概算

・電卓を使えないC-GABのたし算・ひき算の問題を行う
・四捨五入する値をそろえ、同じくらいの概数にしてから計算する

ゼロからわかる問題

図表を見て次の問いに答えなさい。

【常用労働者の動き（令和4年)】

区分	1月1日現在の常用労働者数	入職者数	離職者数
令和4(2022)年	(千人)	(千人)	(千人)
計	51,198.9	7,798.0	7,656.7
男	27,480.4	3,635.0	3,651.5
女	23,718.6	4,163.0	4,005.2
一般労働者	37,159.5	4,398.3	4,414.9
パートタイム労働者	14,039.4	3,399.7	3,241.8
令和3(2021)年	(千人)	(千人)	(千人)
計	51,458.8	7,200.6	7,172.5
男	27,480.5	3,447.6	3,505.9
女	23,978.3	3,753.0	3,666.6
一般労働者	37,140.6	4,045.7	4,129.9
パートタイム労働者	14,318.1	3,154.8	3,042.7

（厚生労働省資料より）

令和3年から令和4年にかけて、1月1日現在の常用労働者数の合計は、およそ何人減ったか。最も近いものを、以下の選択肢の中から1つ選びなさい。

○ 0.2百万人　○ 0.3百万人　○ 0.4百万人　○ 0.5百万人　○ 0.6百万人

正解　0.3百万人

解説　たし算ひき算の概算では、四捨五入する位をそろえることが重要

1月1日現在の常用労働者数の合計の減少人数は、「令和3年の値－令和4年の値」で求められる。一万の値で四捨五入し、解答の百万人という値にそろえる。

令和3年の値　51,458.8 → 51,500 ＝ 51.5百万人

令和4年の値　51,198.9 → 51,200 ＝ 51.2百万人

令和3年		令和4年		減少人数
51.5	−	51.2	＝	0.3百万人

概算を使わず計算してみると、減少人数は259.9で、0.3百万人の選択肢が最も近いね。

そうだね。ただ、あまりに大胆に概算しすぎたり、何度も四捨五入をしたりすると本来の値から離れてしまうから注意が必要だよ。

図表を見て次の問いに答えなさい。

【文部科学省歳出予算】

	令和３年度予算額（億円）	令和４年度予算額（億円）
一般会計	52,980	52,818
東日本大震災復興特別会計	122	104
エネルギー対策特別会計	1,088	1,086

（文部科学省資料より）

令和４年度の予算額の合計は、令和３年度の予算額の合計よりおよそいくら増加したか。最も近いものを、以下の選択肢の中から１つ選びなさい。

○ − 220 億円　○ − 110 億円　○ 0　○ 110 億円　○ 220 億円

正解 − 220 億円

解説 それぞれで四捨五入する値をそろえてから計算を行う

内訳の、①一般会計、②東日本大震災復興特別会計、③エネルギー対策特別会計の３つごとに四捨五入を行う。

	令和３年		令和４年	
①	52,980	→ 53,000	52,818	→ 52,800
②	122	→ 120	104	→ 100
③	1,088	→ 1,100	1,086	→ 1,100

四捨五入した①〜③の値を合計し、「令和４年−令和３年」を計算する。

令和３年　53,000 ＋ 120 ＋ 1,100 ＝ 54,220

令和４年　52,800 ＋ 100 ＋ 1,100 ＝ 54,000

令和４年　令和３年

54,000 − 54,220 ＝ − 220 億円

概算せず求めると、− 182 となり、最も近い選択肢が− 220 億円となるよ。概算してもしなくても解答が同じでなくてはならないから、決まりごとはしっかり守りつつ、概算していこう。

自信をつける問題

1　図表を見て次の問いに答えなさい。

【県別出生数（2022 年）】

県	出生数（人）		
	総　数	男	女
徳　島	4,148	2,128	2,020
香　川	5,802	3,029	2,773
愛　媛	7,571	3,865	3,706
高　知	3,721	1,917	1,804

（厚生労働省資料より）

四国 4 県の平均出生数は、およそ何人か。最も近いものを、以下の選択肢の中から 1 つ選びなさい。

○ 5,300 人　○ 5,313 人　○ 5,325 人　○ 5,334 人　○ 5,421 人

2　図表を見て次の問いに答えなさい。

【ある地域の小学生が 1 日にゲームをする時間（男子 195 人、女子 230 人）】

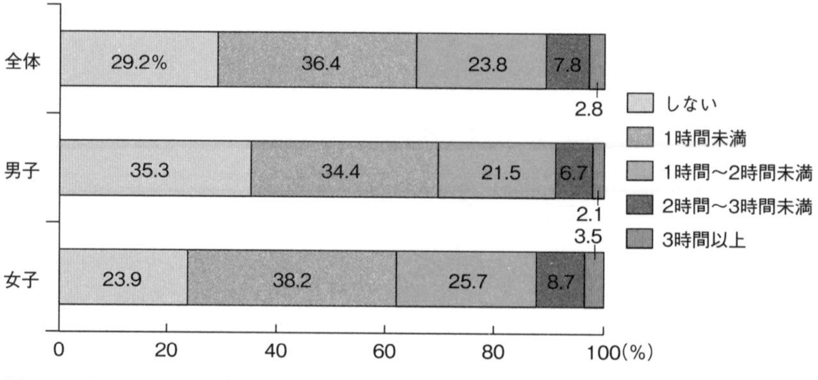

男子の「しない」と「3 時間以上」の回答者数の差は、女子の「しない」と「3 時間以上」の回答者数の差のおよそ何倍か。最も近いものを、以下の選択肢の中から 1 つ選びなさい。

○ 0.47 倍　○ 0.64 倍　○ 0.92 倍　○ 1.13 倍　○ 1.38 倍

解答・解説

数値が本来の値から離れない
程度の四捨五入をしよう

1　正解　5,313人

平均を求める計算方法は、「(徳島＋香川＋愛媛＋高知) ÷ 4」で求めることができる。

ただ、選択肢の値が近く、概算するとずれが生じ、誤った選択肢を選択する可能性がある。よって、今回は一の位に注目する。選択肢はすべて一の位の数字が異なっているので、一の位の数字がわかれば正しい選択肢を選ぶことができる。

	徳島		香川		愛媛		高知					
(	4,148	＋	5,802	＋	7,571	＋	3,721	)	÷	4		
(	8	＋	2	＋	1	＋	1	)	÷	4	＝	3

よって、5,313人

2　正解　1.38倍

最初に、それぞれ「(しない) − (3時間以上)」の割合の差を求める。

	しない		3時間以上		割合の差
男子	35.3	−	2.1	＝	33.2
女子	23.9	−	3.5	＝	20.4

割合の差と回答者数をかけ算し、回答者数の差を求める。

	回答者数		割合の差	回答者数の差
男子	195	×	0.332	＝64.74 ≒ 65
女子	230	×	0.204	＝46.92 ≒ 47

最後に、男子の差÷女子の差で解答を求める。有効数字上2桁までを使って行う。

男子の差		女子の差		何倍
65	÷	47	＝	1.382…

よって最も近い選択肢は1.38倍

2章 計数　4. C-GAB

③ 文字式

・X を用いてある数値がどう表せるかの問題
・A を X としたとき B は何 X になるかを考える

ゼロからわかる問題

図表を見て次の問いに答えなさい。

【日本の自動車の輸出先（2021 年)】

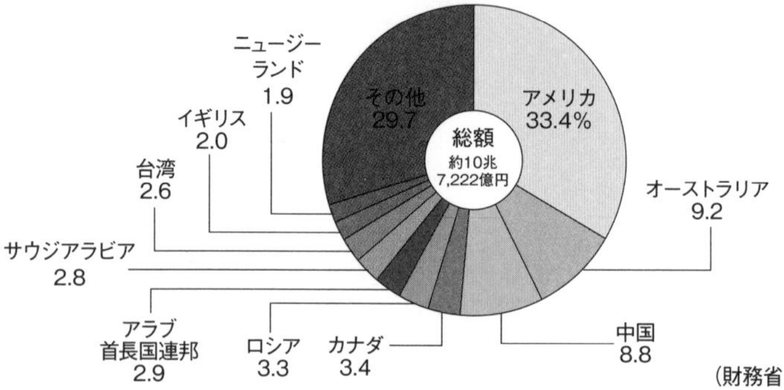

(財務省「貿易統計」より)

自動車の輸出において、アメリカの総額を X とすると、中国の総額はどのように表されるか。以下の選択肢の中から 1 つ選びなさい。

○ $33.4X$　○ $33.4X/8.8$　○ $33.4/8.8X$　○ $8.8X/33.4$　○ $8.8/33.4X$

正解　$8.8X/33.4$

解説　計算しなければならない問題と、計算を省略できる問題を見極める

「A を X としたときの B」は「B ÷ A × X」で求められる。まず、アメリカの総額を 1 としたときの中国の割合を求めたい。「中国の割合÷アメリカの割合」で求めることができる。最後に X 倍することで、アメリカの総額を X としたときの、中国の総額がわかる。

この問題の選択肢は、分数であるため、分数の形を作るところまで計算すればよい。

中国　アメリカ

$$8.8 \div 33.4 = \frac{8.8}{33.4}$$

$$\frac{8.8}{33.4} \times X = \frac{8.8X}{33.4}$$

自信をつける問題

図表を見て次の問いに答えなさい。

【産業 3 部門別就業者人口の割合】

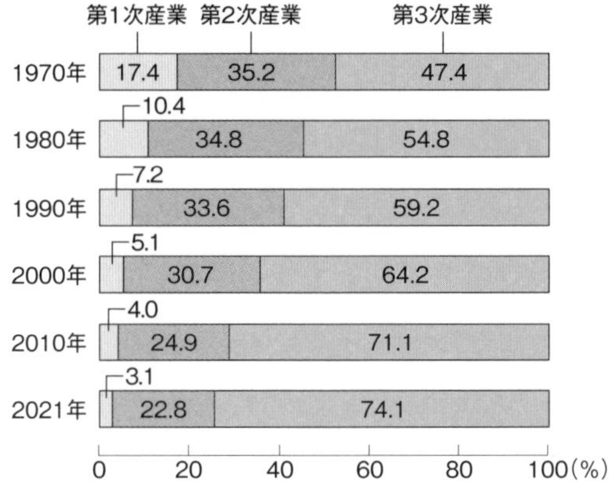

(「日本のすがた2023」より)

1990 年の第 2 次産業の人口割合を *X* とすると、同年の第 1 次産業の人口割合はどのように表されるか。以下の選択肢の中から 1 つ選びなさい。

○ 0.21*X*　○ 0.58*X*　○ 1.02*X*　○ 2.83*X*　○ 4.67*X*

解答・解説

正解 0.21*X*

「A を *X* としたときの B」は「B ÷ A × *X*」であるため、この式に当てはめて考える。まず B ÷ A を計算すると

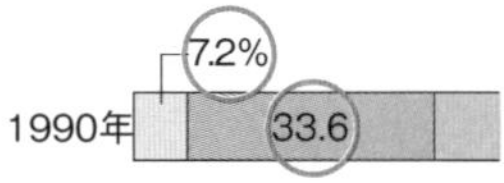

第1次産業　第2次産業

$$7.2 \div 33.6 = 0.214\cdots \fallingdotseq 0.21$$

これに *X* をかければよい。

$$0.21 \times X = 0.21X$$

わる数とわられる数、今回でいうと第 1 次産業と第 2 次産業の順番を間違えないように注意しよう。第 2 次産業÷第 1 次産業× *X* の答えも選択肢に入っているよ。

2章 計数　4. C-GAB

④ 読み取り

・計算をするのではなく、表やグラフを読み取る
・目にしたことがないグラフが出てきても、焦らず確実に読み取ろう

ゼロからわかる問題

図表を見て次の問いに答えなさい。

【ある地点での1年間の気温の変化】

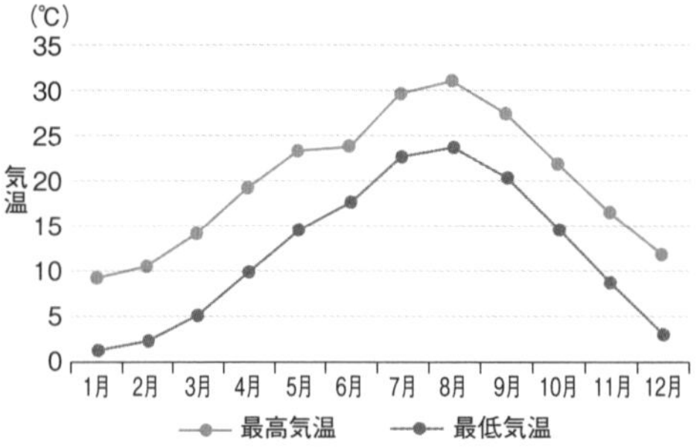

最高気温と最低気温の差がおよそ10℃となるのは何月か。以下の選択肢の中から1つ選びなさい。

○ 2月　○ 4月　○ 6月　○ 8月　○ 10月

正解 4月

解説　目盛りの値に注目→1目盛り5度

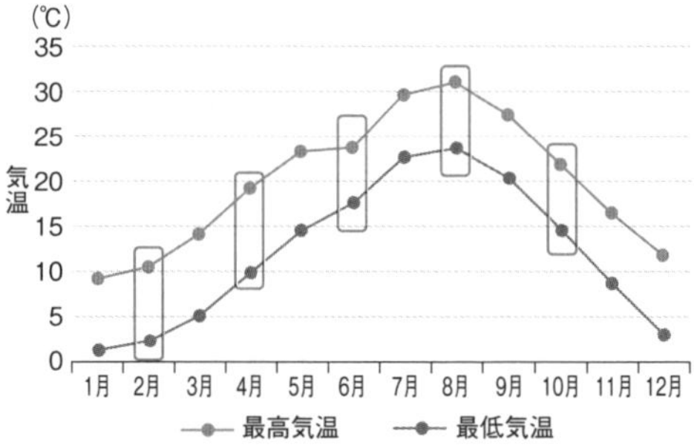

グラフの縦軸について、1目盛り5℃であることが読み取れ、最高気温と最低気温の差がおよそ10℃になるとき、最高気温と最低気温の値が2目盛り違うことがわかる。

選択肢にある月に注目すると、左からそれぞれ、およそ1.5目盛り、およそ2目盛り、およそ1.5目盛り、およそ1.5目盛り、およそ1.5目盛り違うことがわかる。

よって、およそ2目盛り違う4月の最高気温と最低気温の差がおよそ10℃であることがわかる。3月も約10℃だが、選択肢にないため選べない。

自信をつける問題

図表を見て次の問いに答えなさい。

【内水面の生産量の内訳】

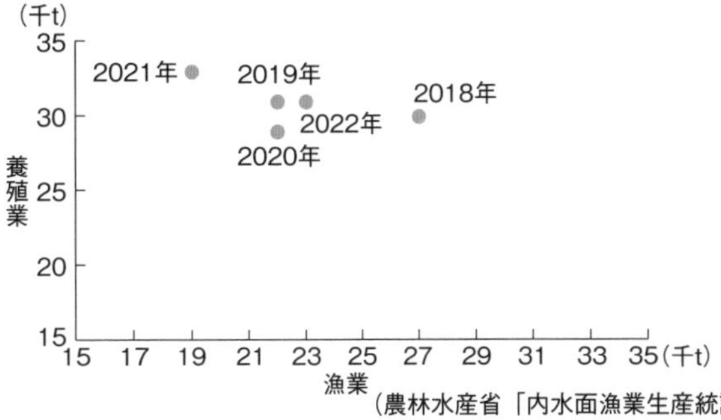

(農林水産省「内水面漁業生産統計調査」より)

漁業の生産量に対する養殖業の生産量の割合が最も1に近いのは何年か。以下の選択肢の中から1つ選びなさい。

○ 2018年　○ 2019年　○ 2020年　○ 2021年　○ 2022年

解答・解説

正解 2018年

割合を求める問題なので「比べる量÷もとの量」の計算をしたくなるが、ここでは計算せずに答えを求めていく。

まず、漁業と養殖業とが同じ生産量となるところに線を引く。

この線上では、漁業の生産量に対する養殖業の生産量の割合が1となる。つまり、この線との距離が短いほど、割合は1に近い。

よって、今回は、2018年が正解となる。

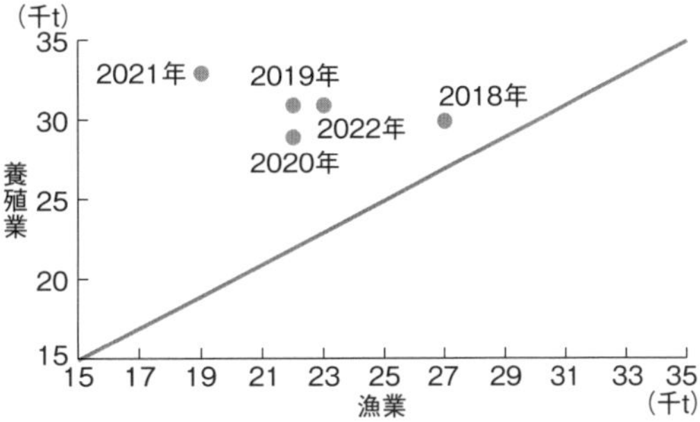

ただし、このグラフに漁業の生産量が17千t、養殖業の生産量が19千tの点があれば、これは2018年の点より線からは遠いけど、割合は1に近くなるよ。そのため、数値の小さなものがあるときは注意しよう。

2章 計数　4. C-GAB

⑤ 選択肢に「わからない」がある問題

・グラフや表から答えが出せない場合がある問題
・計算などを始める前に、答えが出せるのか判断しよう

ゼロからわかる問題

図表を見て次の問いに答えなさい。

【世界の小麦生産量・輸出量の国別の割合（2021年）】

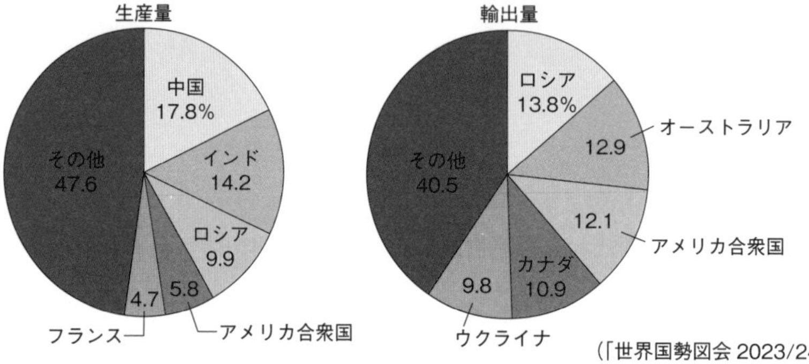

（「世界国勢図会 2023/24」より）

アメリカ合衆国の輸出量は同国の生産量のおよそ何倍か。以下の選択肢の中から1つ選びなさい。

○ 0.27倍　○ 0.32倍　○ 0.46倍　○ 0.54倍　○ グラフからはわからない

正解　グラフからはわからない

解説　選択肢に「わからない」がある→答えが求められないかもしれない

グラフからは、世界全体の生産量や輸出量に対する各国の割合が読み取れるが、もとの量にあたる世界全体の実際の生産量や輸出量の値がわからないため、各国の実際の生産量や輸出量の値もわからない。

もとの量が異なる可能性があるため、違う円グラフ同士の割合を単に比較するだけでは、実際の値の比較をすることはできない。

アメリカ合衆国の輸出量を同国の生産量でわったら、生産量に対する輸出量の割合を求められるね。あれ、生産量と輸出量の数値がわからないけどいいのかな…。

実はこの問題は答えを出せないんだ。円グラフ同士の割合、つまりもとの量が同じ割合でないと、割合の比較で実際の値の比較はできないよ。

自信をつける問題

図表を見て次の問いに答えなさい。

【都市ごとの人口密度（2022 年)】

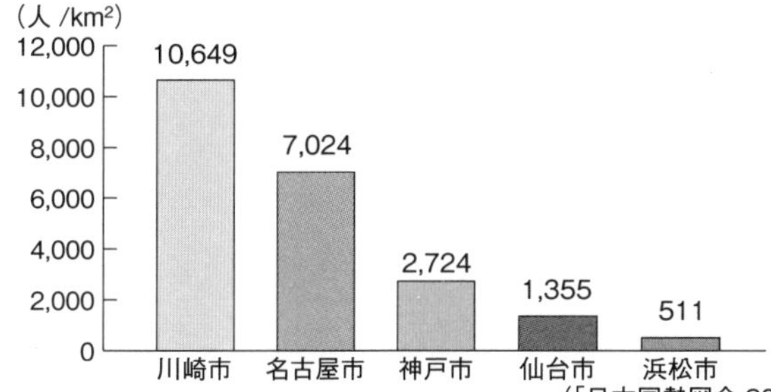

(「日本国勢図会 2023/24」より)

川崎市の人口密度は仙台市の人口密度のおよそ何倍か。以下の選択肢の中から 1 つ選びなさい。

○ 3.2 倍　○ 5.4 倍　○ 7.9 倍　○ 9.3 倍　○ グラフからはわからない

解答・解説

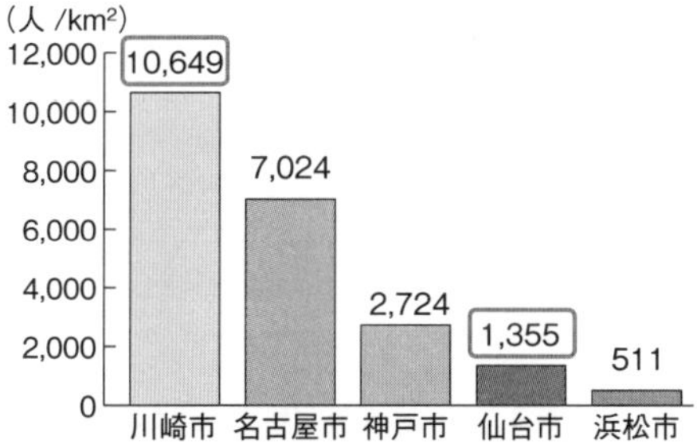

正解 7.9 倍

選択肢に「わからない」があるので、まずは答えが出せるか判断する。川崎市の人口密度が仙台市の人口密度のおよそ何倍かを求めるには、川崎市の人口密度を仙台市の人口密度でわる必要がある。グラフから、川崎市の人口密度も仙台市の人口密度も読み取ることができるため、この問題では答えを出すことができる。

さらに選択肢に注目すると、選択肢の値がある程度離れていることがわかる。これを利用して、値を十の位で四捨五入して概数を利用して計算していく。

川崎市の人口密度		仙台市の人口密度		何倍か
10,600	÷	1,400	=	7.57…倍

よって、最も近い 7.9 倍が答えとして選べる。

模擬テスト　15問 / 8分

図表を見て次の問いに答えなさい。

1

【小麦の生産量と輸出量（2021年）】

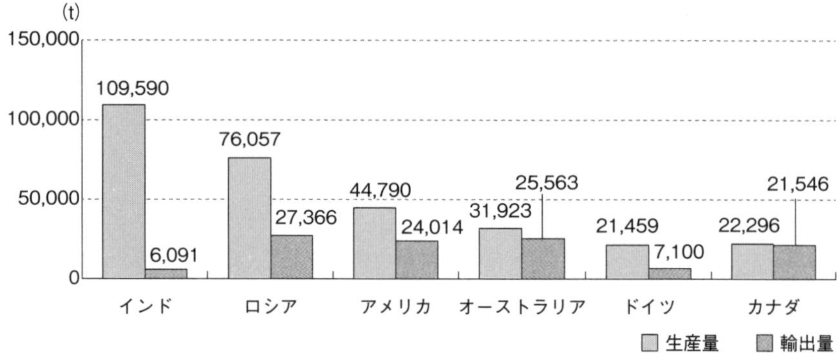

（「FAOSTAT」ほかより）

アメリカの生産量に対する輸出量の割合は、ロシアの生産量に対する輸出量の割合のおよそ何倍か。最も近いものを、以下の選択肢の中から1つ選びなさい。

○ 1.3倍　○ 1.4倍　○ 1.5倍　○ 1.6倍　○ 1.7倍

2

【九州地方の18歳人口の推移】

県	2019年	2020年	2021年	2022年
福岡	47,390	47,546	46,524	45,445
佐賀	8,951	8,793	8,412	8,172
長崎	13,448	13,387	12,691	12,437
熊本	17,427	16,971	16,741	16,356
大分	10,589	10,709	10,244	10,178
宮崎	10,982	10,903	10,517	10,226
鹿児島	16,881	16,920	16,263	16,031

（文部科学省「学校基本調査」ほかより）

2019年と2022年の18歳人口の差の1県あたりの平均はおよそいくらになるか。最も近いものを、以下の選択肢の中から1つ選びなさい。

○ 932人　○ 946人　○ 959人　○ 975人　○ 993人

3

【家族類型別世帯数の推移】

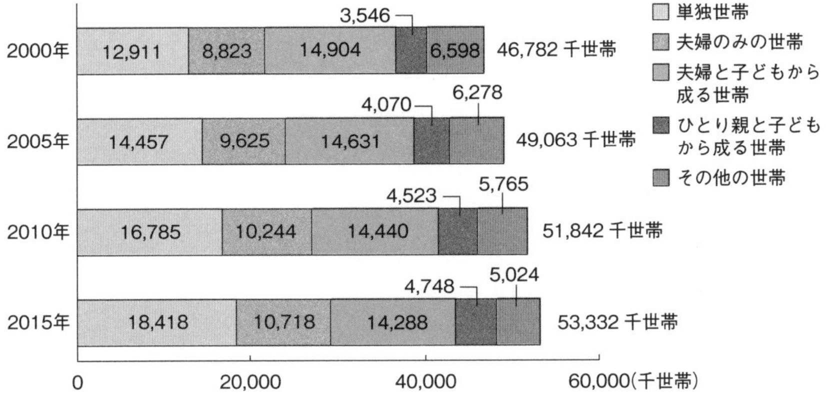

(「日本国勢図会 2023/24」より)

2020 年の単独世帯数が 2015 年の単独世帯数よりも 15%増加したとすると、2020 年の単独世帯はおよそ何世帯になるか。最も近いものを、以下の選択肢の中から 1 つ選びなさい。

○ 21,040 千世帯　○ 21,180 千世帯　○ 21,300 千世帯
○ 21,420 千世帯　○ 21,560 千世帯

4

【銅の国別産出量(2019 年)】

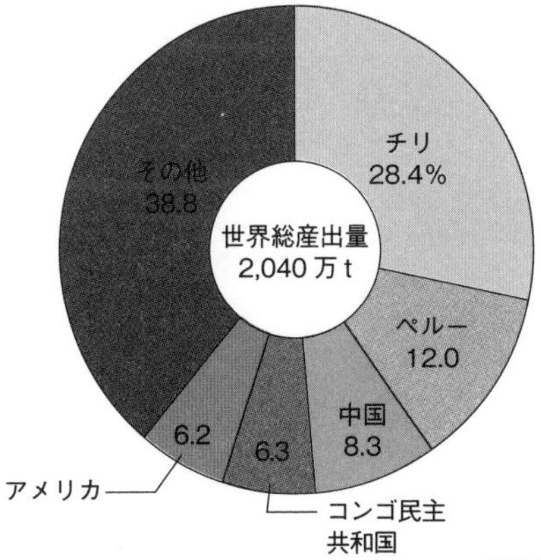

(「世界国勢図会 2023/24」より)

銅の産出量において、チリの総額を X とすると、中国の総額はどのように表されるか。最も近いものを、以下の選択肢の中から 1 つ選びなさい。

○ 0.22X　○ 0.29X　○ 1.46X　○ 3.42X　○ 4.39X

5

【都県の 2000 年と 2020 年の人口】

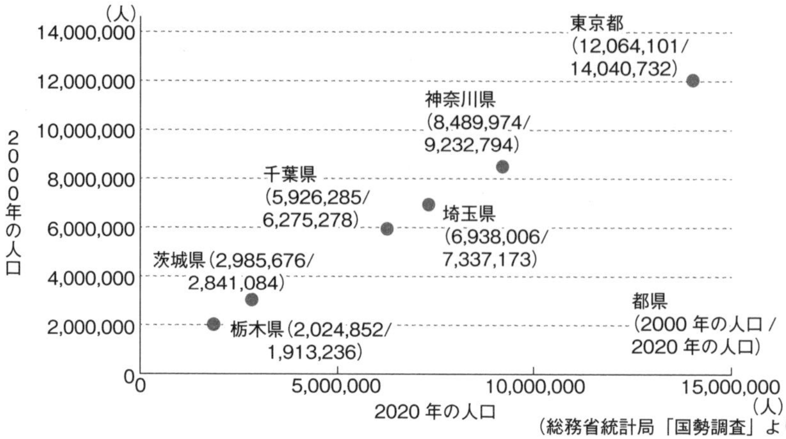

（総務省統計局「国勢調査」より）

2000 年から 2020 年の人口増加量が 3 番目に大きいのはどの都県か。以下の選択肢の中から 1 つ選びなさい。

○ 東京都　○ 神奈川県　○ 埼玉県　○ 千葉県　○ 茨城県

6

【小学生から高校生の 1 日あたりのインターネット利用時間（2018 年）】

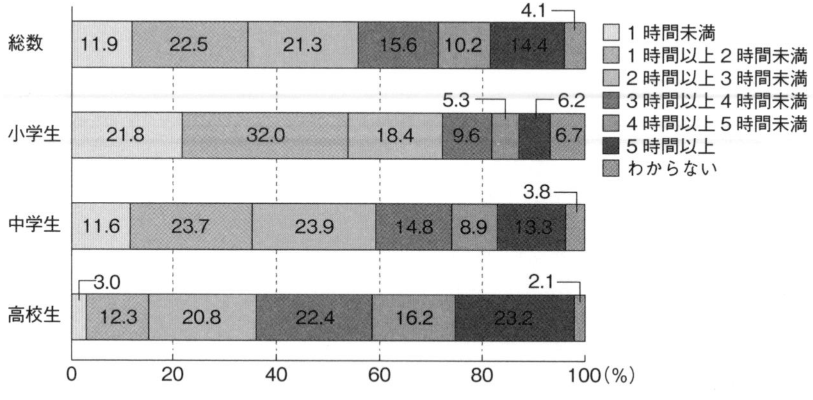

（内閣府「青少年のインターネット利用環境実態調査」より）

1 日あたり 3 時間以上 4 時間未満インターネットを利用する高校生の人数は、1 日あたり 3 時間以上 4 時間未満インターネットを利用する中学生の人数のおよそ何倍か。以下の選択肢の中から 1 つ選びなさい。

○ 1.23 倍　○ 1.38 倍　○ 1.51 倍　○ 1.69 倍

○ グラフからはわからない

7

【A社の自動車生産台数・売上額・従業員数の推移】

年	生産台数(万台)	売上額(百万円)	従業員数(人)
2015年	3,209	8,041,832	203,665
2016年	3,316	8,522,017	219,447
2017年	3,558	9,224,056	263,019
2018年	3,922	9,882,313	280,198
2019年	4,584		292,003

2019年の従業員1人あたりの売上額が、2018年の1.23倍だとすると、2019年の売上額はおよそいくらになるか。最も近いものを、以下の選択肢の中から1つ選びなさい。

○ 112,000億円　○ 122,000億円　○ 127,000億円
○ 136,000億円　○ 139,000億円

8

【日本の輸出相手国（地域）構成比の変化】

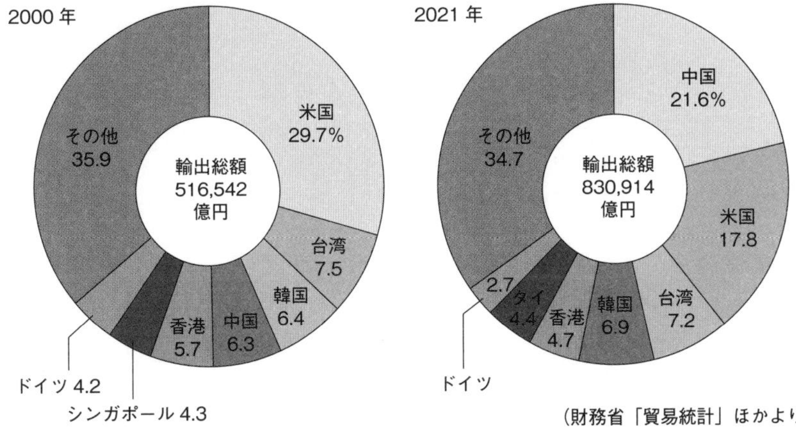

（財務省「貿易統計」ほかより）

2021年の日本からの輸出額が45,000億円を超える国（地域）は、いくつあるか。以下の選択肢から1つ選びなさい。

○ 1つ　○ 2つ　○ 3つ　○ 4つ　○ 5つ

9

【訪日外国人観光客数および出国日本人数の推移】

年	訪日外国人観光客数（人）	出国日本人数（人）
2018	31,191,856	18,954,031
2019	31,882,049	20,080,669
2020	4,115,828	3,174,219
2021	245,862	512,244
2022	3,832,110	2,771,770

（観光庁資料ほかより）

2022 年の訪日外国人観光客数と出国日本人数の合計は、2019 年の合計よりおよそ何人減少したか。最も近いものを、以下の選択肢の中から 1 つ選びなさい。

○ 140 万人　○ 454 万人　○ 586 万人　○ 1,400 万人　○ 4,540 万人

10

【日本の乳用牛の飼養頭数規模別飼養戸数・飼養頭数】

		2015年	2016年	2017年	2018年	2019年	前年比（増減率）（%）	全国割合（%）
全国飼養戸数（戸）		17,700	17,000	16,400	15,700	15,000	▲4.5%	100.0%
乳用牛飼養頭数規模別飼養戸数（戸）	1～19頭	3,530	3,300	3,100	2,900	2,910	0.3%	20.2%
	20～29頭	2,370	2,300	2,270	2,160	1,910	▲11.6%	13.3%
	30～49頭	4,630	4,200	3,960	3,810	3,690	▲3.1%	25.6%
	50～79頭	3,520	3,460	3,420	3,140	2,950	▲6.1%	20.5%
	80～99頭	1,020	1,020	1,040	1,120	924	▲17.5%	6.4%
	100頭以上	1,880	2,010	1,920	1,940	2,000	3.1%	13.9%
全国飼養頭数（千頭）		1,371.0	1,345.0	1,323.0	1,328.0	1,332.0	0.3%	100.0%
乳用牛飼養頭数規模別飼養頭数（千頭）	1～19頭	59.0	53.2	47.5	47.2	49.6	5.1%	3.9%
	20～29頭	77.0	72.4	75.6	71.0	64.9	▲8.6%	5.1%
	30～49頭	249.1	224.0	215.3	196.7	191.7	▲2.5%	15.1%
	50～79頭	305.2	287.6	286.4	265.9	280.1	5.3%	22.1%
	80～99頭	129.0	128.5	121.9	146.1	107.2	▲26.6%	8.5%
	100頭以上	505.9	532.4	525.6	549.0	574.8	4.7%	45.3%

（農林水産省「畜産統計」より）

乳用牛の飼養戸数と飼養頭数の大小について、正しい記述はどれか。以下の選択肢の中から 1 つ選びなさい。

○ 2016 年の 100 頭以上飼育戸数＜ 2019 年の 20 ～ 29 頭飼育戸数

○ 2017 年の全国飼養頭数＜ 2019 年の全国飼養頭数

○ 2019 年の 1 ～ 19 頭飼養戸数の割合＞ 2019 年の 30 ～ 49 頭飼養戸数の割合

○ 2019 年の全国飼養戸数の前年比（増減率）＞ 2019 年の 100 頭以上飼養戸数の前年比（増減率）

○ 2015 年の 50 ～ 79 頭飼養頭数＜ 2018 年の 30 ～ 49 頭飼養頭数

11

【日本の森林面積と森林蓄積の推移】

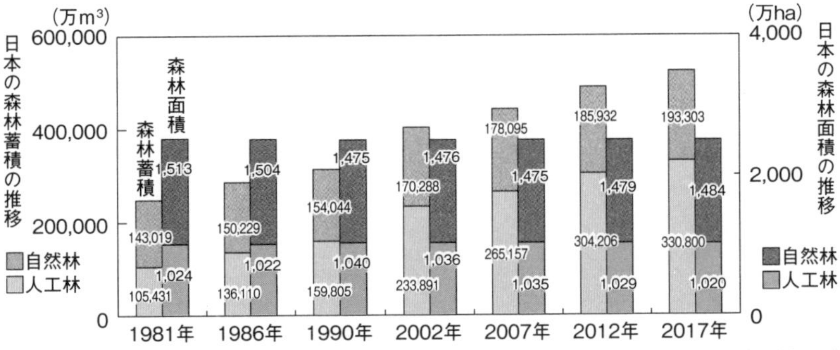

（林野庁資料より）

1986 年から 1990 年の森林蓄積の増加量は、2012 年から 2017 年の森林蓄積の増加量のおよそ何倍か。最も近いものを、以下の選択肢の中から 1 つ選びなさい。

○ 0.82 倍　○ 0.88 倍　○ 0.92 倍　○ 1.2 倍　○ 1.4 倍

12

【日本の歳出総額とその内訳（2023 年度）】

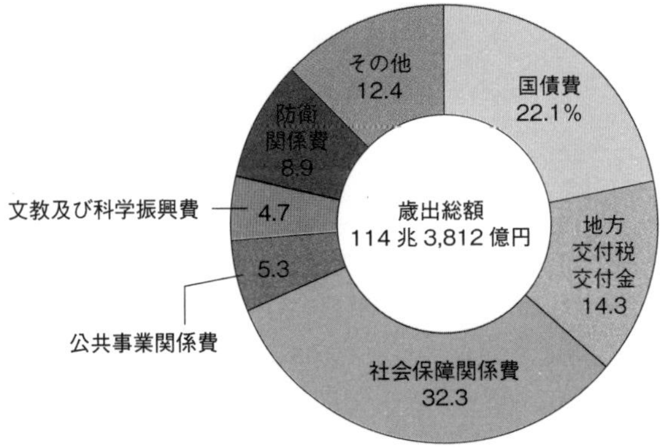

（国税庁資料より）

2023 年度の歳出に占める社会保障関係費の割合を X とするとき、地方交付税交付金の割合はどのように表されるか。以下の選択肢の中から 1 つ選びなさい。

○ $0.37X$　○ $0.44X$　○ $1.5X$　○ $2.3X$

○ グラフからはわからない

13

【世帯主年齢階層別の収入と１世帯あたりの貯蓄高、負債高及び自動車保有割合】

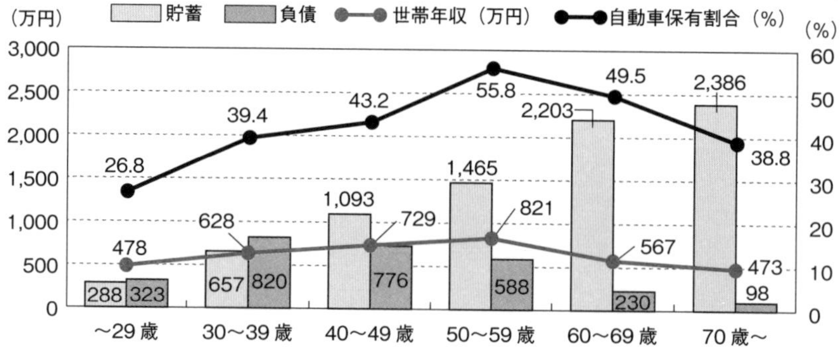

（総務省統計局資料ほかより）

30 ～ 39 歳の自動車保有台数を *X* とすると、50 ～ 59 歳の自動車保有台数はどのように表されるか。以下の選択肢の中から１つ選びなさい。

○ 1.01*X*　○ 1.26*X*　○ 1.30*X*　○ 1.41*X*　○ グラフからはわからない

14

【1 人あたりの学校教育費の国際比較】

（2004 年）（米ドル）

	就学前教育（3歳以上）	初等教育	中等教育	前期	後期	高等教育以外の中等後教育	高等教育	非大学型	大学型及び上級研究学位プログラム
	1	2	3	4	5	6	7	8	9
オーストラリア		5,776	8,160	7,747	8,853	7,969	14,036	8,425	15,000
オーストリア	6,106	7,669	9,446	8,969	9,962		13,959	10,072	14,281
ベルギー	4,915	6,636	7,751				11,842		
チェコ	3,178	2,791	4,779	4,769	4,790	2,191	6,752	3,273	7,142
デンマーク	5,323	8,081	8,849	8,224	9,466		15,225		
フィンランド	4,282	5,581	7,441	8,918	6,555		12,505	8,729	12,507
フランス	4,938	5,082	8,737	7,837	9,883	4,081	10,668	9,113	11,195
ドイツ	5,489	4,948	7,576	6,082	10,459	10,573	12,255	6,413	13,218
ギリシャ		4,595	5,213			5,688	5,593	2,549	7,199
ハンガリー	4,231	3,841	3,692	3,433	3,968	6,351	7,095	5,089	7,198
アイスランド	6,114	8,434	7,721	8,284	7,330		8,881		
アイルランド	4,948	5,422	7,110	6,943	7,309	5,169	10,211		
日本	3,945	6,551	7,615	7,325	7,883		12,193	7,619	13,777

※空欄は詳細が不明な項目

（文部科学省資料より）

以下の 5 つの中で中等教育から高等教育にかけての教育費の増加率が、２番目に大きい国はどこか。以下の選択肢の中から１つ選びなさい。

○ チェコ　○ 日本　○ オーストリア　○ ドイツ　○ アイルランド

15

【PQRST 間のバスの運行状況】

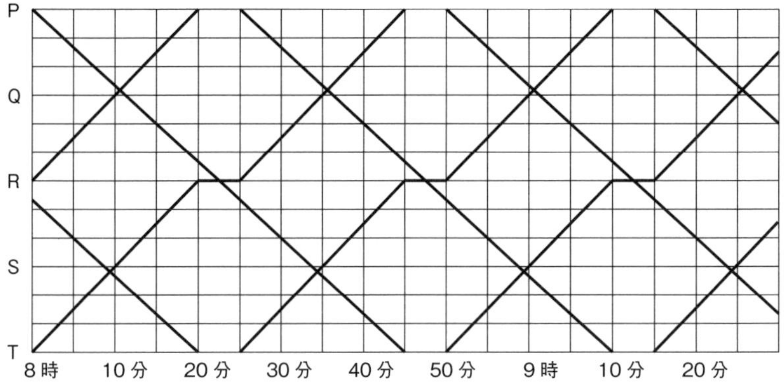

8 時から 8 時 45 分の間に R から P に向けて出発するバスは何台あるか。以下の選択肢の中から 1 つ選びなさい。

○ 1 台　○ 2 台　○ 3 台　○ 4 台　○ 5 台

模擬テスト　解答・解説

1　正解　1.5 倍

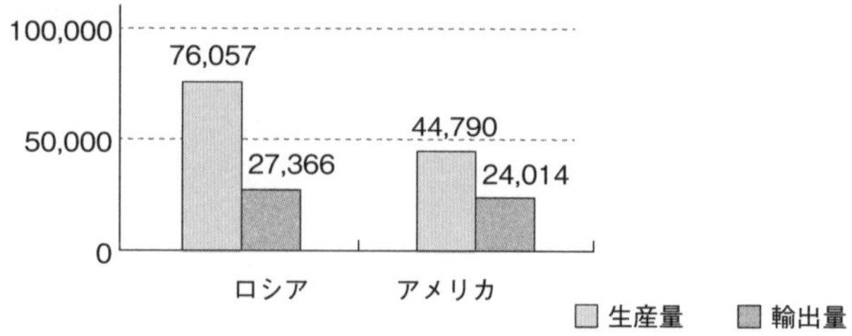

ロシアとアメリカそれぞれの小麦生産量に対する輸出量の割合を、「輸出量÷生産量」で求め、比較する。今回は有効数字上 3 桁までを使って概算を行う。千 t は省略して計算してよい。

	輸出量		生産量		生産量に対する輸出量の割合
ロシア	27,400	÷	76,000	=	0.3605… ≒ 36%
アメリカ	24,000	÷	44,800	=	0.5357… ≒ 54%

アメリカとロシアの生産量に対する輸出割合をわり算すると、アメリカの輸出割合がロシアの何倍かが求められる。

54　÷　36　=　1.5 倍

よって、1.5 倍が答えとなる。

2　正解　975 人

最初に、各都道府県の 18 歳人口の「(2019 年) − (2022 年)」の差を求め、各都道府県の値を合計して都道府県の数でわる。

ただし（選択肢の値が近く）最初から概算すると誤った選択肢を選択する可能性がある。したがって、今回は各都道府県の 18 歳人口の減少数は普通に計算し、平均を求める際に概算を行う。有効数字上 2 桁までを使って計算するとよい。

	2019年		2022年		2019年と2022年の差		有効数字
福岡	47,390	−	45,445	=	1,945	→	1,900
佐賀	8,951	−	8,172	=	779	→	780
長崎	13,448	−	12,437	=	1,011	→	1,000
熊本	17,427	−	16,356	=	1,071	→	1,100
大分	10,589	−	10,178	=	411	→	410
宮崎	10,982	−	10,226	=	756	→	760
鹿児島	16,881	−	16,031	=	850	→	850

福岡　佐賀　長崎　熊本　大分　宮崎　鹿児島

(1,900 + 780 + 1,000 + 1,100 + 410 + 760 + 850)　÷　7

=　971,42… ≒ 971 人

よって、最も近い 975 人が答えとなる。

3　正解　21,180千世帯

グラフより、「2015年の単独世帯数」を読み取ることができる。

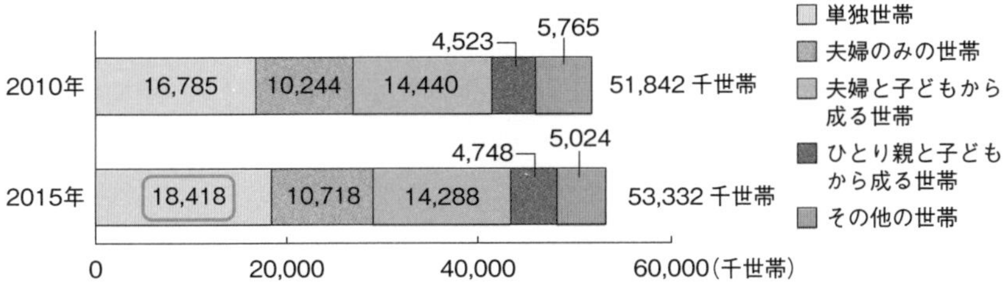

2020年の単独世帯数が2015年から15%増加しているため、2015年の単独世帯、18,418千世帯に1.15をかけると答えが出てくる。

2015年の単独世帯数　（1＋増加率）　2020年の単独世帯数

18,418 × (1 + 0.15) = 21,180.7 ≒ 21,180千世帯

よって、21,180千世帯が答えとなる。

4　正解　0.29X

「AをXとしたときのB」は「B ÷ A × X」で求めることができるため、この式に当てはめて考える。わる数とわられる数を間違えないように注意し、最後にXをかける。今回は「中国÷チリ」で求められる。

中国　チリ

8.3 ÷ 28.4 × X

= 0.2922… × X

≒ 0.29X

よって、最も近い0.29Xが答えとなる。

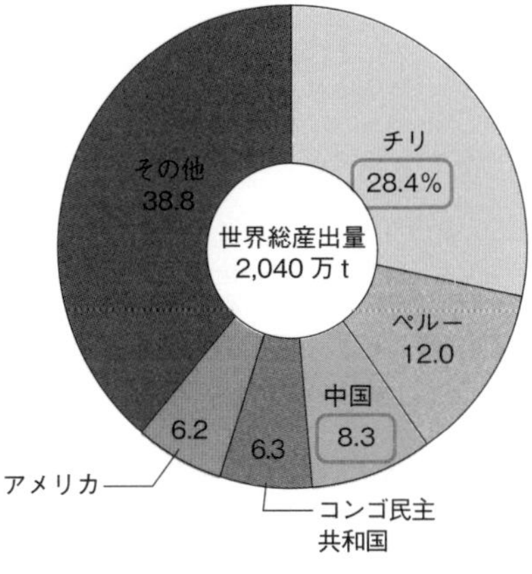

5　正解　埼玉県

このような問題は、p179のようにグラフの2000年と2020年の人口の数値が同じになるところを結んだ線を考えるとよい。この線と点の横軸上の距離が遠いほど人口増減量が大きくなる。線の右が増加量で左が減少量である。判断しづらいところは計算する。今回の問題を計算すると次のようになる。桁数が大きいため、有効数字上4桁までを使って概算を行う。あまり概算をしすぎると本来の値から離れてしまい、誤った計算結果になる可能性があるため注意する。

都県	2020年人口	有効数字	2000年人口	有効数字
東京都	14,040,732	14,040,000	12,064,101	12,060,000
神奈川県	9,232,794	9,233,000	8,489,974	8,490,000
埼玉県	7,337,173	7,337,000	6,938,006	6,938,000
千葉県	6,275,278	6,275,000	5,926,285	5,926,000
茨城県	2,841,084	2,841,000	2,985,676	2,986,000
栃木県	1,913,236	1,913,000	2,024,852	2,025,000

	2020年の人口		2000年の人口		増減量
東京都	14,040,000	−	12,060,000	=	1,980,000
神奈川県	9,233,000	−	8,490,000	=	743,000
埼玉県	7,337,000	−	6,938,000	=	399,000
千葉県	6,275,000	−	5,926,000	=	349,000
茨城県	2,841,000	−	2,986,000	=	−145,000
栃木県	1,913,000	−	2,025,000	=	−112,000

よって、人口の増加量が３番目に大きいのは埼玉県であるとわかる。

6　**正解**　グラフからはわからない

選択肢に「わからない」があるときは、まずは答えが出せるか判断する。

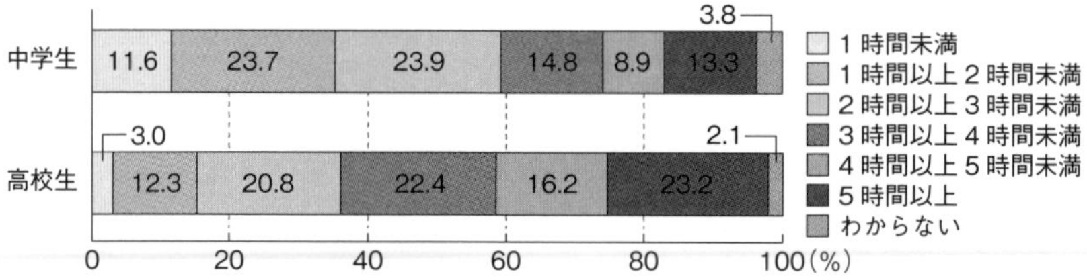

１日あたり３時間以上４時間未満インターネットを利用する高校生の人数が、同じ時間インターネットを利用する中学生の人数の何倍かを求めるには、この時間使用する高校生の人数を中学生の人数でわる必要がある。しかし、グラフには割合しかなく、中学生と高校生の調査人数が異なっている可能性もある。そのため、このグラフからはわからない。

7　**正解**　127,000億円

年	生産台数(万台)	売上額(百万円)	従業員数(人)
2018年	3,922	9,882,313	280,198
2019年	4,584		292,003

表の数値から、2018年の従業員１人あたりの売上額を求めることができる。桁数が多いため、そのまま計算すると時間がかかってしまう。したがって、有効数字上３桁までを使って概算するとよい。

2018年の売上額 ÷ 2018年の従業員数 = 従業員1人あたりの売上額

9,880,000 ÷ 280,000 = 35.28… ≒ 35.3（百万円）

2019 年の従業員 1 人あたりの売上額は 2018 年の 1.23 倍であるため、「2018 年の従業員 1 人あたりの売上額（百万円 / 人）× 1.23」で求められる。2019 年の売上額を X として、2019 年の従業員数と従業員 1 人あたりの売上額をもとに計算式を立てる。

2018年の1人あたり売上額 × 1.23 = 2019年の1人あたりの売上額

35.3 × 1.23 = 43.419 ≒ 43.4 百万円

2019年の売上額 = 2019年の従業員数 × 2019年の1人あたり売上額

X = 292,000 × 43.4

= 12,672,800

≒ 12,700,000 百万円 = 127,000 億円

8　正解　4つ

2021 年

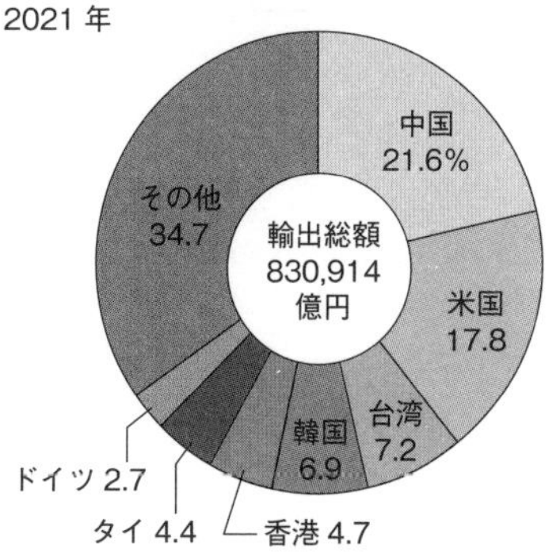

1 つずつ計算するよりも、45,000 億円が 2021 年の輸出総額の何%に相当するかを計算し、その値を超える割合を占めるものを数える方が簡単に解ける。有効数字上 2 桁までを使って概算していく。

45,000億円 ÷ 輸出総額

45,000 ÷ 830,000

45,000億円が占める割合

= 0.0542… ≒ 5.4%

5.4%よりも割合が高いものは、「中国（21.6%）」から「韓国（6.9%）」までの 4 つである。

9　正解　4,540 万人

表の、2019 年と 2023 年の外国人観光客数と出国日本人数をそれぞれ合計し、その差を求める。桁数が大きいため、有効数字上 3 桁で考える。

年	訪日外国人観光客数（人）	有効数字	出国日本人数（人）	有効数字
2019	31,882,049	31,900,000	20,080,669	20,100,000
2022	3,832,110	3,830,000	2,771,770	2,770,000

2019年の訪日外国人観光客数 + 2019年の出国日本人数 = 合計

31,900,000 + 20,100,000 = 52,000,000

2022年の訪日外国人観光客数 + 2022年の出国日本人数 = 合計

3,830,000 + 2,770,000 = 6,600,000

2019年の合計		2022年の合計		2019年と2022年の合計の差
52,000,000	−	6,600,000	＝	45,400,000 ≒ 4,540 万人

よって、最も近い 4,540 万人が答えとなる。

10　**正解**　2017 年全国飼養頭数＜ 2019 年全国飼養頭数

		2015年	2016年	2017年	2018年	2019年	前年比（増減率）（%）	全国割合（%）
全国飼養戸数（戸）		17,700	17,000	16,400	15,700	15,000	▲4.5%	100.0%
乳用牛飼養頭数規模別飼養戸数（戸）	1～19頭	3,530	3,300	3,100	2,900	2,910	0.3%	20.2%
	20～29頭	2,370	2,300	2,270	2,160	1,910	▲11.6%	13.3%
	30～49頭	4,630	4,200	3,960	3,810	3,690	▲3.1%	25.6%
	50～79頭	3,520	3,460	3,420	3,140	2,950	▲6.1%	20.5%
	80～99頭	1,020	1,020	1,040	1,120	924	▲17.5%	6.4%
	100頭以上	1,880	2,010	1,920	1,940	2,000	3.1%	13.9%
全国飼養頭数（千頭）		1,371.0	1,345.0	1,323.0	1,328.0	1,332.0	0.3%	100.0%
乳用牛飼養頭数規模別飼養頭数（千頭）	1～19頭	59.0	53.2	47.5	47.2	49.6	5.1%	3.9%
	20～29頭	77.0	72.4	75.6	71.0	64.9	▲8.6%	5.1%
	30～49頭	249.1	224.0	215.3	196.7	191.7	▲2.5%	15.1%
	50～79頭	305.2	287.6	286.4	265.9	280.1	5.3%	22.1%
	80～99頭	129.0	128.5	121.9	146.1	107.2	▲26.6%	8.5%
	100頭以上	505.9	532.4	525.6	549.0	574.8	4.7%	45.3%

（農林水産省「畜産統計」より）

選択肢に登場する項目を、それぞれ表から読み取って比較する。

× 2016 年の 100 頭以上飼養戸数＜ 2019 年の 20 ～ 29 頭飼養戸数
2,010 ＞ 1,910

○ 2017 年の全国飼養頭数＜ 2019 年の全国飼養頭数
1,323 ＜ 1,332

× 2019 年の 1 ～ 19 頭飼養戸数の割合＞ 2019 年の 30 ～ 49 頭飼養戸数の割合
20.2 ＜ 25.6

× 2019 年の全国飼養戸数の前年比（増減率）＞ 2019 年の 100 頭以上飼養戸数の前年比（増減率）
− 4.5 ＜ 3.1

× 2015 年の 50 ～ 79 頭飼養頭数＜ 2018 年の 30 ～ 49 頭飼養頭数
305.2 ＞ 196.7

11　**正解**　0.82 倍

最初に、1986 年、1990 年、2012 年、2017 年の各年における合計森林蓄積を求める。合計森林蓄積は、「人工林＋自然林」で求められる。桁数が大きいため、有効数字上 3 桁で概算するとよい。

	各年の人工林		各年の自然林		合計森林蓄積
1986 年	136,000	＋	150,000	＝	286,000
1990 年	160,000	＋	154,000	＝	314,000
2012 年	304,000	＋	186,000	＝	490,000
2017 年	331,000	＋	193,000	＝	524,000

次に、1986 年から 1990 年の合計森林蓄積の増加量と 2012 年から 2017 年の増加量をそれぞれ求め、比較する。

	変化後		変化前		増加量
1986 年から 1990 年	314,000	−	286,000	＝	28,000
2012 年から 2017 年	524,000	−	490,000	＝	34,000

28,000 ÷ 34,000 ＝ 0.823… ≒ 0.82 倍

よって、最も近い 0.82 倍が答えとなる。

12 **正解** 0.44*X*

選択肢に「わからない」があるので、まずは答えが出せるか判断する。地方交付税交付金の割合を *X* を用いて表すには、地方交付税交付金の割合を社会保障関係費の割合でわる必要がある。グラフから、それぞれの歳出総額に占める割合が読み取れるため、この問題では答えを出すことができる。また、「A を *X* としたときの B」は「B ÷ A × *X*」で求められる。わる数とわられる数を間違えないように注意する。まず、B ÷ A を計算すると、

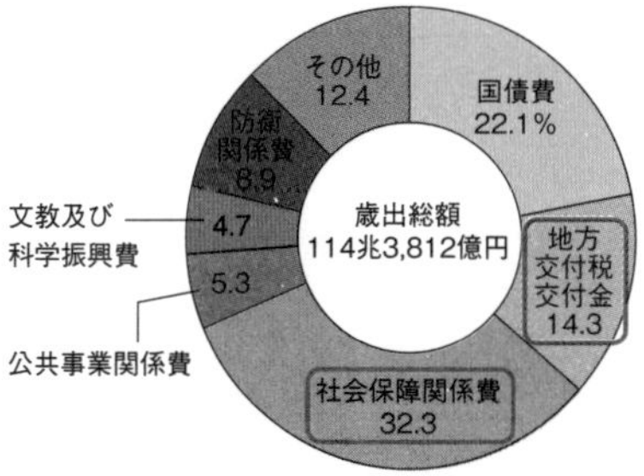

地方交付税交付金の割合		社会保障関係費の割合
14.3	÷	32.3

＝ 0.442…

≒ 0.44

これに *X* をかければよい。

0.44 × *X* ＝ 0.44*X*

よって、最も近い 0.44*X* が答えとなる。

13 **正解** グラフからはわからない

選択肢に、「わからない」があるので、まずは答えが出せるか判断する。

グラフからは、自動車保有台数に関する情報は読み取れない。したがって、30 ～ 39 歳の自動車保有台数を *X* としたときの 50 ～ 59 歳の自動車保有台数を求めることはできない。

14 **正解** 日本

まず、選択肢の各国について「高等教育費÷中等教育費 − 1」で、増減率を求める。

桁数が大きいので、十の位を四捨五入し、概数を使って、計算する。増加率が２番目に大きい国を求めるため、それぞれの増減率を比べる。

	就学前教育（3歳以上）	初等教育	中等教育			高等教育以外の中等後教育	高等教育		
				前期	後期			非大学型	大学型及び上級研究学位プログラム
	1	2	3	4	5	6	7	8	9
オーストラリア		5,776	8,160	7,747	8,853	7,969	14,036	8,425	15,000
オーストリア	6,106	7,669	9,446	8,969	9,962		13,959	10,072	14,281
ベルギー	4,915	6,636	7,751				11,842		
チェコ	3,178	2,791	4,779	4,769	4,790	2,191	6,752	3,273	7,142
デンマーク	5,323	8,081	8,849	8,224	9,466		15,225		
フィンランド	4,282	5,581	7,441	8,918	6,555		12,505	8,729	12,507
フランス	4,938	5,082	8,737	7,837	9,883	4,081	10,668	9,113	11,195
ドイツ	5,489	4,948	7,576	6,082	10,459	10,573	12,255	6,413	13,218
ギリシャ		4,595	5,213			5,688	5,593	2,549	7,199
ハンガリー	4,231	3,841	3,692	3,433	3,968	6,351	7,095	5,089	7,198
アイスランド	6,114	8,434	7,721	8,284	7,330		8,881		
アイルランド	4,948	5,422	7,110	6,943	7,309	5,169	10,211		
日本	3,945	6,551	7,615	7,325	7,883		12,193	7,619	13,777

オーストリア　14,000 ÷ 9,400 − 1 ＝ 0.489… ≒ 0.49
チェコ　6,800 ÷ 4,800 − 1 ＝ 0.416… ≒ 0.42
ドイツ　12,300 ÷ 7,600 − 1 ＝ 0.618… ≒ 0.62
アイルランド　10,200 ÷ 7,100 − 1 ＝ 0.436… ≒ 0.44
日本　12,200 ÷ 7,600 − 1 ＝ 0.605… ≒ 0.61

よって、選択肢の中で２番目に増加率が大きい国は日本である。

15　**正解**　２台

　一見難しそうに見えるが、基本的なダイヤグラムの読み取り問題である。ダイヤグラムはバスや電車などの運行状況を表すために利用され、１つのグラフの中に上り下り両方が示されている。Ｐの時間とＲの時間を見て、Ｐの方が早ければ「Ｐ発→Ｒ着」、Ｒの方が早ければ「Ｒ発→Ｐ着」のバスである。進行方向がわかりやすいようにオレンジで「Ｒ発→Ｐ着」のバスを示すと、上のグラフのようになる。８時から９時30分までに４台のバスがＲを出発しているとわかる。

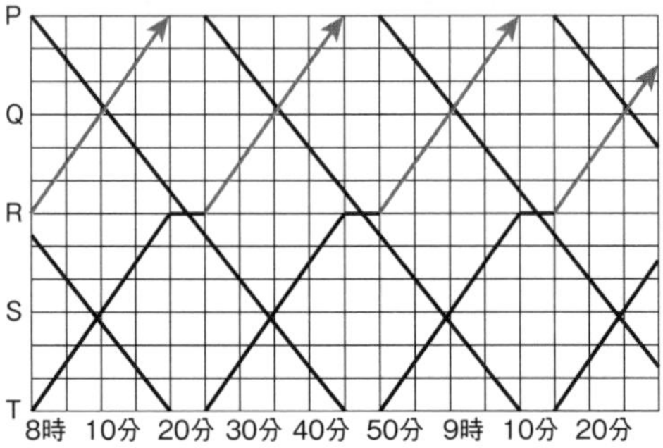

　ただし、８時から８時45分の間にＲを出発したバスは、「８時発」と「８時25分発」の２台である。

3章

言語

「論理的読解」とは？

「論理的読解」とは？

「論理的読解」とは、提示された長文を読んで、4つの問題文で問われていることが正しいかどうかを判断する問題です。「正しい」と「間違っている」以外にも「この文章からはわからない」という選択肢もあります。「玉手箱」の言語分野の問題の中では最もよく出題される問題形式です。

問題例

次の文章を読み、設問文1つ1つについてA・B・Cのいずれに当てはまるか答えなさい。

近年、ほとんどの人がパソコンやスマートフォンなどの情報機器を使用しています。このような機器は、SNSで友人と連絡を取ったり動画を見たりするなどとても便利で、今では我々の生活に欠かせないものとなっています。しかし、便利すぎるがゆえに心配事もあります。文化庁の調査では、約9割の人が「情報機器の普及で言葉や言葉の使い方が影響を受けると思う」と回答しています。確かに、情報機器の登場で我々の生活は様変わりしました。情報機器から多くの影響を受けていることは疑いようがないでしょう。では、具体的にはどのような影響があると考えられるでしょうか。まず、漢字の書き取りができなくなることが考えられます。パソコンやスマートフォンといった情報機器では、変換機能により、ひらがなで入力したものを漢字に変換できるので、自分で漢字を書く機会がなくなっていきます。その結果、手書きで漢字を書かなければいけない場面に直面した際に困ってしまうことがあります。また、長い文章を読む機会が減ったということも挙げられるかもしれません。インターネット上では、長い文章はあまり好まれないようです。長い文章を読む機会が失われると、集中力や読解力が低下してしまうかもしれません。これらはあくまで一例ですが、我々は情報機器が与える影響を考えながら、情報機器を使っていかなければならないということは確かでしょう。

A：文脈の論理から明らかに正しい。または正しい内容を含んでいる。
B：文脈の論理から明らかに間違っている。または間違った内容を含んでいる。
C：問題文の内容だけからでは、設問文は論理的に導けない。

文化庁の調査では、約9割の人が漢字を書く能力が低下したと感じている。

○A　○B　○C

長文の長さは、長いものでは1000字程度のものもありますが、多くは600字程度です。内容は人文系の文章や自然科学系のものなどさまざまな文章が出題されます。

問題数と制限時間

種類	問題数	制限時間
論理的読解	52問	25分
	32問	15分

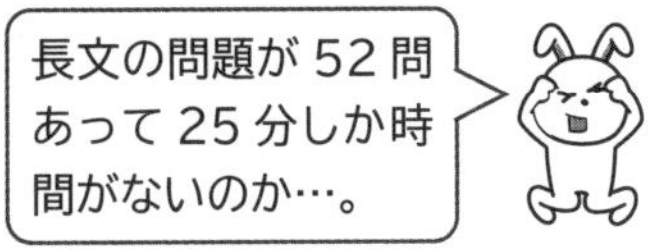

論理的読解は、2種類のタイプの出題があります。現在は制限時間の長いものが主流となっています。長い方の場合は、25分間で52問なので、平均すると1問にかけられる時間は約30秒です。長文が1つにつき4問あるので、長文1つ、問4つを約2分間で解かなければいけない計算です。

1つの長文で問題が4つ

「論理的読解」では、1つの同じ文章で4つの問題が出題されます。計数の図表のように1問につき1つではないので、それだけこの文章を読んで理解することは大切です。初めに一度目を通したとき、どういった要素がどのあたりに書いてあるのかくらいはすぐにわかるようにしておいた方がよいでしょう。

先と後で難易度にそれほどの差はない

突然難しい問題が出現するということはあるかもしれませんが、先に進むほど問題が難しくなっていくということはありません。ですので、初めの問題で、これから問題がもっと難しくなっていくから今のうちに時間を稼いでおかないと、と焦る必要はありません。落ち着いて確実に問題を解いていきましょう。

前の画面には戻れない

一度次の問題に進んでしまうと、前の問題に戻ることはできません（企業によってはまれに戻れるものもあります）。1つの長文で4問出題されるといっても、1画面には問題は1つしか表示されません。他の問題を見ようと思って、初めの問題を答える前に次に進んでしまうと、もう初めの問題には戻れないので注意しましょう。

選択肢は決まっている

選択肢は常に以下の3つです。

A：文脈の論理から明らかに正しい。または正しい内容を含んでいる。

B：文脈の論理から明らかに間違っている。または間違った内容を含んでいる。

C：問題文の内容だけからでは、設問文は論理的に導けない。

つまり、A：正しい、B：間違っている、C：本文からはわからない、ということです。

問題の解き方の手順（例）

1. まず長文を確認

まず初めに問題の長文内容を確認します。このときは問題が解けるほどしっかり読み込む必要はありません。どんな内容なのか、どのようなことがどのあたりに書いてあるのかなど大まかなことを把握するために、すばやくさっと読んで、全体の流れをつかみましょう。

2. 問題文を読む

長文に軽く目を通し、どのようなことが書いてある長文なのかを把握したら、次は問題文を読みましょう。問題文に書いてあることが、長文から論理的に正しいのか間違っているのかを答える問題なので、問題文を読んで、そこに書いてある内容をしっかり把握します。

3. 問題文に書かれていた内容を長文で確認する

問題文を確認したら、再度長文を読み、問題文に書かれている内容が正しいのかどうか確認しましょう。1で問題文を軽く読んだ際にどこにどのようなことが書かれているかを把握しておいたので、問題文に書かれていることが、長文のどのあたりで述べられていた内容なのかを思い出し、そのあたりを読み込みましょう。

4. 問題文に書かれていた内容を判断する

長文の内容と照らし合わせて、問題文に書かれていた内容が、論理的に正しいのか、論理的に間違っているのか、この長文からは判断ができない内容なのかを判断します。正しいか間違っているかを考えるのは慣れているかもしれませんが、この文章からはわからないということを判断することに慣れていないという人も多いかもしれません。その判断を速くするためにも1でしっかり全体の流れをつかむことが重要です。

5. 2問目以降の問題に取り組む

流れは1問目と同じです。ただし、1問目で1の長文の確認が終わっているので、2問目以降はこれを行う必要はありません。

1長文で4つの問題が出題されるから、1問目で長文の流れを捉えておけば、あとの3問は2～4の繰り返しだけで大丈夫だね。

短時間で文章の内容を理解する

この「論理的読解」では、短い時間内に文章を理解して、その文章に対する問いにどれだけ正確に答え続けることができるかが問われます。これに関しては、地道ですが問題演習に取り組み、コツをつかんで、文章を読むスピードを少しずつ速くしていくのが一番の近道です。頑張って問題演習に取り組んでいきましょう。

内容の正誤判断に慣れる

文章の内容を理解できても、問題文が正しいのかどうかの判断に慣れていないと正しい答えを速く出すことはできません。例えば、問題文に書かれていることが正しい場合でも、長文と問題文で同じような書かれ方がしてあるとは限りません。また、「わからない」の場合は、本当に「わからない」にしてもよいのか、見逃しているだけではないのか、と不安になることもありますが、そこも慣れることで、しっかりと自信を持ってすばやく答えることができるようになります。

長文に書いてあることに従う

問題文が正しいかどうかの判断は、すべて長文に書いてあることに従う必要があります。自分の勝手な判断で、これは正しいと選んでしまうことは、その問題を間違えることにつながります。自分の経験や常識、価値観は一切判断基準とせずに、長文から読み取れることだけを基準として考える必要があります。

わからない問題はとばす

1問にかけられる時間が短いため、解けない問題は見切りをつけてとばすことが重要です。いつまでも解こうとねばっていると、時間がなくなり、問題を最後まで見ることすらできない可能性もあります。そういう時に限って最後の方に簡単な問題があったりするものです。とばす問題の基準や感覚を確認することも大切な対策となります。

落ち着いて取り組むことが大切

言語の問題でも、本番では焦らずに落ち着いて問題に取り組むことが大切です。対策を行ったとしても、本番で力を発揮できないと意味がありません。本番で落ち着いて問題に取り組むことができるように、この問題はもう心配ないと思えるほど自信を持てる対策を行うようにするとよいでしょう。

やり方を覚えて、問題に取り組み慣れていくのが、上達への一番の近道だよ。

3章 言語　1. 論理的読解

① 人文系の文章

・論説文など事実に基づいた内容
・本文中で述べられている論理と選択肢の内容が合致するかどうかを判断する

ゼロからわかる問題

次の文章を読み、設問文１つ１つについてA・B・Cのいずれに当てはまるか答えなさい。

近年、ほとんどの人がパソコンやスマートフォンなどの情報機器を使用しています。このような機器は、SNSで友人と連絡を取ったり動画を見たりするなどとても便利で、今では我々の生活に欠かせないものとなっています。しかし、便利すぎるがゆえに心配事もあります。文化庁の調査では、約９割の人が「情報機器の普及で言葉や言葉の使い方が影響を受けると思う」と回答しています。確かに、情報機器の登場で我々の生活は様変わりしました。情報機器から多くの影響を受けていることは疑いようがないでしょう。では、具体的にはどのような影響があると考えられるでしょうか。まず、漢字の書き取りができなくなることが考えられます。パソコンやスマートフォンといった情報機器では、変換機能により、ひらがなで入力したものを漢字に変換できるので、自分で漢字を書く機会がなくなっていきます。その結果、手書きで漢字を書かなければいけない場面に直面した際に困ってしまうことがあります。また、長い文章を読む機会が減ったということも挙げられるかもしれません。インターネット上では、長い文章はあまり好まれないようです。長い文章を読む機会が失われると、集中力や読解力が低下してしまうかもしれません。これらはあくまで一例ですが、我々は情報機器が与える影響を考えながら、情報機器を使っていかなければならないということは確かでしょう。

A：文脈の論理から明らかに正しい。または正しい内容を含んでいる。
B：文脈の論理から明らかに間違っている。または間違った内容を含んでいる。
C：問題文の内容だけからでは、設問文は論理的に導けない。

（1）文化庁の調査では、約９割の人が漢字を書く能力が低下したと感じている。
　○A　○B　○C

（2）情報機器は便利ではあるが、それゆえに我々に多くの影響を及ぼしている。
　○A　○B　○C

（3）本や新聞などの文章を読むことで、集中力や読解力が培われる。
　○A　○B　○C

（4）我々に多くの悪い影響があるため、情報機器の使用を控えるべきだ。
　○A　○B　○C

解説 設問文の根拠を本文の中から探せるかを判断する

設問文の内容を分析し、本文の中にその根拠を見つけられるかで判断する。
A・B・C の選択肢の内容は固定されているので、
本文内に根拠がある場合→ A
本文内に設問文と反する内容が書かれている場合→ B
本文内容と設問文が合致するか判断するには材料が足りない場合→ C
と判断しよう。

(1) **正解** C

「文化庁の調査」の結果が書かれている部分を見つけよう。「約 9 割の人」が「情報機器の普及で言葉や言葉の使い方が影響を受けると思う」と回答しているが、「漢字を書く能力」については述べられていない。よって、本文だけでは判断できない。

(2) **正解** A

「情報機器は便利ではある」と「我々に多くの影響を及ぼしている」が本文に書かれているかを探す。本文 2 文目に「このような機器は～とても便利で」とあるので、前半は正しい。後半は、本文 6 文目に「情報機器から多くの影響を受けていることは疑いようがないでしょう」とある。よって、明らかに正しいといえる。

(3) **正解** C

本文に「本や新聞など」についての言及はない。本文最後から 2 文目に「長い文章を読む機会が失われると、集中力や読解力が低下してしまうかもしれません」とはあるが、長い文章を読むことで「集中力や読解力が培われる」かは本文からはわからない。よって、本文だけでは判断できない。

(4) **正解** B

「情報機器の使用を控えるべきだ」という内容が本文に書かれているかを探す。本文最終文に「我々は情報機器が与える影響を考えながら、情報機器を使っていかなければならないということは確かでしょう」とあり、気をつけて使用するべきとしている。よって、明らかに間違っている。

自信をつける問題

次の文章を読み、設問文１つ１つについてA・B・Cのいずれに当てはまるか答えなさい。

近年注目されているSDGsについて、知っているだろうか。これは2015年に採択された、2030年までの15年間で世界が達成すべき目標のことで、17の目標と169のターゲットで構成されている。その17ある目標のひとつに「すべての人に健康と福祉を」というものがある。なぜ、世界全体で共有する目標にこのようなものがあるのか、今一度考えてみてほしい。

日本に住んでいる私たちにはあまり実感がないかもしれないが、世界人口の約半数は、病気になっても病院に行けない、病気を防ぐワクチンを接種することができないなど、基本的な医療を受けることができない状態にあるのだ。これは子どもたちにとっても大きな問題で、毎年約560万人の5歳未満の子どもたちが亡くなっており、このうちの約8割は発展途上国に住んでいる。彼らの多くは、水質汚染などによって汚れた水を飲まざるをえないというような、不衛生な環境で生活しているために、健康被害にあい、命を落としている。

このような子どもたちの被害をなくすため、この「すべての人に健康と福祉を」の目標では、13あるターゲットのひとつとして、「2030年までに、新生児及び5歳未満児の予防可能な死亡を根絶する」を掲げている。日本に住む私たちも、他人事ととらえずに、世界一丸となって取り組むこれらの目標のため、自分に何ができるのかを考えるべきだろう。

A：文脈の論理から明らかに正しい。または正しい内容を含んでいる。
B：文脈の論理から明らかに間違っている。または間違った内容を含んでいる。
C：問題文の内容だけからでは、設問文は論理的に導けない。

（1）SDGsには17の目標があり、それぞれに13のターゲットがある。
○A　○B　○C

（2）SDGsの169あるターゲットのひとつに「新生児及び5歳未満児の予防可能な死亡を根絶する」ことが挙げられている。
○A　○B　○C

（3）発展途上国の約8割では、5歳未満の子どもたちが不衛生な環境に置かれている。
○A　○B　○C

（4）日本に住む人々も、SDGsのために何ができるか考えなければならない。
○A　○B　○C

解答・解説

本文中の指示語が示しているものは何か、設問で問われていることは何かを、整理して読み解こう。

（1）　**正解**　B

設問文中の「17 の目標」や「13 のターゲット」に注目すると、SDGs に「17 の目標と 169 のターゲット」があることは本文第 1 段落 2 文目に、SDGs の「目標のひとつ」である「すべての人に健康と福祉を」には 13 のターゲットがあることは最後から 2 文目に記載がある。しかし、設問文のように 17 の目標の「それぞれに」13 ずつのターゲットがあるとすると、17 × 13 ＝ 221 となり、本文第 1 段落 2 文目の「169 のターゲットで構成されている」と合わない。よって、明らかに間違っているといえる。

（2）　**正解**　A

設問文の「新生児及び 5 歳未満児の予防可能な死亡を根絶する」については、本文最後から 2 文目で、「『すべての人に健康と福祉を』の目標では、13 あるターゲットのひとつとして」これを掲げているとある。そして、この「すべての人に健康と福祉を」の目標は、SDGs の「17 ある目標のひとつ」と 3 文目に書かれている。つまり、そこに含まれる「新生児及び 5 歳未満児の予防可能な死亡を根絶する」は、SDGs の「169 のターゲット」のひとつといえる。よって、明らかに正しい。

（3）　**正解**　C

設問文にある「約 8 割」という数値は、本文第 2 段落 2 文目に記述があるが、これは亡くなっている「毎年約 560 万人の 5 歳未満の子どもたち」のうち「発展途上国に住んでいる」割合と書かれている。設問で問われている、発展途上国のうち「5 歳未満の子どもたちが不衛生な環境に置かれている」国の数や割合については、本文には記述がない。よって、本文だけでは判断できないといえる。

設問文の「8 割」とか「発展途上国」とか「5 歳未満の子どもたち」とか「不衛生な環境」って、全部本文に書いてある言葉だけど…しっかり本文を読んでみたら、言葉のつながりが設問文と違ってる…？

（4）　**正解**　A

「日本に住む人々」や「何ができるか考えなければならない」という点については、本文最終文に「日本に住む私たちも、～世界一丸となって取り組むこれらの目標のため、自分に何ができるのかを考えるべきだろう」とある。この部分に含まれる「これらの目標」が指すものは、「世界一丸となって取り組む」（本文第 1 段落 2 文目に SDGs について「世界が達成すべき目標」と書かれている）や「これら」という複数形（本文第 1 段落 2 文目に SDGs について「17 の目標と 169 のターゲットで構成されている」と書かれている）より、SDGs を指すと読み取れる。よって、明らかに正しいといえる。

② 自然科学系の文章

・論説文など事実に基づいた内容
・本文中で述べられている論理と選択肢の内容が合致するかどうかを判断する

ゼロからわかる問題

次の文章を読み、設問文1つ1つについてA・B・Cのいずれに当てはまるか答えなさい。

AIは「人工知能（Artificial Intelligence）」の略称であり、近年ではあらゆる分野で導入され、私たちの生活をより便利なものにしている。実はAIは過去に2度のブームを経て発展してきたものであり、現在は3度目のブームの真っただ中なのである。

第1次ブームは、1956年にAIという言葉の誕生とともに始まった。コンピューターによる「推論」「探索」により、定理の証明やチェスなどの課題に対する答えを出すことが可能になり、注目を集めた。しかし、単純な課題にのみ対応可能で、現実に起こる複雑な問題の解決は不可能であることがわかると、1960年代にブームは終わりを迎えた。続く第2次ブームは1980年代に入ってからである。専門知識を取り込んだ上で推論を行うエキスパートシステムという機能の登場により、再び注目を集めたのだ。しかし、専門知識をコンピューターに理解させる過程は人の手によって行われるため、膨大な情報を扱うには限界があるとして、再び人々の関心の的から外れることとなった。

そして、2000年代に入り、とうとう3度目のブームを迎えた。AIが自ら知識を獲得することが可能になったことがきっかけである。さらに、ディープラーニング機能の登場などがブームを加速させた。AIは今もなお発展し続けているのである。

A：文脈の論理から明らかに正しい。または正しい内容を含んでいる。
B：文脈の論理から明らかに間違っている。または間違った内容を含んでいる。
C：問題文の内容だけからでは、設問文は論理的に導けない。

（1） AIはあらゆるものを自動化することによって私たちの生活を便利にしている。
○A　○B　○C

（2） AIが初めて注目されたのは、現実に起きる課題を解決可能だったからである。
○A　○B　○C

（3） 第2次ブームでのAIは、取り込んだ知識をもとに推論することができた。
○A　○B　○C

（4） ディープラーニング機能の登場により、第3次ブームが始まった。
○A　○B　○C

解説　設問文の根拠を本文の中から探せるかを判断する

設問文の内容を分析し、本文の中にその根拠を見つけられるかで判断する。
A・B・C の選択肢の内容は固定されているので、
　本文内に根拠がある場合→ A
　本文内に設問文と反する内容が書かれている場合→ B
　本文内容と設問文が合致するか判断するには材料が足りない場合→ C
と判断しよう。

(1)　正解　C

本文に「あらゆるものを自動化する」ことについての言及はない。本文第 1 段落 1 文目で「私たちの生活をより便利なものにしている」とはあるが、それが「自動化することによって」なのかどうかは本文からはわからない。そのため、本文からだけでは判断できない。

(2)　正解　B

「AI が初めて注目された」とあるため、本文で AI の第 1 次ブームについて触れている部分を探し、第 1 次ブームのきっかけが AI によって「現実に起きる課題を解決可能だったから」という理由であるかを判断する。本文第 2 段落 3 文目に、第 1 次ブームでは、AI が解決できたのは「単純な課題」のみで、「現実に起こる複雑な問題の解決は不可能」であったとある。そのため、明らかに間違っている。

(3)　正解　A

本文で第 2 次ブームについて言及している部分を探し、第 2 次ブームにおいて登場した AI が「取り込んだ知識をもとに推論する」といった内容が書かれているかを判断する。本文第 2 段落 5 文目において、第 2 次ブームで登場したエキスパートシステムは「専門知識を取り込んだ上で推論を行う」と説明されている。そのため、明らかに正しいといえる。

(4)　正解　B

「ディープラーニング機能の登場により、第 3 次ブームが始まった」という内容が本文に書かれているかを探す。本文最後から 2 文目に「ディープラーニング機能の登場などがブームを加速させた」とあり、第 3 次ブームが始まったきっかけではないことがわかる。よって、明らかに間違っている。

自信をつける問題

次の文章を読み、設問文１つ１つについてA･B･Cのいずれに当てはまるか答えなさい。

物理学、化学、天文学、地学、生物学。これらはすべて自然現象について知るための学問、すなわち自然科学分野の学問である。自然科学はどのような学問であり、自然科学を学ぶことにはどのような意義があるのだろうか。

自然科学が対象とするのは、自然界で起こる現象であることは先に述べた通りである。社会科学や人文科学は人間が形成する社会で起こる現象を対象とするが、自然科学が明らかにしようとするのは、人間の存在を超越した普遍的な自然の真理である。

それでは、自然の真理を知るためにどのような手法が取られるのか。科学ではまず問題を認識し、それに対して仮説を立て、実験・観測を行い、仮説を検証する。そして、新たな問題を発見し、再び仮説を立て、実験・観測を行う。つまり、同じプロセスを繰り返すことによって疑問を解決していくのが科学的手法であり、自然科学はこの科学的手法によって自然現象の「なぜ」「どのようにして」といった疑問を解き明かしていくのである。

このようにして自然界について知ることが、私たちにとってどのような意義を持つのか。政治や経済といった話題の方が重要なもののように感じる人もいるだろう。しかし、社会で起こる現象についてばかり学んでいても、私たち人間が抱える社会課題の解決に答えを出すことは難しいのだ。気候変動をはじめとした社会で起きている問題は、人間の行動が自然界に影響を与え、また自然界が人間の社会に影響を及ぼすことで引き起こされるためである。自然科学を学ぶことで、私たち人間は社会課題に対してどのように対処するべきかという判断が可能になるのである。

A：文脈の論理から明らかに正しい。または正しい内容を含んでいる。
B：文脈の論理から明らかに間違っている。または間違った内容を含んでいる。
C：問題文の内容だけからでは、設問文は論理的に導けない。

（1）自然科学が対象とする自然には、人間が形成する社会も含まれる。
　○A　○B　○C

（2）自然科学では、科学的手法を繰り返すことによって自然現象についての疑問を解決していく。
　○A　○B　○C

（3）自然科学よりも政治や経済について学ぶ方が重要だと考える人の方が多い。
　○A　○B　○C

（4）自然界と人間の社会は相互に影響し合っている。
　○A　○B　○C

解答・解説

(1)　**正解** B

「自然科学が対象とする」ものについて書かれている部分を探す。本文第2段落1文目に、「自然科学が対象とするのは、自然界で起こる現象である」と述べられており、その対比として次の文に「社会科学や人文科学は人間が形成する社会で起こる現象を対象とする」と書かれている。さらに続けて、自然科学は「人間の存在を超越した普遍的な自然の真理」を「明らかにしようとする」とも述べられている。よって、「自然科学が対象とする」ものに「人間が形成する社会」が含まれるとは読み取れず、明らかに間違っているといえる。

(2)　**正解** A

「自然科学」での「科学的手法」についての説明は、本文第3段落に記述されている。本文第3段落4文目に「同じプロセスを繰り返すことによって疑問を解決していくのが科学的手法」とあり、続けて「自然科学はこの科学的手法によって～疑問を解き明かしていく」という記述がある。設問文はこの1文を言い換えたものであると考えられるため、明らかに正しいといえる。

(3)　**正解** C

「政治や経済について学ぶ」ことについては、本文最終段落2文目に「政治や経済といった話題の方が重要なもののように感じる人もいるだろう」と書かれているのが見つけられる。しかし、具体的に「自然科学よりも政治や経済について学ぶ方が重要だと考える人の方が多い」かどうかについては記述されていない。よって、本文からは判断できないといえる。

自然科学と政治や経済のどちらを重要と考える人が「多いか」という点までは本文で明記されていないことに注意しよう。

(4)　**正解** A

「自然界と人間の社会」の関係については、「社会」という言葉が多く使われている本文最終段落に着目する。本文最終段落4文目に、「気候変動」を例として「自然界」と「人間の社会」の関係性が説明されている。それによると、「人間の行動が自然界に影響を与え、また自然界が人間の社会に影響を及ぼすことで」さまざまな問題が「引き起こされる」と書かれている。つまり、「自然界と人間の社会は相互に影響し合っている」と読み取れる。よって、明らかに正しいといえる。

自然科学を学ぶことは社会の出来事にまったくもって無関係ということではないんだね。

③ 企業の広告文・エッセー風の文章

・企業の広告文やエッセーのような少しくだけた文章
・本文中に根拠が書かれているかに注目し、複数の文をつなげて考える

ゼロからわかる問題

次の文章を読み、設問文１つ１つについてA・B・Cのいずれに当てはまるか答えなさい。

「車社会」とは、移動手段が自動車に依存している地域を表す言葉です。高齢者が自動車での移動を強いられる、自動車移動を前提とした都市計画によりいわゆる交通弱者が発生するなどの問題が起きています。特に高齢者は、加齢により運転が難しくなり、ペダルの踏み間違いなどによって交通事故を起こしてしまうこともあります。運転免許の返納を勧められても、車社会の地域では免許を手放すと移動がままならず、生活できません。

こうした問題を解決するため、当社ではデマンドタクシーの取り組みを開始しました。既に各地域で行われていますが、当社は移動範囲を他社のカバーする地域よりも広く設定しており、市内だけでなく隣接する市町村まで利用することができます。利用登録が必要、かつ乗り合いにはなりますが、運賃も通常のタクシーより安くなっているため、普段の買い物などに気軽にご利用いただけます。専用のホームページ、もしくは電話で予約をすると、ご指定の時間、ご指定の場所にお迎えに上がります。ご自宅から好きな目的地に行くことはもちろん、範囲内のお出かけ先からご自宅へのお帰りに乗っていただくことも可能です。

地域の皆様のお力になれるよう、このデマンドタクシーをご用意いたしました。交通手段にお困りの際、お出かけの際には、ぜひ当社のデマンドタクシーをご利用ください。

A：文脈の論理から明らかに正しい。または正しい内容を含んでいる。
B：文脈の論理から明らかに間違っている。または間違った内容を含んでいる。
C：問題文の内容だけからでは、設問文は論理的に導けない。

（1）　公共交通機関が発達していないと、移動手段が自動車へ依存し車社会になる。
○ A　○ B　○ C

（2）　車社会の地域では、運転免許を返納することが難しい。
○ A　○ B　○ C

（3）　デマンドタクシーは利用登録をせずとも、予約すれば利用できる。
○ A　○ B　○ C

（4）この会社のデマンドタクシーは、隣接する市町村から自宅まで乗ることもできる。
○ A　○ B　○ C

解説　**複数の文を連結して考える**

設問文の内容を分析し、本文の中にその根拠を見つけられるかで判断する。

1つの文だけではわかりにくくても、複数の文の内容をつなげて考えると判断できることもある。特に因果関係や時系列は、つながりに注目してみるとわかりやすい。

(1)　**正解**　C

「車社会」の内容を説明しているのは本文第1段落である。本文第1段落1文目に「移動手段が自動車に依存している」との記述はあるが、「公共交通機関が発達していない」という言及はない。また本文第1段落2文目に「自動車移動を前提とした都市計画」と書かれてはいるが、「公共交通機関」の「発達」との関連は明言されていない。よって、本文だけでは判断できない。

(2)　**正解**　A

「運転免許を返納すること」について記述されている、本文第1段落の最終文に注目する。最終文で「車社会の地域では免許を手放すと移動がままならず、生活できません」とあることから、「車社会の地域」で生活するには自動車が必要であるため、「運転免許を返納することが難しい」ことが読み取れる。よって、明らかに正しいといえる。

(3)　**正解**　B

「デマンドタクシー」の利用方法について記述されているのは、本文第2段落である。「利用登録」については本文第2段落3文目に「利用登録が必要」という記述がある。「予約」については本文第2段落4文目に「専用のホームページ、もしくは電話で予約をすると、ご指定の時間、ご指定の場所にお迎えに上がります」とある。これらより、利用登録をしたうえで予約をして利用するものだということが読み取れる。よって、明らかに間違っている。

(4)　**正解**　A

本文第2段落最終文に「範囲内のお出かけ先からご自宅へのお帰りに」乗ることができるという記述がある。この「範囲内」がどこまでなのか、本文中を探すと、本文第2段落2文目に「市内だけでなく隣接する市町村まで」と述べられている。よって、「隣接する市町村から自宅まで来ることもできる」ため、明らかに正しいといえる。

自信をつける問題

次の文章を読み、設問文１つ１つについてA･B･Cのいずれに当てはまるか答えなさい。

私はブラックコーヒーが飲めない。牛乳と砂糖をたっぷり入れてカフェオレにするのは好きなのだが、ブラックはどうしても苦手なのだ。まだ幼い頃、好奇心で母のコーヒーを一口もらったことがあるが、あまりに苦くて涙が出そうになった。以来、茶の類は飲めるようになっても、コーヒーは飲めないままであった。

あるとき、転機が訪れた。本格的なコーヒーを振る舞われる機会があったのだ。きちんと豆をミルでひいて、ドリップして、温めておいたカップにそそぐ。ここまでの手順を実際に見るのは、そのときが初めてだった。これまではインスタントか、既に完成しているカフェオレしか飲んだことがなかったからだ。普段まったく見ることがないものでもあるため、その一連の工程を夢中になって見ていた。少しだけミルも触らせてもらった。ごりごりと豆をひく感触が心地よい。ひき終わった豆をフィルターに移し、お湯をそそげば、ポットに出来上がったコーヒーが集まっていく。カップを手渡されたところで、ようやくコーヒーが苦手であることを思い出した。しかしここで断るのも失礼だろう。小さなカップのミルクと、スティックシュガーを１本、コーヒーに混ぜる。店で豆の酸味の項目を見たとき、コーヒーに酸味などあるのだろうかと思っていたが、飲んでみると確かにあった。初めて酸味に気がついたと思う。やはり苦いが、おいしい。味の細かな部分にまで意識を回してみると、奥深さを垣間見ることができたような気がした。

ここまで書いたが、コーヒーを克服したわけではない。砂糖とミルクはやはり必須だ。日常的に飲むようにはならなかったのだが、よさは少しわかった気がする。今度、コーヒー店でいろいろと店員さんの話を聞いてみようと思う。

A：文脈の論理から明らかに正しい。または正しい内容を含んでいる。
B：文脈の論理から明らかに間違っている。または間違った内容を含んでいる。
C：問題文の内容だけからでは、設問文は論理的に導けない。

（1）筆者はミルで豆をひいている間も、コーヒーが苦手であることを意識していた。
　○A　○B　○C

（2）筆者は本格的なものを初めて飲んだときに、コーヒーの酸味に気がついた。
　○A　○B　○C

（3）筆者は今でも砂糖とミルクを入れないとコーヒーが飲めない。
　○A　○B　○C

（4）本格的なコーヒーは、筆者の母親がいれていた。
　○A　○B　○C

解答・解説

(1)　**正解**　B

「ミルで豆をひいている間」については、本文第 2 段落 7 文目に「少しだけミルも触らせてもらった」とある。その間「コーヒーが苦手であることを意識していた」かどうかについては、読み進めると本文第 2 段落 10 文目に「カップを手渡されたところで、ようやくコーヒーが苦手であることを思い出した」との記述が見つけられる。つまり、ミルを触っている間は「コーヒーが苦手であること」を忘れていたことが読み取れる。よって、明らかに間違っている。

(2)　**正解**　A

まず「本格的なものを初めて飲んだとき」について探す。本文第 2 段落 2 文目に「本格的なコーヒーを振る舞われる機会」、本文第 2 段落 5 文目に「インスタントか、既に完成しているカフェオレしか飲んだことがなかった」とあることから、筆者はこのときに初めて本格的なコーヒーを飲んだことがわかる。さらに「コーヒーの酸味に気がついた」ことに言及している部分は、本文第 2 段落最後から 3 文目に「初めて酸味に気がついた」とある。これらより、筆者は初めて本格的なコーヒーを飲んだときに、コーヒーの持つ「酸味に気がついた」ということが読み取れる。よって、明らかに正しいといえる。

(3)　**正解**　A

本文第 1 段落 1 文目に「ブラックコーヒーが飲めない」、本文最終段落 1 文目に「コーヒーを克服したわけではない」、続く本文最終段落 2 文目に「砂糖とミルクはやはり必須」という記述があることから、「砂糖とミルクを入れない」ブラックコーヒーは今でもまだ飲めないということが読み取れる。よって、明らかに正しいといえる。

(4)　**正解**　C

「筆者の母親」についての言及は、本文第 1 段落 3 文目に「母のコーヒーを一口もらったことがある」という記述が見つけられる。しかし「筆者の母親」が「本格的なコーヒー」を「いれていた」かについては、本文中に記述がない。本文第 2 段落に本格的なコーヒーをいれる「手順を実際に見るのは、そのときが初めてだった」という記述もあるが、ここから「筆者の母親」が「本格的なコーヒー」をいれていたかどうかを読み取ることはできない。また本文第 2 段落の「本格的なコーヒーを振る舞われる機会」で筆者が誰から振る舞われたかについても、本文中には記述がない。よって、本文からでは判断できない。

模擬テスト　32問 / 15分

1　次の文章を読み、設問文１つ１つについてA・B・Cのいずれに当てはまるか答えなさい。

中学生から大学生までの約10年間、長距離走競技をしてきたが、大学を卒業してからは運動をほとんどしていなかった。平日は夜遅くまで仕事に打ち込み、休日も平日の疲れをいやすように深い眠りにつき体を休めるか、たまに学生時代の友人と飲みに出かけるくらいのものだった。

しかし最近、知り合いに勧められて散歩を始めてから、散歩にはまっている。散歩はいいものだ。毎朝出勤前に30分散歩をしているが、毎日寝坊ぎりぎりまで起きずに、走って駅に急ぎ、コンビニで朝食を買って、目をこすりながら電車に揺られる今までの生活とは大きく変わった。朝余裕を持って起きるので、気持ちにも余裕ができる。朝起きて、朝ごはんを作り、食べて、散歩をし、シャワーを浴び、コーヒーを飲んで出社する。散歩中には頭もいつもよりよく回るので、仕事や私生活に関する考え事もまとまりやすい。これまでよりも早起きをしているが、散歩をすると、不思議と今までよりも眠気はあまり感じない。

さらに、散歩中にさまざまな発見をすることもよくある。先日も家の近くに新しいカフェができているのに気づき、モーニングを食べてみたが、とてもおいしく、いいお店だった。午前中に勉強をするとよいとも聞くし、今度からはもう30分早く起きて、仕事のための資格の勉強をするのもよいかもしれない。

A：文脈の論理から明らかに正しい。または正しい内容を含んでいる。
B：文脈の論理から明らかに間違っている。または間違った内容を含んでいる。
C：問題文の内容だけからでは、設問文は論理的に導けない。

（1）散歩を始めたことで、新しいカフェを見つけることができた。
○A　○B　○C

（2）朝散歩をするために、夜は今までよりも早く寝ることにしている。
○A　○B　○C

（3）筆者は今後、散歩を始める前より１時間早く起きて、勉強をしようかと思っている。
○A　○B　○C

（4）午前中に勉強をするとよいので、早起きしたついでに散歩をするようになった。
○A　○B　○C

2 次の文章を読み、設問文１つ１つについてＡ・Ｂ・Ｃのいずれに当てはまるか答えなさい。

私たちは普段、テレビや映画などをよく見ています。最近ではインターネット上で動画を見る人も多いでしょう。ではこれらの「動画」とはいったいどういったものなのでしょうか。

動画は基本的に、１枚１枚の絵を連続して表示することで、動いているように見せるものです。パラパラ漫画などはそのわかりやすい例でしょう。この技術が発明される前にも人間は映像表現を楽しんでおり、影絵などはその一例です。その後、19 世紀から 20 世紀にかけて、現在私たちが見ているような動画が出来上がっていきました。

近年新しく動画に使われている技術として CG（コンピューター・グラフィックス）があります。これはコンピューターで加工された映像のことで、近年上映される映画は、そのほとんどが実写とこの CG とを組み合わせて作られています。数はまだ多くはないですが、実写がなくすべて CG で作られた動画さえあります。

CG 以外にも、3D 映像というものもあります。これは左右の目で違う映像を見ることで、映像に立体感を持たせる技術です。一部のテーマパークや映画でみられるもので、3D メガネをかけなければならなかったり特別な装置が必要な場合があったりするなど、手間のかかることも多いですが、立体感がある分、従来の 2D では味わえない臨場感があります。

これらのように、動画の世界でも技術は日々進歩しています。これからも私たちを楽しませてくれるさまざまな技術が登場してくるかもしれません。

Ａ：文脈の論理から明らかに正しい。または正しい内容を含んでいる。
Ｂ：文脈の論理から明らかに間違っている。または間違った内容を含んでいる。
Ｃ：問題文の内容だけからでは、設問文は論理的に導けない。

（1）影絵は初期の映像表現のひとつである。

○Ａ　○Ｂ　○Ｃ

（2）最近の映画は、すべてパラパラ漫画のような技法で作られている。

○Ａ　○Ｂ　○Ｃ

（3）3D 映像を見るためには、テーマパークに行く必要がある。

○Ａ　○Ｂ　○Ｃ

（4）CG で作られた映像を 3D 映像にするのは、大変手間がかかる。

○Ａ　○Ｂ　○Ｃ

3 次の文章を読み、設問文１つ１つについてA・B・Cのいずれに当てはまるか答えなさい。

昨今の酷暑はすさまじく、体温より高い気温も夏季には珍しくなくなりました。原因として地球温暖化による気候変動が挙げられています。当社は製造過程での温室効果ガス削減に加え、社会貢献活動としても取り組みを行い、気候変動対策をしています。

温室効果ガスについてですが、これらは発電や廃棄の過程で発生することが多いものとなっています。当社工場の製造ラインでは多数の機械を使用しています。これらを数年前に省エネ型に一新したため、消費電力を従来の半分に抑えられるようになりました。

また、工場の屋根へのソーラーパネル設置も進めています。太陽光発電は温室効果ガスが発生しません。製造ラインで使う電力のすべてを賄えるわけではありませんが、温室効果ガス削減につながることは間違いないでしょう。

さらに、製造時に出るプラスチック片のリサイクルにも取り組んでいます。廃棄物が焼却されると温室効果ガスが発生するため、再利用することで廃棄する量を減らすことが有効なのです。リサイクルにより、従来廃棄していた量のうち、およそ80パーセントを原料として再利用することに成功しました。

社会貢献活動としては、植林と地域のリサイクル活動を主に実施しております。当社には社有林があり、間伐と植樹を毎年行っています。社有林以外でも、当社の製品の原料となる木材の産地で植林をしており、森林保護に取り組んでいるのです。

地域のリサイクル活動にも、当社は協力しています。当社敷地近くでの資源回収ボックスの設置と、定期的な「リサイクルデー」の開催を取り組みとして行っています。「リサイクルデー」の際は敷地内の駐車場を開放し、地域の皆様からの物品の持ち込みを受け入れています。

A：文脈の論理から明らかに正しい。または正しい内容を含んでいる。
B：文脈の論理から明らかに間違っている。または間違った内容を含んでいる。
C：問題文の内容だけからでは、設問文は論理的に導けない。

（1） 廃棄物を焼却すると二酸化炭素が発生するため、廃棄物の削減が地球温暖化対策に有効だ。

○ A　○ B　○ C

（2） 社内の消費電力を従来の半分に抑えられるようになったのは、太陽光発電の成果である。

○ A　○ B　○ C

（3）「リサイクルデー」は気候変動対策の一環として行っている。

○ A　○ B　○ C

（4） この会社は木材及びプラスチックを原料にして製品を作っている。

○ A　○ B　○ C

4 次の文章を読み、設問文１つ１つについてＡ・Ｂ・Ｃのいずれに当てはまるか答えなさい。

先日、久しぶりに映画館で映画を鑑賞した。観たい映画はあっても、忙しくてしばらく足を運べなかったのだが、ようやく行く暇ができたのだ。

チケットを買い、座席へ向かう。最後列の真ん中だ。私はこの位置をいたく気に入っている。最前列も画面が大きく見えてよいと思うのだが、人の目があまり気にならない最後列が好きだ。私は非常に涙もろいため、映画を観ていると十中八九泣いてしまう。これが人の目に入ると思うと恥ずかしくてならない。だから私は最後列を選ぶ。気にする人はいないと思うが、気分の問題である。真ん中なのは、単純にスクリーンが見えやすいからだ。

席に座り、予告編をぼんやりと眺めていると、ああ、映画館にいるのだなという不思議な気分になってくる。やがて本編の上映が始まり、どんどんスクリーンの世界へ引き込まれていく。大きな画面と高度な音響、そしてそれらが生み出す迫力が、やはり映画館の魅力だと思う。テレビで放映していたり、インターネット上で観ることが可能だったりする作品もあるが、迫力となると映画館に軍配が上がる。没入感も違ってくる。映画館はスクリーンと映画の音以外が入ってこないからだろう。90 分ほどの映画だったが、あっという間に終わってしまった。

上映後、売店でパンフレットを購入する。座れる場所を探して腰を下ろし、買ったものを開いていく。これを読みながらゆっくり余韻に浸る時間も好きだ。観ている間は気がつかなかった要素や、キャストの裏話をパンフレットから拾っていくと、無性に楽しくなってくる。この高揚感は、実際に劇場へ足を運ばないと味わえない。また暇を見て映画を観に行きたいものだ。心からそう思った。

Ａ：文脈の論理から明らかに正しい。または正しい内容を含んでいる。
Ｂ：文脈の論理から明らかに間違っている。または間違った内容を含んでいる。
Ｃ：問題文の内容だけからでは、設問文は論理的に導けない。

（1）筆者がぼんやりと眺めているうちに、映画は終わってしまった。

○Ａ　○Ｂ　○Ｃ

（2）筆者はスクリーンが見えやすく、人の目があまり気にならない位置の座席を選ぶことが好きだ。

○Ａ　○Ｂ　○Ｃ

（3）テレビやインターネット上で観られる作品には、手軽に鑑賞できるという魅力がある。

○Ａ　○Ｂ　○Ｃ

（4）上映中には気がつかず、パンフレットを読んでから気がついた要素があった。

○Ａ　○Ｂ　○Ｃ

5 次の文章を読み、設問文１つ１つについてＡ・Ｂ・Ｃのいずれに当てはまるか答えなさい。

私たちが見ている世界は、本当は少し違う色合いかもしれない。

そもそも、色の正体は光である。光の色は赤、青、緑の「光の三原色」と呼ばれる色の組み合わせで作られ、私たちは物体が反射した光の色を認識している。だとすれば、リンゴの「赤」は、屋外にあるときと屋内にあるときとで光の具合が異なるのだから、実際は異なる「赤」に見えるはずである。しかし、私たちは同じ「赤」として認識するだろう。

なぜこのようなことが起こるのか。それは色の信号を受け取る目の仕組みと、それを処理する脳の仕組みによる。私たちは「光の三原色」にそれぞれ対応した３種類の「錐体」と呼ばれる視細胞によって色の信号をキャッチし、３色の組み合わせとして脳で処理している。つまり、錐体細胞の種類の数によって認識できる色の数が決まるのだ。４種類の錐体細胞を持つといわれる鳥類は、実は人間より世界がカラフルに見えているかもしれない。また、私たちの脳は、周囲にある色との組み合わせの影響も受ける。例えば、物体の背景の色が濃い場合と薄い場合であれば、後者の方がより物体の色は鮮やかに目に映る。これは、脳が色の見え方を調整しているためだ。

このように、私たちが見ている色は目の仕組みと脳の働きによって見せられているものにすぎない。世界が本当は何色をしているのか、答えは誰にもわからないのかもしれない。

Ａ：文脈の論理から明らかに正しい。または正しい内容を含んでいる。
Ｂ：文脈の論理から明らかに間違っている。または間違った内容を含んでいる。
Ｃ：問題文の内容だけからでは、設問文は論理的に導けない。

（1）私たちがリンゴの色を赤だと認識できるのは、リンゴが光を反射しているからである。

○Ａ　○Ｂ　○Ｃ

（2）錐体細胞の種類の数が異なれば、認識できる色の数も異なる。

○Ａ　○Ｂ　○Ｃ

（3）鳥類は、あるリンゴが屋内にある場合と屋外にある場合の赤色の違いが区別できる。

○Ａ　○Ｂ　○Ｃ

（4）物体の背景の色が濃いと、物体の色はより鮮明に認識される。

○Ａ　○Ｂ　○Ｃ

6 次の文章を読み、設問文１つ１つについてA・B・Cのいずれに当てはまるか答えなさい。

SDGsの17の目標のうち１つ目に掲げられているのが、「貧困をなくそう」という目標である。貧困をなくすということの難しさと重要性を、今一度考えてみよう。

そもそも、SDGsでは貧困を世界銀行が定める絶対的貧困ラインを下回る基準で生活することと定義している。絶対的貧困ラインとは、人としての生活を維持することができる最低基準のことだ。この絶対的貧困ラインを下回る人々が世界には約７億人もおり、SDGsではそのような人々を救うことを目標としている。

貧困の原因は失業、病気やケガ、離婚、紛争、災害、教育格差や孤立など社会的構造の問題から、誰にでも起こりうる突発的な出来事までさまざまである。災害や病気、ケガなどといったものは人間の力でコントロールできないことであるが、紛争や教育格差などはそれ自体が問題であるともいえる原因も含まれる。そのため、貧困をなくすためには平和の実現や平等な教育、福祉の充実など非常にスケールの大きな課題をいくつも解決しなければならない。

貧困がゼロになった世界というのは、現在世界が抱えているさまざまな問題が解決されることで実現できるものである。つまり、貧困をなくすという目標は、その他のあらゆる目標のさらに先にある目標ともいえるものなのである。

A：文脈の論理から明らかに正しい。または正しい内容を含んでいる。
B：文脈の論理から明らかに間違っている。または間違った内容を含んでいる。
C：問題文の内容だけからでは、設問文は論理的に導けない。

（1） 人としての生活を維持できる最低限の基準にすら満たない状態の人々が、世界には約７億人も存在している。

○ A　○ B　○ C

（2） 人々の貧困は、社会的構造の問題がすべての原因である。

○ A　○ B　○ C

（3） SDGsの17の目標は重要度の高いものから順に番号が付けられている。

○ A　○ B　○ C

（4） 貧困をなくすという目標の達成に向けて、さまざまな社会課題の解決が必要となる。

○ A　○ B　○ C

7　次の文章を読み、設問文１つ１つについてＡ・Ｂ・Ｃのいずれに当てはまるか答えなさい。

世界遺産に登録されることの意味、目的について考えたことがあるだろうか。世界遺産条約誕生のきっかけとなったのは、1960年代にナイル川流域にあったヌビア遺跡をダム建設による水没の危機から救うためのキャンペーンである。この出来事がきっかけとなり、世界遺産条約が採択され、「人類共通の遺産」として価値ある自然景観や遺跡、建築物などを世界遺産として登録し、保護・保全するための取り組みが始まった。

本来は「人類共通の遺産」を守るために世界遺産に登録されるものだが、最近は登録されることがむしろ破壊を招いているような状況も見受けられる。世界遺産に登録されたことで、知名度や価値が高まり、多くの観光客が訪れるようになることが原因である。人々に踏み荒らされ、またマナーの悪い行動により自然破壊や周辺地域の生活への悪影響が起こってしまうのである。世界遺産に登録されることの意味が、観光地として価値のあるものとして認められたということになってしまっている。

世界遺産に登録されることで、周辺地域の経済を潤し、活気が出るという点でメリットもある。しかし、本来の目的は貴重な遺産を守るためであり、それらのメリットというのは副次的なものであるはずだ。私たちは今一度、世界遺産に登録されることの意味を考え直す必要があるだろう。

A：文脈の論理から明らかに正しい。または正しい内容を含んでいる。
B：文脈の論理から明らかに間違っている。または間違った内容を含んでいる。
C：問題文の内容だけからでは、設問文は論理的に導けない。

（1）世界遺産に登録されると、観光地としての魅力が増すことにつながる。
○A　○B　○C

（2）多くの観光客が訪れることで遺産が破壊されてしまうような問題もある一方、周辺住民は経済効果などのメリットのみを享受している。
○A　○B　○C

（3）キャンペーンによりダム建設が中止され、ヌビア遺跡は水没の危機を免れた。
○A　○B　○C

（4）私たちは、世界遺産の目的が「人類共通の遺産」を守るためであることを忘れてはいけない。
○A　○B　○C

8 次の文章を読み、設問文1つ1つについてA・B・Cのいずれに当てはまるか答えなさい。

どれくらい多くの人が、日々の生活の中で、季節の変化を気にしているのでしょうか。現代では、1日の大半を空調が完備され閉め切られた屋内で過ごし、季節をあまり感じられないという人も多いようです。いつもせわしなく過ごすうちに、あっという間に1年が過ぎてしまうという人には、ぜひ二十四節気というものを知ってほしいと思います。

二十四節気とは、太陽の動きに合わせて1年間の季節を24に分けたものです。春分や夏至、立秋、冬至といった言葉なら、聞き覚えがある人も多いのではないでしょうか。これらの言葉も二十四節気の1つで、春・夏・秋・冬それぞれの季節の真ん中を表しています。この二十四節気というものは、昔の中国で生まれ、日本に持ち込まれたものなのです。そのため、二十四節気をもとに、日本の季節に合わせた雑節というものも作られています。節分や彼岸などは雑節に含まれている、日本オリジナルのものです。

カレンダーやスケジュール帳をよくよく見てみると、日付の下にこれらの言葉が小さな文字で書かれていることもあります。あまり気にせず、書かれていることの意味を考えずに過ごしていた人も多いかもしれません。でもこれからは、カレンダーやスケジュール帳に書かれているそれらの言葉を頭の片隅に置いて、日々を過ごしてみてはいかがでしょう。今年の立春は去年の立春の頃に比べて梅の花がたくさん咲いているな、という風に季節を感じ、1年ごとの違いに気づくかもしれません。ただそれだけで、何気なく過ぎていた1年が、毎年特別なものになるのです。

A：文脈の論理から明らかに正しい。または正しい内容を含んでいる。
B：文脈の論理から明らかに間違っている。または間違った内容を含んでいる。
C：問題文の内容だけからでは、設問文は論理的に導けない。

(1) 人々が季節の変化を意識しなくなったのは、空調設備の技術が進歩したためである。

○A　○B　○C

(2) 夏至は中国の夏の中間の頃を表す言葉である。

○A　○B　○C

(3) 雑節には、中国の二十四節気と同様に二十四個の言葉がある。

○A　○B　○C

(4) 言葉によって季節を意識すると、草花の季節ごとの移ろいにも気づきやすくなるかもしれない。

○A　○B　○C

模擬テスト　解答・解説

1

（1）　正解　A

「新しいカフェを見つけ」たことについて書かれている部分を探し、見つけたきっかけが「散歩を始めたこと」であるかを検証する。本文最後から 2 ～ 3 文目に「散歩中にさまざまな発見をすることもよくある。先日も家の近くに新しいカフェができているのに気づき」とあるので、「新しいカフェ」は散歩中に見つけた、つまり散歩を始めたために見つけることができたと読み取れる。よって、明らかに正しいといえる。

（2）　正解　C

夜寝る時間について書かれている部分を探す。本文第 2 段落最終文に「これまでよりも早起きをしている」、「今までよりも眠気はあまり感じない」とは書かれているが、夜に寝る時間に関しての記述は本文中にはない。よって、本文からでは判断できないといえる。

（3）　正解　B

「早く起き」ることについては、本文第 2 段落 3 文目に「毎朝出勤前に 30 分散歩をしている」ことが書かれている。また、「勉強をしようかと思っている」ことについては、本文最終文に「今度からはもう 30 分早く起きて、仕事のための資格の勉強をするのもよいかもしれない」と考えていることが書かれている。しかし、「散歩を始める前」は、本文第 2 段落 3 文目に「毎日寝坊ぎりぎりまで起きず」、「コンビニで朝食を買って」とあることから、本文第 2 段落 4 文目の「朝余裕を持って起きる」ことや、本文第 2 段落 5 文目の「朝ごはんを作り、食べて」、「シャワーを浴び、コーヒーを飲んで」といったことができていなかったと読み取れる。つまり、散歩に費やすのは 30 分でも、起きるのは散歩を始める前よりすでに 30 分以上早くなっていると読み取れる。それに加えて「もう 30 分早く起き」ようとしているのだから、「1 時間早く起きて」では計算が合わない。よって、明らかに間違っているといえる。

（4）　正解　B

散歩を始めた理由は、本文第 2 段落 1 文目に「知り合いに勧められ」たと書かれている。「早起きしたついでに散歩をするようになった」わけではないと読み取れる。設問文前半については、本文最終文に「午前中に勉強をするとよいとも聞く」という記述はあるが、それは散歩をする習慣が続いた後に考えたことである。よって、明らかに間違っているといえる。

2

（1）　正解　A

「影絵」については、本文第 2 段落 3 文目に「この技術が発明される前にも人間は映像表現を楽しんでおり、影絵などはその一例」とある。「この技術が発明される前」は「初期の」と読み取ることができ、「その一例」とは「映像表現のひとつ」と言い換えられる。よって、明らかに正しいといえる。

(2)　正解　B

「最近の映画」を作る「技法」については、本文第 3 段落 2 文目に「近年上映される映画は、そのほとんどが実写とこの CG とを組み合わせて作られています」とある。「ほとんどが」なので「パラパラ漫画のような技法で作られている」映画もないとは言えないが、設問文にあるように「すべて」ではない。よって、明らかに間違っているといえる。

(3)　正解　B

本文最後から 3 文目で、3D 映像は「一部のテーマパークや映画でみられる」とある。しかし、あくまで「一部」であるため、テーマパークに行けば 3D 映像を見られるとは限らない。また、テーマパークに行かなくても「映画で」も見ることができると読み取れる。よって、明らかに間違っているといえる。

(4)　正解　C

3D 映像について「手間のかかることも多い」と記述されているのは、最後から 3 文目だが、「3D メガネをかけなければならなかったり特別な装置が必要な場合があったりする」という手間であり、CG との関連についての記述はない。よって、本文からは判断できないといえる。

3

(1)　正解　C

廃棄物の焼却については、本文第 4 段落 2 文目に「廃棄物が焼却されると温室効果ガスが発生する」という記述があり、また「廃棄物の削減が地球温暖化対策に有効」という点は本文第 4 段落 2 文目に「廃棄する量を減らすことが有効」という記述を見つけられる。しかし、本文第 4 段落 2 文目で言及されている「温室効果ガス」が二酸化炭素であるという記述は本文中にはない。温室効果ガスの筆頭は二酸化炭素であるという知識があっても、この工場での廃棄物を焼却することによって発生する温室効果ガスが二酸化炭素であるかどうかは、本文からは読み取れない。よって、本文からは判断できないといえる。

(2)　正解　B

「消費電力を従来の半分に抑えられるようになった」ことについての記述を探すと、本文第 2 段落最終文に、多数の機械を「数年前に省エネ型に一新したため、消費電力を従来の半分に抑えられるようになりました」と述べられている。「太陽光発電の成果」については、本文第 3 段落最終文に「温室効果ガス削減につながる」と記述されている。よって、消費電力を半分に抑えた要因は太陽光発電ではなく、機械の一新ということが読み取れるため、明らかに間違っているといえる。

(3)　**正解**　A

「リサイクルデー」については本文最終段落で述べられている。本文最終段落1～2文目より、「地域のリサイクル活動」の一環として「定期的な『リサイクルデー』の開催」を行っていることがわかる。また本文第5段落1文目に「社会貢献活動としては、植林と地域のリサイクル活動を主に実施」とあることより、「リサイクルデー」は「社会貢献活動」であることがわかる。一方、「気候変動対策」について書かれている部分を探すと、本文第1段落3文目に「社会貢献活動としても取り組みを行い、気候変動対策をしています」という内容がある。これらから、「社会貢献活動」である「リサイクルデー」を、「気候変動対策の一環として行っている」ことが読み取れる。よって、明らかに正しいといえる。

(4)　**正解**　A

「木材」と「プラスチック」を「原料」にしているかどうかを本文中から読み取る。まず本文第4段落で「プラスチック片のリサイクルにも取り組んでいます」、また「およそ80パーセントを原料として再利用」という記述があることから、「プラスチックを原料にして」いることがわかる。次に、本文第5段落3文目に「当社の製品の原料となる木材の産地」という表現が見つけられる。これらより、この会社では「木材及びプラスチックを原料にして製品を作っている」ことが読み取れる。よって、明らかに正しいといえる。

4

(1)　**正解**　B

「ぼんやりと眺めている」は本文第3段落1文目に「予告編をぼんやりと眺めていると」という記述、「映画は終わってしまった」については本文第3段落最終文に「90分ほどの映画だったが、あっという間に終わってしまった」という記述がある。しかし、ぼんやりと眺めている「うちに」映画が終わっていたという内容にはなっていない。本文第3段落2文目には「どんどんスクリーンの世界へ引き込まれていく」といった記述もあることから、本編上映中も「ぼんやりと眺めて」いたわけではないと読み取れる。よって、明らかに間違っているといえる。

(2)　**正解**　A

「座席を選ぶこと」については、本文第2段落に注目する。本文第2段落2文目から、筆者は「最後列の真ん中」に座ったこと、続く本文第2段落3文目から「この位置をいたく気に入っている」ことがわかる。この座席を選んだ理由については、本文第2段落4文目に「人の目があまり気にならない最後列が好き」、本文第2段落最終文に「真ん中なのは、単純にスクリーンが見えやすいからだ」という記述がある。これらより、「スクリーンが見えやすく、人の目があまり気にならない位置」である「最後列の真ん中」を「気に入っている」と読み取れる。よって、明らかに正しいといえる。

(3)　**正解**　C

「テレビやインターネット上で観られる作品」は、本文第3段落4文目に「テレビで放映していたり、インターネット上で観ることが可能だったりする作品もあるが、迫力となると映画館に軍配が上がる」という言及がある。しかし、「手軽に鑑賞できる」という点についての記述はない。本文第 1 段落に「観たい映画はあっても、忙しくてしばらく足を運べなかった」という記述はあるが、ここから「テレビやインターネット上で観られる作品」が「手軽に鑑賞できる」と結びつけることは想像の域を出ず、正しいとはいえない。よって、本文からは判断できないといえる。

(4)　**正解** A

「パンフレット」については、本文最終段落 4 文目に「観ている間は気がつかなかった要素や、キャストの裏話をパンフレットから拾っていく」という記述がある。ここから、「観ている間」＝「上映中」には「気がつかなかった要素」をパンフレットから読み取っていることがわかるため、明らかに正しいといえる。

5

(1)　**正解** A

色の認識については、本文第 2 段落 2 文目に「私たちは物体が反射した光の色を認識している」と書かれている。つまり、リンゴが「反射している」光の「色を赤だと認識」していると読み取れる。よって、明らかに正しいといえる。

(2)　**正解** A

「錐体細胞の種類の数」について書かれている部分を探す。本文第 3 段落 4 文目に「錐体細胞の種類の数によって認識できる色の数が決まる」と書かれている。つまり、「錐体細胞の種類の数」が異なると「認識できる色の数も異なる」ことがわかる。よって、明らかに正しいといえる。

(3)　**正解** C

本文第 3 段落 5 文目に「4 種類の錐体細胞を持つといわれる鳥類は、実は人間より世界がカラフルに見えているかもしれない」とある。しかし、本文中ではそれによってリンゴが屋内にある場合と屋外にある場合の微妙な「赤色の違い」が見分けられるかどうかは言及されていない。よって、本文からは判断できないといえる。

(4)　**正解** B

本文第 3 段落の最後から 2 文目に「後者の方がより物体の色は鮮やかに目に映る」とある。「後者」とは「背景の色」が「薄い場合」のことを指しているので、「物体の背景の色が濃いと、物体の色はより鮮明に認識される」とは正反対になる。よって、明らかに間違っているといえる。

6

(1)　**正解** A

「人としての生活を維持できる最低限の基準にすら満たない状態の人々」については、本文第 2 段落 2 文目に「絶対的貧困ラインとは、人としての生活を維持することができる最低基準のこと」とある。そして、続く本文第 2 段落 3 文目に「この絶対的貧困ラインを下回る人々が世界には約7億人もおり」とあることから、つまり「人としての生活を維持できる最低限の基準」に満たない生活を送る人が「世界には約7億人も」いるとわかる。よって、明らかに正しいといえる。

(2)　正解 B

貧困の原因については、本文第3段落1文目に「貧困の原因は失業、病気やケガ、離婚、紛争、災害、教育格差や孤立など社会的構造の問題から、誰にでも起こりうる突発的な出来事までさまざまである」と書かれていることから、「社会的構造」以外の原因もあることがわかる。よって、明らかに間違っているといえる。

(3)　正解 C

本文第1段落1文目に「『貧困をなくそう』という目標」は「SDGsの17の目標のうち1つ目」とあり、また本文最終文には「貧困をなくすという目標は、その他のあらゆる目標のさらに先にある目標ともいえるものなのである」とも書かれている。つまり、「貧困をなくす」という目標は重要ではあるが、「17の目標」の中で最も重要かどうか、列挙されている順番の意味については言及されていない。よって、本文からは判断できないといえる。

(4)　正解 A

「貧困をなくすという目標の達成」については、本文最後から3文目に「平和の実現や平等な教育、福祉の充実など非常にスケールの大きな課題をいくつも解決しなければならない」と書かれている。つまり、「貧困をなくす」ために「さまざまな社会課題」を解決する必要があると読み取れる。よって、明らかに正しいといえる。

7

(1)　正解 A

世界遺産登録と「観光地としての魅力」については、本文第2段落2文目に「世界遺産に登録されたことで、知名度や価値が高まり、多くの観光客が訪れるようになる」と書かれている。「知名度や価値」の高まりは、「観光地としての魅力が増すこと」と読み取れるため、明らかに正しいといえる。

(2)　正解 B

「メリット」については、本文第3段落1文目に「世界遺産に登録されることで、周辺地域の経済を潤し、活気が出るという点でメリットもある」とある。しかし本文第2段落3文目に「マナーの悪い行動により自然破壊や周辺地域の生活への悪影響が起こってしまう」と書かれていることから、「メリットのみを享受している」わけではなく、デメリットもあることがわかる。よって、明らかに間違っているといえる。

(3)　正解 C

本文第1段落で世界遺産条約誕生のきっかけとなった「キャンペーン」について言及されている。本文第1段落2文目で「ヌビア遺跡をダム建設による水没の危機から救うため」のものであると書かれているが、それによってダム建設が中止になったかどうかは書かれていない。よって、本文からは判断できないといえる。

(4)　**正解** A

本文最終文に「私たちは今一度、世界遺産に登録されることの意味を考え直す必要があるだろう」とあり、本文第２段落１文目で「本来は『人類共通の遺産』を守るために世界遺産に登録される」と書かれている。よって、「世界遺産に登録されること」の本来の意味を忘れないように、今一度「考え直す必要がある」と述べられているとわかる。よって、明らかに正しいといえる。

8

(1)　**正解** B

「季節の変化」への意識と「空調設備の技術」の進歩の関係について書かれている部分を探す。本文第１段落２文目に「現代では、１日の大半を空調が完備され閉め切られた屋内で過ごし、季節をあまり感じられないという人も多いようです」とある。この文では、現代の生活様式として「屋内で過ご」すことが多いために季節を感じにくいのではないかと述べているのであり、空調設備の技術の進歩のみが直接的な原因であるわけではない。よって、明らかに間違っているといえる。

(2)　**正解** A

「夏至」については、本文第２段落に言及がある。本文第２段落によると、「春分や夏至、立秋、冬至といった言葉」は「春・夏・秋・冬それぞれの季節の真ん中を表す」「二十四節気の１つ」であると書かれている。また、本文第２段落４文目によると「二十四節気というものは、昔の中国で生まれ」たとある。これらをつなげると、「夏至は中国での夏の季節の真ん中を表す言葉である」と読み取れる。よって、明らかに正しいといえる。

(3)　**正解** C

本文第２段落５文目から「雑節」の説明が書かれているが、雑節が具体的にいくつあるかは言及されていない。よって、本文からは判断できないといえる。

(4)　**正解** A

本文最後から２文目には、立春の頃の梅の咲き具合の変化に気づく様子が書かれている。これは「言葉によって季節を意識する」ことで起きる変化の例として述べたものである。よって、明らかに正しいといえる。

「趣旨判断」とは？

「趣旨判断」とは？

「趣旨判断」とは、提示された長文を読んで、4つの問題文が筆者の趣旨（最も伝えたいこと）かどうかを判断する問題です。選択肢には、趣旨であるもの、本文に書いてあるが趣旨ではないもの、本文に記載がないものの3種類があります。

問題例

下のような問題が出題されます。

次の文章を読み、設問文1つ1つについてA・B・Cのいずれに当てはまるか答えなさい。

人とコミュニケーションをとるとき、私たちはさまざまなものを駆使して相手にメッセージを伝えている。ジェスチャーや表情、言葉のイントネーションなどの非言語的な要素はコミュニケーションに大きな影響を与え、言葉だけで伝わる情報は全体の1割にも満たないのだという。その中でも特に重要なのは、アイコンタクトだろう。目を見て話すことには相手に安心感を与え、信頼関係を築きやすくする効果がある。さらに、自分の話に説得力を持たせる効果もあり、面接では好印象を与えることが期待できる。

しかし、目を見て話すことが苦手な人も多い。その原因はさまざまだが、例えば、目を合わせることを恥ずかしく思ったり、人の目を見るのが怖かったりする場合が考えられる。また、無理に目を合わせようとすると、にらみつけているかのように捉えられ、かえって悪い印象を与えることにつながってしまう。

では、上手く目を見て話せるようになるためには、どうしたらよいだろうか。まずは、体の正面を相手に向けて話すことから始めるのはどうだろう。そのときに顔を上げて話すことを意識し、慣れてきたら相手の目の回りを見るようにして、少しずつ視線を目に近づけていく。訓練を続ければ、目を見て話すことに対する苦手意識も薄れていくだろう。

A：筆者が一番訴えたいこと（趣旨）が述べられている。
B：本文に書かれているが、一番訴えたいことではない。
C：この本文とは関係ないことが書かれている。

コミュニケーションをとるとき、言葉だけで全体の1割以上は情報を伝えられる。

○A　○B　○C

長文の長さは長いものでは 1000 字程度のものもありますが、多くは 600 字程度です。内容は就職活動に関するエッセーのような文章がほとんどです。

問題数と制限時間

種類	問題数	制限時間
趣旨判断	32 問	10 分

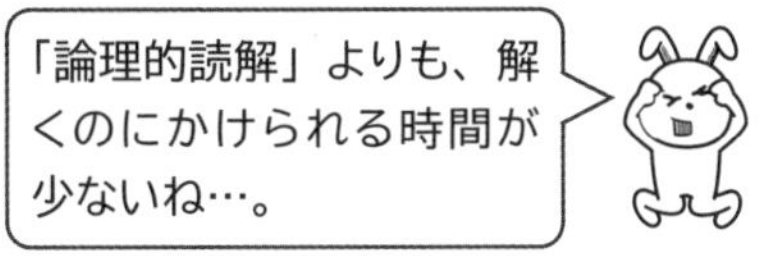

趣旨判断の出題のタイプは 1 種類です。10 分間で 32 問に解答しなければならないので、平均すると 1 問にかけられる時間は 20 秒弱です。長文が 1 つにつき 4 問あるので、長文 1 つ、問 4 つを約 80 秒間で解かなければいけない計算です。

1 つの長文で問題が 4 つ

趣旨判断では、論理的読解と同じように、1 つの文章から 4 つの問題が出題されます。こちらも読んで流れをしっかり理解することが大切です。初めに一度目を通したとき、どういった要素がどのあたりに書いてあるのかくらいはすぐにわかるようにしておきましょう。

先と後で難易度にそれほどの差はない

突然難しい問題が出現するということはあるかもしれませんが、先に進むほど問題が難しくなっていくということはありません。ですので、初めの問題を解くときに、これから問題がもっと難しくなっていくから今のうちに時間を稼いでおかないと、と焦る必要はありません。落ち着いて確実に問題を解いていきましょう。

前の画面には戻れない

一度次の問題に進んでしまうと、前の問題に戻ることはできません（企業によってはまれに戻れるものもあります）。1 つの長文から 4 問出題されるといっても、1 画面には問題が 1 つしか表示されません。他の問題を見ようと思って、初めの問題に答える前に次に進んでしまうと、もう初めの問題には戻れないので注意しましょう。

選択肢は決まっている

選択肢は常に以下の 3 つです。

A：筆者が一番訴えたいこと（趣旨）が述べられている。

B：本文に書かれているが、一番訴えたいことではない。

C：この本文とは関係ないことが書かれている。

つまり、A：趣旨である、B：本文に書かれているが趣旨ではない、C：本文に関係がない、ということです。

問題の解き方の手順（例）

1. まず長文を確認

まず初めに今回の問題の長文の内容を確認します。このときざっと文章全体を読んで、文章の大まかな流れや趣旨を把握できるようにしましょう。そんなにすぐに趣旨を把握するのは難しいと思われるかもしれませんが、練習を積み、慣れていけば問題なくできるようになります。それに、この「趣旨判断」の文章は、「論理的読解」などの文章と比べ、簡単なものが多いです。その代わり、エッセー風で論理的ではない文章も多いので、そこにも慣れが必要な場合があります。

2. 問題文を読む

長文に目を通し、どのようなことが書いてある長文なのかを把握したら、次は問題文を読みましょう。問題文に書いてあることが、長文の趣旨なのかどうかを判断します。ここで判断ができれば、答えて次の問題に進みましょう。

3. 再度長文を読んで検討

問題文を確認して、そこに書かれていることが本文の趣旨かどうか判断がつかなかった場合は、再度長文を読み、問題文に書かれている内容を検討しましょう。まず、選択肢の C は本文にも書かれていないことなので、AB or C で分けてみて、その後 A と B を判断するという順番がおすすめです。

4. 2 問目以降の問題に取り組む

1 つの長文で問題は 4 つ出題されるので、1 問目で長文をしっかり読み、趣旨がわかった状態だと、2 問目以降が解きやすいです。また、基本的には A は 1 つの長文で 1 つしかないことが多いので、一度 A が出てしまえば、その後の問題は B か C なのでより選びやすくなり、時間短縮につながります。

初めに長文を読んだときに趣旨を把握するというのは少し難しいけど、それが一番速く解けるんだ。それを目指して問題演習をして、問題に慣れていってね。

短時間で文章の内容を理解する

この「趣旨判断」では、短い時間内に文章を理解して、文章で重要なこと、いいたいこと（趣旨）を理解できるかということが問われています。これに関しては、地道ですが問題演習に取り組み、コツをつかんで、文章を読むスピードを少しずつ速くしていくことが最もおすすめです。また、文章を一度読んで、その文章では何がいいたいのかを把握できるようにすることも大切です。それができるようになるために頑張って問題演習に取り組んでいきましょう。

趣旨かどうかを見分ける

趣旨かどうかをどのように判断するかを理解しておきましょう。まずは、文章を読んで全体の流れを理解することが大切です。また、文章は基本的にだれかが何かを伝えるために書かれています。何を伝えたいからその文章が書かれたのかを考えましょう。その伝えたかったことが趣旨です。

4つの問題にはAとCが1つ以上含まれる

「趣旨判断」の問題では、「AとCに該当するものが必ず1つ以上含まれています」という注意書きが表示されます。また、Aは1つのことが多いです。そしてBが1つもないことは滅多にないので、4つの問題の答えの組み合わせは「ABBC」と「ABCC」が多いのではないかということを目安として持っておくと解答がしやすくなるでしょう。

わからない問題はとばす

1問にかけられる時間が短いため、解けない問題は見切りをつけてとばすことが重要です。いつまでも解こうとねばっていると、時間がなくなり、問題を最後まで見ることすらできなくなる可能性もあります。玉手箱では最後まで解答することが大切です。間違いなく最後まで解答できるように、時間管理もしっかり行っておきましょう。

落ち着いて取り組むことが大切

言語の問題でも、本番では焦らずに落ち着いて問題に取り組むことが大切です。対策を行ったとしても、本番で力を発揮できないと意味がありません。本番で落ち着いて問題に取り組むことができるようになるためにも、この問題はもう心配ないと思えるほど自信を持てる対策を行うようにするとよいでしょう。

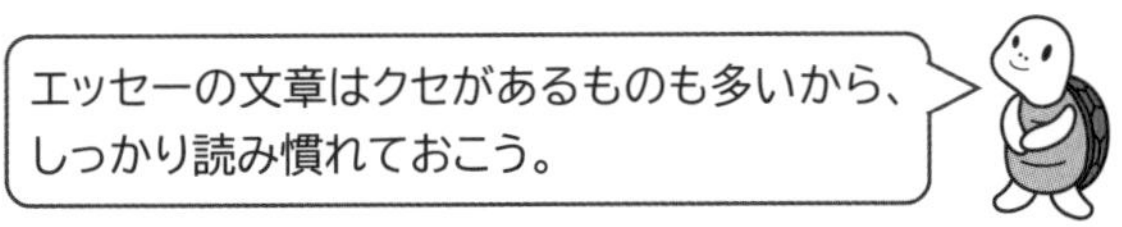

3章 言語　2. 趣旨判断

就職活動に関する文章

- 面接や自己分析など就職活動に関する内容
- 本文の趣旨と設問文の内容が合致するかどうかを判断する

ゼロからわかる問題

次の文章を読み、設問文1つ1つについてA・B・Cのいずれに当てはまるか答えなさい。

　人とコミュニケーションをとるとき、私たちはさまざまなものを駆使して相手にメッセージを伝えている。ジェスチャーや表情、言葉のイントネーションなどの非言語的な要素はコミュニケーションに大きな影響を与え、言葉だけで伝わる情報は全体の1割にも満たないのだという。その中でも特に重要なのは、アイコンタクトだろう。目を見て話すことには相手に安心感を与え、信頼関係を築きやすくする効果がある。さらに、自分の話に説得力を持たせる効果もあり、面接では好印象を与えることが期待できる。

　しかし、目を見て話すことが苦手な人も多い。その原因はさまざまだが、例えば、目を合わせることを恥ずかしく思ったり、人の目を見るのが怖かったりする場合が考えられる。また、無理に目を合わせようとすると、にらみつけているかのように捉えられ、かえって悪い印象を与えることにつながってしまう。

　では、上手く目を見て話せるようになるためには、どうしたらよいだろうか。まずは、体の正面を相手に向けて話すことから始めるのはどうだろう。そのときに顔を上げて話すことを意識し、慣れてきたら相手の目の回りを見るようにして、少しずつ視線を目に近づけていく。訓練を続ければ、目を見て話すことに対する苦手意識も薄れていくだろう。

A：筆者が一番訴えたいこと（趣旨）が述べられている。
B：本文に書かれているが、一番訴えたいことではない。
C：この本文とは関係ないことが書かれている。

（1）コミュニケーションをとるとき、言葉だけで全体の1割以上は情報を伝えられる。
　○A　○B　○C

（2）相手の目を見て話すことは、コミュニケーションにおいて特に重要である。
　○A　○B　○C

（3）無理に目を合わせようとすると、悪い印象を与えることもある。
　○A　○B　○C

（4）目を見て話す訓練では、友人などに協力してもらうのが効果的である。
　○A　○B　○C

解説　設問文の内容が本文に書かれているかを見つける

A・B・Cの選択肢の内容は固定されているので、

本文とは関係ないことが書かれている→C

筆者が一番訴えたいこと（趣旨）が述べられている→A

本文に書かれているが、一番訴えたいことではない→B　　という順に判断しよう。

設問文の内容を分析し､まず「C」と「C以外」に分類する。次に「C以外」について、趣旨に近いものを「A」、それ以外を「B」と判定する。

（1）　**正解**　C

「言葉だけで全体の1割以上は情報を伝えられる」という設問の内容が、本文に書かれているかを探す。本文第1段落2文目に「言葉だけで伝わる情報は全体の1割にも満たない」とあるため、1割未満しか伝わらないと読み取れる。よって、「1割以上は情報を伝えられる」という部分は間違いになるため、本文とは関係のないことが書かれていると判断できる。

1割って本文中にも出てきた数字だ。ということは、これは正しいってことだよね！

数字が正しくても、本文と設問文の内容は本当に合致しているかな？　もう一度本文と比較して考えてみよう。

（2）　**正解**　A

「相手の目を見て話すこと」と「コミュニケーション」について書かれている部分を探す。本文第1段落3文目にコミュニケーションで「特に重要なのは、アイコンタクト」とあり、直後の文では「アイコンタクト」を「目を見て話すこと」と言い換えて、その利点を挙げている。さらに、本文第3段落では、目を見て話すことが重要であることを前提に論が進められている。よって、筆者が一番訴えたいことが述べられているといえる。

（3）　**正解**　B

「悪い印象を与えることもある」と書かれている部分を探す。本文第2段落最終文に「無理に目を合わせようとすると、～かえって悪い印象を与える」場合もあると述べられているが､これは「相手の目を見て話す」ことの重要性を補強するための部分である。よって、本文に書かれているが、一番訴えたいことではない。

（4）　**正解**　C

「友人などに協力してもらうのが効果的」という内容が本文に書かれているかを探す。本文第3段落に「目を見て話す訓練」の方法についての記述はあるが、協力してもらう相手についての記述はない。よって、本文とは関係ないことが書かれている。

自信をつける問題

次の文章を読み、設問文１つ１つについてA･B･Cのいずれに当てはまるか答えなさい。

私の父は､レストランでシェフとして働いている。父の誇らしげな姿を幼い頃から見ていた私は、昔から食品関係の企業に就職したいと考えていた。しかし、それは憧れという要素が強く、自分の強みを生かせるかどうかという観点から考えたことはなかった。そのため、どのような業界に適性があるのかを考える必要があり、自己分析を通して自分に適性がある業界を決めて就職活動を始めようと思った。

自己分析には、大きく分けて主観的自己分析と客観的自己分析がある。まず私は、主観的自己分析を進めるため、自分の強みや好きなことを改めて知ろうと考え、過去の体験を振り返り自分史を作成することにした。そして自分史を作成し終わり分析を進めていると、あることに気がついた。私は小学生から高等学校まで、修学旅行の際には必ず修学旅行実行委員を務めており、皆が旅行を楽しめるような工夫を考えるのが好きだった。大学生になった今でも、サークルの合宿の日程や内容を決める係を任されている。そうして実行した旅行や合宿の中で、皆の笑顔を見たときの達成感や喜びは何物にも代えがたいものがある。そのため、次の旅行や合宿の機会があったらぜひ立候補して実行委員を務めたいと、毎回同じように思うのである。

それらの経験から、私は人を笑顔にする旅行のプランを作ることが好きだとわかった。旅行業界の企業に就職することができたら、熱意ややりがいを持って仕事に取り組むことができるだろう。そう確信したため、そのような方向性を持って就職活動に臨むことにした。

A：筆者が一番訴えたいこと（趣旨）が述べられている。
B：本文に書かれているが、一番訴えたいことではない。
C：この本文とは関係ないことが書かれている。

（1）筆者は昔から食品関係の企業に就職したいと考えていた。
○A　○B　○C

（2）憧れよりも、第三者に聞いた客観的事実をもとに就職活動に臨んでいる。
○A　○B　○C

（3）自己分析を通して、自分の考えた企画で人が楽しんでいるのを見るのが好きだと気づいた。
○A　○B　○C

（4）就職をする際には憧れよりもやりがいを優先するとよい。
○A　○B　○C

解答・解説

(1) **正解** B

設問文にある「昔から食品関係の企業に就職したいと考えていた」が本文中にどう書かれているかを探す。本文第１段落２文目に「昔から食品関係の企業に就職したいと考えていた」ことが書かれている。本文に記述があるため、A か B と判断できるが、本文第２段落以降では記述がないため、一番訴えたいことではないと判断できる。

(2) **正解** C

「第三者に聞いた客観的事実」についての記述を本文中に探す。本文第２段落１文目に「客観的自己分析」という言及はあるが、行ったのは「主観的自己分析」である「自分史を作成」することであった。また、「第三者」である「皆」が旅行を楽しむ姿が自己分析に役立ってはいるが、「第三者に聞いた」といった内容は本文中には見受けられない。よって、本文とは関係ないと判断できる。

(3) **正解** A

「自分の考えた企画」で「人が楽しんでいる」という内容を見つける。本文第２段落で、修学旅行やサークルの合宿の企画をする係を務めたこと、その経験の中で「皆の笑顔を見たときの達成感や喜びは何物にも代えがたい」と感じていたことがわかる。本文第３段落では、その気づきから旅行業界を志すことにしたことが書かれている。よって、筆者が一番訴えたいことが述べられていると考えられる。

(4) **正解** C

このエッセーの論理展開としては、憧れから食品関係の企業への就職を考えていたが（第１段落）、自己分析を通して見出した自分の職業適性ややりがいの有無をもとに（第２段落）、食品関係の企業ではなく旅行関係の企業に就職しようと考えるようになった（第３段落）という流れである。結論として筆者は「憧れよりもやりがいを優先」してはいるが、その決断について「優先するとよい」といった価値判断に関する記述はない。よって、本文とは関係のないことが書かれているといえる。

本文での筆者の行動と、「～するとよい」といった価値判断は、分けて考えるようにしよう。

「するとよい」と思うことと、それを実際に「する」ことは違う…ってことだね。

模擬テスト　32問 / 10分

1　次の文章を読み、設問文１つ１つについてＡ・Ｂ・Ｃのいずれに当てはまるか答えなさい。

就職活動では会社の志望動機だけでなく、働く理由、つまり働くことの意義を尋ねられることもあるだろう。しかし、働くことの意義を考えることに意味はあるのだろうか。「あなたはなぜ働くのですか」と100人に聞けば、おそらく100通りの答えが返ってくるはずだ。例えば、私のある友人はお金のためだと言った。旅行が好きで、世界中を旅するのに必要な資金を稼ぐために働いているのだという。また別の友人は人の役に立つためだと答えた。自分の仕事が人の役に立っているのを見ると、自分が存在する価値を感じられるのだという。このように、身の回りをちょっと探すだけでも人によって異なる意義を見いだしていることがわかる。働くことの意義を一概に定義することはきっと不可能で、考えても無駄なことのように思うかもしれない。

だがこの多様性に、働くことの意義を考える意味があると私は考える。なぜなら、働く理由はその人の生き方に直結しているからだ。先ほどの友人たちの場合、お金のためだと答えた友人は自由な生き方を、人の役に立つためと答えた友人は人から認められる生き方をそれぞれ望んでいることがわかるだろう。

自分が働く理由を突きつめれば、自分の生き方が見つかるはずだ。働くことの意義を考えることは、就職活動のためだけでなく、これから自分の生き方を見つけるためにも意味のあることなのではないだろうか。

Ａ：筆者が一番訴えたいこと（趣旨）が述べられている。
Ｂ：本文に書かれているが、一番訴えたいことではない。
Ｃ：この本文とは関係ないことが書かれている。

（1）働く理由はどんなものであってもよい。
○Ａ　○Ｂ　○Ｃ

（2）働くことの意義は人によってさまざまなので、まずは身の回りから探してみるのがよい。
○Ａ　○Ｂ　○Ｃ

（3）一概に定義できないので、働くことの意義を考えても無駄なように思われる。
○Ａ　○Ｂ　○Ｃ

（4）働くことの意義を考えることで、自分の生き方を見つけることができるだろう。
○Ａ　○Ｂ　○Ｃ

2 次の文章を読み、設問文１つ１つについてＡ・Ｂ・Ｃのいずれに当てはまるか答えなさい。

集団面接では、通常の面接以上に緊張する人が多いのではないか。評価するのは面接官だが、自分以外の学生の視線を否が応でも意識してしまうからだ。視線だけでなく、話す内容にも影響を受けることがあるだろう。他の学生の自己アピールを聞いて、自分よりもよい受け答えをしていれば「こう答えればよかった」と後悔し、受け答えに失敗しているのを見ても「自分も同じミスをしたらどうしよう」と焦ってしまう。

しかし、集団面接における話者は自分だけでなく、他の学生もいるということを意識することで、これらの状況をチャンスに変えることができる。

他の学生の自己アピールを聞いて後悔したり焦ったりしてしまうのは、自分が話している間だけしか評価されていないと考えているためである。そこで、話を聞く姿勢も評価されていることを意識してみよう。他の学生の話をきちんと聞く姿勢をとれば、自己アピールでは伝わりきらなかった積極性が評価されることもあるだろう。また、そのような姿勢をとることで、他の学生の自己アピールから学べるところも見つけられるようになる。そこで学んだことは、次の面接の対策としてきっと役に立つはずだ。

たとえ自分の自己アピールに満足いかなくても、まだ挽回する機会はあること、その面接で失敗しても、その経験を今後に生かせることを念頭に置いて挑めば、集団面接へのハードルを下げることができるだろう。

Ａ：筆者が一番訴えたいこと（趣旨）が述べられている。
Ｂ：本文に書かれているが、一番訴えたいことではない。
Ｃ：この本文とは関係ないことが書かれている。

（1）他の学生の視線もあるため、集団面接では通常の面接よりも緊張してしまう場合がある。

○Ａ　○Ｂ　○Ｃ

（2）他の学生もいる面接は、自分を評価してもらうチャンスにつながる。

○Ａ　○Ｂ　○Ｃ

（3）集団面接では、聞く姿勢も評価されていることを意識するのがよい。

○Ａ　○Ｂ　○Ｃ

（4）面接に失敗したら、まったく新しい対策を考えなければいけない。

○Ａ　○Ｂ　○Ｃ

3　次の文章を読み、設問文１つ１つについてＡ・Ｂ・Ｃのいずれに当てはまるか答えなさい。

学生時代にディベートに取り組んだ人も多いだろう。ディベートというものは物事の是非を問うだけではなく、ロジカルシンキングやクリティカルシンキングなどさまざまな能力を獲得することができるものである。ロジカルシンキングを例に挙げると、ディベートで自分の主張をしたり合意形成を目指したりする際には、一貫した根拠を持って論理展開ができることを目指すため、その力が養われるようになる。

この能力を身につけておくと、ディベート以外の場所でも大きな力を発揮することがある。例えば日常生活において、人と共に生活をしている限り些細なことでも意見の違いというのは出てくるもので、相手を納得させたい、または互いの意見の中間の選択肢をとりたいという状況が生じる。そんなときに根拠を持って結論を話すことができれば、スムーズに物事が進むだろう。

ロジカルシンキングが役立つのは日常の場面だけではない。仕事の場面でも活用することができるのだ。仕事でプレゼンテーションをするときには、自分が考えてきた企画やテーマなどを相手に効果的に伝えなくてはならない。また、その際には相手がどのようなことを求めているのかというのを把握しておく必要があり、一方的な意見の押しつけになることは避けなくてはならない。そんなときに、ロジカルシンキングのような力を身につけておけば、自分が考えた企画を相手の要望と関連づけて論理的に説明することが可能なために、大きな効力を発揮することになるだろう。

A：筆者が一番訴えたいこと（趣旨）が述べられている。
B：本文に書かれているが、一番訴えたいことではない。
C：この本文とは関係ないことが書かれている。

（1）ディベートによって仕事に役立つ能力を身につけることができる。
　○Ａ　○Ｂ　○Ｃ

（2）プレゼンテーションでは自分の意見を通すことが重要とはいえない。
　○Ａ　○Ｂ　○Ｃ

（3）ロジカルシンキングはクリティカルシンキングと同等の価値がある。
　○Ａ　○Ｂ　○Ｃ

（4）ビジネスにおいても、根拠を持って論理的に説明することは効果的な手段である。
　○Ａ　○Ｂ　○Ｃ

4 次の文章を読み、設問文１つ１つについてA・B・Cのいずれに当てはまるか答えなさい。

エントリーシートの提出から始まり、グループディスカッションを経て、やっとの思いで漕ぎ着けた初めての面接だった。緊張していて手汗は止まらず、耳まで真っ赤になっているのが自分でもわかるほどであった。

面接が始まり、面接官に軽い自己紹介を求められた。緊張がすぐに解ける訳もなく、声にも緊張が表れて、かすれた声での自己紹介となってしまった。そこで更に顔を赤くしていると、面接官から「緊張してる？」と聞かれてしまった。とても緊張していることを正直に伝えると、面接官は「リラックスしていきましょうね」と優しく声がけをしてくれた。面接が始まる前まで堂々とした態度で臨もうと意気込んでいたことと現在の緊張している自分とのギャップに自信をなくしそうになったが、緊張していることを言葉にして伝えたことで、自分の心情をうまく受け入れることができたようだった。その後の面接では、自分の考えていることや人間性などを存分に面接官に伝えることができ、無事に一次面接を突破した。そして第二次、第三次と順調に進み、なんと最終面接までたどり着くことができたのだ。

最終面接は今までの面接と緊張度合いが大きく異なっていたが、最初の面接で学んだ、自分が緊張していることを受け入れるという方法で、心を落ち着かせることができた。もちろん多少は緊張していたものの、当初の目的であった堂々とした態度で面接を受けるということは、達成できていたように感じている。

A：筆者が一番訴えたいこと（趣旨）が述べられている。
B：本文に書かれているが、一番訴えたいことではない。
C：この本文とは関係ないことが書かれている。

（1）初めての面接で緊張していることが、面接官に伝わった。
　○A　○B　○C

（2）面接官に緊張していると伝えてしまうと、さらに緊張してしまう。
　○A　○B　○C

（3）最終面接ではそれまで以上に緊張した。
　○A　○B　○C

（4）最初の面接で学んだことを生かして、堂々と最終面接を受けることができた。
　○A　○B　○C

5　次の文章を読み、設問文１つ１つについてA・B・Cのいずれに当てはまるか答えなさい。

友人は人を映す鏡である。こんな言葉を聞いたことはないだろうか。その人の周囲には似たような人が集まるため、友人を見れば人となりがわかるというのだ。

就職活動において、自分の長所や短所を把握しておくことは重要である。企業に能力をアピールするだけでなく、自分に向いている企業を探すのにも役立つからだ。

しかし、短所はいくらでも思い浮かぶのに、長所を挙げようとすると何も思いつかなくなる人も多いのではないか。自分の長所を探すことには、自分を褒めることへの恥ずかしさや、過大評価してしまうことへの不安が伴う。

そんなときは、まず友人の好きなところを書き出してみるといい。書き出すうちに、友人の好きなところと自分の性格との共通点が見つかるだろう。友人との共通点は、自分の長所かもしれない。

さらに、自分の短所だと思っていた部分が、友人を介して見つめ直すことで、長所に変わることもあるだろう。そこで見つけたものをきっかけに、さらに正確な自己分析を行うことができるようになる。

自分のことは自分にしかわからないと、考えが閉鎖的になってしまうときもある。そんなときでも、このように間接的に友人の力を借りることで外部とのつながりを作り、思考に風穴を開けることができるだろう。

A：筆者が一番訴えたいこと（趣旨）が述べられている。
B：本文に書かれているが、一番訴えたいことではない。
C：この本文とは関係ないことが書かれている。

（1）自分の長所や短所を把握することは、企業選びに役立つ。
　○A　○B　○C

（2）長所が見つからないときは、なぜ見つからないのかを考えるべきだ。
　○A　○B　○C

（3）長所を見つけるために、友人の好きなところを探してみるとよい。
　○A　○B　○C

（4）自己分析が行き詰まったら、友人に相談すると解決するかもしれない。
　○A　○B　○C

6　次の文章を読み、設問文１つ１つについてＡ・Ｂ・Ｃのいずれに当てはまるか答えなさい。

初めて面接官を担当したときのことだ。ある日の面接で、荷物を椅子に置こうとした学生がいた。もう１人の面接官である先輩が「荷物は床に置いてください」と注意するが、学生は床に置きたくないと譲らない。結局、荷物は椅子に置いたまま面接が行われた。履歴書の内容は素晴らしく、期待が大きかっただけに、期待外れだという印象を先輩は強く抱いたのだろう。その面接の空気がよくなることは最後までなかった。

すべての面接が終わった後、私はなぜ荷物を床に置かなければならないのか先輩に尋ねた。土足で踏む床に荷物を置きたくないという学生の気持ちもわかるからだ。すると先輩は「それがこの会社でのマナーだからだ」と答えた。

学生は多くの企業を訪問するため、そのたびに違うことを言われてきたのだろう。どこかの企業では、荷物は椅子に置くよう指示されたのかもしれない。しかし、大切なのは柔軟性だ。ある企業で許されていたことが、他の企業では通用しないこともある。荷物を椅子に置いた学生も、初めから先輩の指示に従っていれば、あるいは、入室時に「荷物を椅子に置いてもよいでしょうか」と聞いていれば、あれほど空気が悪くなることもなかっただろう。

私はすでに就職しているため、無責任なアドバイスに聞こえるかもしれないが、たとえこれまでの自分の考えと違っていても、その企業の方針に合わせることで学べることもあるのではないだろうか。

Ａ：筆者が一番訴えたいこと（趣旨）が述べられている。
Ｂ：本文に書かれているが、一番訴えたいことではない。
Ｃ：この本文とは関係ないことが書かれている。

（1）面接では企業の期待を裏切らないよう、指示に従うべきだ。
○Ａ　○Ｂ　○Ｃ

（2）さまざまな企業に対応できるよう、柔軟性が大切である。
○Ａ　○Ｂ　○Ｃ

（3）この学生は、荷物の置き場を部屋に入ったときに聞くとよかった。
○Ａ　○Ｂ　○Ｃ

（4）自分の考えに合わないと思ったら、その企業の方針に従わなくてもよい。
○Ａ　○Ｂ　○Ｃ

7　次の文章を読み、設問文１つ１つについてA・B・Cのいずれに当てはまるか答えなさい。

エントリーシートを書く際にいつも指定文字数を大きく超えてしまい、自分の伝えたいことが十分に伝えられていないのではないかというもどかしい気持ちになる。そこで、同じような経験があるのではないかと考え、今年から社会人１年目として働き始めた２つ上の先輩にこの悩みを相談することにした。

先輩に、エントリーシートで文字数が足りなくなってしまうという経験があるかと尋ねると、同じようなことで就活中に悩んでいたことがあると話してくれた。先輩は、エントリーシートを読む側の気持ちを十分に考えられていないからだと教えてくれた。というのも、伝えたいという気持ちが大きくなりすぎてしまったために、その分情報量が増えて、読み手としては読んでいてよくわからない文になってしまうというのが、よくあるケースなのだという。

そこで、CREC 法に当てはめて書いてみるとよいのではないかというアドバイスをもらった。CREC 法というのは結論から書き始める方法で、何を伝えたいのかを相手にわかりやすくする効果があるという。しかし、このような方法に当てはめて文を書くと、画一的なものとなって周りと差がつかないのではないか。そう先輩に聞いたところ、わかりやすい文を書こうとする心がけを伝えることがまずは重要だと教えてくれたので、この方法で文章を書くことにした。

A：筆者が一番訴えたいこと（趣旨）が述べられている。
B：本文に書かれているが、一番訴えたいことではない。
C：この本文とは関係ないことが書かれている。

（1）エントリーシートの書き方で悩んだときに、すでに社会人として働いている先輩に相談した。

○ A　○ B　○ C

（2）エントリーシートを書く際には、読み手のことを考えることが重要である。

○ A　○ B　○ C

（3）CREC 法は結論から書きだすので、書き手としても比較的簡単に書くことができる。

○ A　○ B　○ C

（4）画一的にならないように、エントリーシートで個性を出した書き方にすることは大切だ。

○ A　○ B　○ C

8 次の文章を読み、設問文１つ１つについてA・B・Cのいずれに当てはまるか答えなさい。

就職活動を始め、面接の機会を初めて手にした。絶対に失敗はしたくないという思いから、面接練習を何度も行い、万全の態勢で挑んでいた。また、面接中は緊張していたものの、どのように見られているのかを常に考えながら話すようにしていたため、特に言葉遣いには細心の注意を払っていた。

就職活動も進み、数十社と多くの面接を受けるようになってくると、面接の雰囲気や緊張にも慣れてきた。その頃には、自分の個性を上手く出していくこともできるようになってきた。しかし、この前受けた面接では、慣れというものがよくない方向に出てきてしまったのだ。

今回の面接では、趣味であるウエイトトレーニングについて聞かれる場面があった。そこで、自分の得意な話ができる状況と面接への慣れが重なってしまい、「そうっすね」「自分的には」など、いわゆる若者言葉を数回使ってしまったのである。そして、このことが面接官の顔を曇らせる結果となってしまった。

油断大敵というのはまさにこのことだ。そんなことはないだろうと思っていた。車の事故のうち、初心運転者期間よりも慣れてきた頃の事故率が多いというのも、今回の面接の失敗から納得せざるを得なかった。 この失敗から、慣れの怖さというものを十分に学ぶことができたため、次の会社の面接には、初心を忘れないように適度な緊張感を持って挑みたいと考えている。

A：筆者が一番訴えたいこと（趣旨）が述べられている。
B：本文に書かれているが、一番訴えたいことではない。
C：この本文とは関係ないことが書かれている。

（1）初めての面接で言葉遣いに細心の注意を払っていた。
○A　○B　○C

（2）面接で聞かれた趣味について話している際に、失敗をしてしまった。
○A　○B　○C

（3）失敗したことから適度に緊張感を持つことの重要性を感じた。
○A　○B　○C

（4）緊張しているほうが、うまく話すことができる。
○A　○B　○C

模擬テスト　解答・解説

1

(1)　正解　C

「働く理由」について、本文第1段落3文目で、働く理由を「100人に聞けば、おそらく100通りの答えが返ってくるはずだ」と書かれているが、「どんなものであってもよい」とは述べられていない。よって、この本文とは関係ないことが書かれていると判断できる。

(2)　正解　C

本文第1段落8文目に「身の回りをちょっと探す」という記述があるが、これは人によって働くことに「異なる意義を見いだしている」ということであり、設問文後半の「まずは身の回りから探してみるのがよい」という記述は本文中にない。よって、この本文とは関係ないことが書かれている。

(3)　正解　B

「働くことの意義を考え」ることについては、本文第1段落最終文に「働くことの意義を一概に定義することはきっと不可能で、考えても無駄なことのように思うかもしれない」と書かれている。しかし、この部分は筆者が自分の考えを述べるための前置きであり、次の段落の初めで、「だがこの多様性に、働くことの意義を考える意味があると私は考える」とある。この部分は趣旨とは読み取れない。よって、本文に書かれているが、一番訴えたいことではない。

(4)　正解　A

本文第1段落2文目で「働くことの意義を考えることに意味はあるのだろうか」と問いを投げかけ、働くことの意義を考える意味を説明している。本文1～2段落を踏まえ、本文が導き出したい結論は「働くことの意義を考えること」が「自分の生き方を見つけるためにも意味のあること」ではないか、という本文最終文にあたる部分である。よって、筆者が一番訴えたいことが述べられている。

2

(1)　正解　B

「他の学生の視線」については、本文第1段落2文目に「自分以外の学生の視線を否が応でも意識してしまう」と書かれている。しかし、この部分は「～からだ」と続き、集団面接の難しさを説明している導入の文であると読み取れる。よって、本文に書かれているが、一番訴えたいことではない。

(2)　正解　B

本文第2段落1文目に「話者は自分だけでなく、他の学生もいるということを意識することで、これらの状況をチャンスに変えることができる」と書かれている。しかし、これは次の段落で具体例を説明するための前置きの文であるため、趣旨ではない。よって、本文に書かれているが、一番訴えたいことではない。

(3)　**正解**　A

本文第3段落2文目に「話を聞く姿勢も評価されていることを意識してみよう」とある。本文の内容は、どうすれば集団面接の緊張を克服できるか提案するものであるため、アドバイスの具体的な内容が趣旨であるといえる。よって、筆者が一番訴えたいことが述べられている。

(4)　**正解**　C

「面接に失敗したら」という内容は、本文の後半部分にあり、本文最終段落で「自分の自己アピールに満足いかなくても、まだ挽回する機会はある」、「その面接で失敗しても、その経験を今後に生かせる」と述べられている。しかし設問文後半の「まったく新しい対策を考えなければいけない」という内容は、本文には書かれていない。よって、この本文とは関係ないことが書かれている。

3

(1)　**正解**　A

本文第1段落2文目で「ロジカルシンキングやクリティカルシンキングなど」はディベートを通して「獲得する」ことのできる「能力」であると書かれており、それが「日常の場面だけではな」く「仕事の場面でも活用することができる」と本文第3段落で述べられている。本文最終文で「ロジカルシンキングのような力を身につけておけば」「大きな効力を発揮することになる」とまとめられており、これらをまとめると、「ディベートによって獲得することのできるロジカルシンキングは仕事でも大きな効力を発揮する」ということになる。これが本文の趣旨であると判断できる。よって、筆者が一番訴えたいことが述べられている。

(2)　**正解**　B

本文最後から2文目で「一方的な意見の押しつけになることは避けなくてはならない」と述べられている。しかし「プレゼンテーション」はディベートの効果について述べたこの文章における具体例の1つでしかない。よって、本文に書かれているが、一番訴えたいことではない。

(3)　**正解**　C

本文第1段落2文目で、ディベートを通して獲得できる能力として「ロジカルシンキングやクリティカルシンキングなど」を並列して例として挙げているが、ここではどちらの方が価値があるかということについては述べられていない。よって、この本文とは関係ないことが書かれている。

(4)　**正解**　B

本文第1段落3文目で、ディベートを通してロジカルシンキングを獲得することで、「根拠を持って論理展開ができる」ようになると述べられている。「ビジネスにおいて」つまり「仕事の場面で」の活用については本文最終段落で述べられており、本文最終文で「大きな効力を発揮する」と述べられている。しかしこれらはロジカルシンキングを身につけることの効果を説明した部分であり、設問文の内容が本文の趣旨とは判断できない。よって、本文に書かれているが、一番訴えたいことではない。

4

(1)　正解 B

「初めての面接」であることは本文第１段落１文目に書かれており、「緊張していることが、面接官に伝わ」るという内容は、本文第２段落３文目にて「面接官から『緊張してる？』と聞かれ」たことからわかる。しかし本文は、最終段落で「自分が緊張していることを受け入れるという方法で、心を落ち着かせること」により「堂々とした態度で面接を受ける」ことができるようになったことまでが描かれている。よって、本文に書かれているが、一番訴えたいことではないと判断できる。

(2)　正解 C

面接にて緊張していた筆者に面接官が優しい言葉をかけてくれたことをきっかけに、本文第２段落５文目で述べられているように「緊張していることを言葉にして伝えたことで、自分の心情をうまく受け入れることができた」ことや、本文第２段落６文目にある「その後の面接では、自分の考えていることや人間性などを存分に面接官に伝えることができ」たことがわかる。ここから、設問文にある「さらに緊張してしまう」という表現は適当でないと読み取れる。「面接官に緊張していると伝えてしまうと」、「さらに緊張してしまう」のではなく、「自分の心情をうまく受け入れることができた」が本文の記述としては正しい。よって、この本文とは関係ないことが書かれている。

(3)　正解 B

本文最終段落１文目において「今までの面接と緊張度合いが大きく異なっていたが」「心を落ち着かせることができた」という表現から、最終面接で「それまで以上に緊張した」ことは読み取れる。しかし最終的には「堂々とした態度で面接を受けるということは、達成できていた」と最終文で述べられているため、筆者が一番訴えたいこととは考えられない。本文に書かれているが、一番訴えたいことではない。

(4)　正解 A

「最初の面接で学んだこと」は、本文最終段落１文目の「自分が緊張していることを受け入れる」ことと読み取れる。この方法を用いて「心を落ち着かせることができた」ため、最終面接でも、「今までの面接と緊張度合いが大きく異なっていたが」、「堂々とした態度で面接を受ける」ことができたと本文最終文で述べている。この部分は文章の結論に当たるため、筆者が一番訴えたいことが述べられているといえる。

5

(1)　**正解**　B

「自分の長所や短所を把握する」ことについては、本文第２段落１文目に「就職活動において、自分の長所や短所を把握しておくことは重要である」と書かれている。しかしこれは自分の長所を探すことのメリットを説明するための導入の文であり、趣旨ではない。よって、本文に書かれているが、一番訴えたいことではない。

(2)　**正解**　C

本文第３段落１文目に「長所を挙げようとすると何も思いつかなくなる人も多いのではないか」と書かれているが、続く本文第３段落最終文では長所が見つからない理由を「自分を褒めることへの恥ずかしさや、過大評価してしまうことへの不安」と挙げており、見つからない理由を考えるべきとは述べられていない。よって、この本文とは関係ないことが書かれている。

(3)　**正解**　A

この文章の目的は、どうすれば自分の長所を見つけられるかを説明することであると読み取れる。本文第４段落１文目に、長所を見つけるのが難しいときは、「まず友人の好きなところを書き出してみるといい」と書かれており、そうすることで自分の長所が見つかる場合もあると述べられている。よって、筆者が一番訴えたいことが述べられていると判断できる。

(4)　**正解**　C

本文第４、５段落では「友人の好きなところを書き出してみる」ことで「さらに正確な自己分析を行うことができるようになる」と説明されているが、本文最終段落最終文で「間接的に友人の力を借りることで」と書かれており、友人に直接相談することは提案していない。よって、この本文とは関係ないことが書かれている。

6

(1)　**正解**　C

本文第１段落５文目に「期待外れだという印象を先輩は強く抱いたのだろう」、また本文第３段落最終文には「初めから先輩の指示に従っていれば」と書かれてはいるが、「企業の期待を裏切らないよう」にするために「指示に従うべき」とは読み取れない。よって、この本文とは関係ないことが書かれている。

(2)　**正解**　A

筆者は、本文第３段落１文目で、学生は多くの企業を訪問して「そのたびに違うことを言われてきたのだろう」と想像している。そして３文目では、「大切なのは柔軟性だ」と書かれている。つまり、多くの企業を訪問してさまざまなことを言われても、そのたびに状況に応じて柔軟に対応することが大切だということを述べている。続く本文第４段落でも、「その企業の方針に合わせることで学べることもあるのではないだろうか」と学生の柔軟性のなさを筆者は批判している。よって、筆者が一番訴えたいことが述べられている。

（3）　正解　B

本文第 3 段落最終文に「入室時に『荷物を椅子に置いてもよいでしょうか』と聞いていれば」よかっただろうと書かれている。しかし、これは学生の対応について筆者が批判している文であるため、趣旨ではない。この文章は、具体的な出来事から筆者の考えの主張へと展開しているので、趣旨である筆者の主張は、本文最終文の「自分の考えと違っていても、その企業の方針に合わせることで学べることもある」であると読み取ることができる。よって、本文に書かれているが、一番訴えたいことではない。

（4）　正解　C

本文最終段落に「これまでの自分の考えと違っていても、その企業の方針に合わせることで学べることもあるのではないだろうか」とあり、設問文とは真逆の考えが述べられている。よって、この本文とは関係ないことが書かれているといえる。

7

（1）　正解　B

筆者はエントリーシートを書く時に「自分の伝えたいことが十分に伝えられていないのではないか」という悩みを持ち、「今年から社会人 1 年目として働き始めた 2 つ上の先輩にこの悩みを相談することにした」ということが、本文第 1 段落から読み取ることができる。しかし文章を読み進めると、先輩に相談することではなく、先輩から受けたアドバイスの内容の方が重要となっている。 よって、本文に書かれているが、一番訴えたいことではない。

（2）　正解　A

本文第 2 段落 2 文目で、うまくエントリーシートが書けないという相談に対して「エントリーシートを読む側の気持ちを十分に考えられていないからだ」とアドバイスを受けている。また、本文第 3 段落で、それを解決するために「CREC 法」で文章を構成するとよいと教えてもらったことがわかる。本文第 3 段落でまとめられているように、文章全体が「読み手のことを考え」た文を書くことが重要だということを軸に書かれていることがわかるため、これが本文の主題である。よって、筆者が一番訴えたいことが述べられている。

（3）　正解　C

本文第 3 段落 2 文目で「CREC 法というのは結論から書き始める方法で、何を伝えたいのかを相手にわかりやすくする効果がある」と述べている。結論から書き始めることで比較的書きやすいと思う人も多いかもしれないが、書きやすさというメリットは本文では述べられていない。よって、この本文とは関係ないことが書かれている。

（4）　正解　B

本文第 3 段落 3 文目で筆者は「このような方法に当てはめて文を書くと、画一的なものとなって周りと差がつかないのではないか」と言っている。しかし、「わかりやすい文を書こうとする心がけを伝えることがまずは重要」だと先輩に諭され、最終的にCREC法を試そうとしている。この文の主題ではないが、筆者はそう感じており、先輩も「まずは」といったことで、個性を出すことも重要であると認識はしていると読み取れる。よって、本文に書かれているが、一番訴えたいことではないと考えられる。

8

(1)　正解　B

本文第１段落１文目に「面接の機会を初めて手にした」、同最終文に「特に言葉遣いには細心の注意を払っていた」とあり、筆者は初めての面接では言葉遣いに注意を払っていたということがわかるが、読み進めるとこれはこの後の失敗談につながる導入や前提となる内容であるとわかる。よって、本文に書かれているが、一番訴えたいことではない。

(2)　正解　B

本文第３段落１文目に「今回の面接では、趣味であるウエイトトレーニングについて聞かれる場面があった」、同最終文に「面接官の顔を曇らせる結果となってしまった」とあり、面接において失敗をしたということがわかる。原因として、本文第３段落２文目に「自分の得意な話ができる状況と面接への慣れが重なってしま」ったことを挙げている。しかし、これは主題ではなく、単に筆者が経験した出来事であり、本文最終段落に述べられている、この出来事から受けた教訓こそが重要なのである。よって、本文に書かれているが、一番訴えたいことではない。

(3)　正解　A

面接への慣れから、最初の頃の面接では細心の注意を払っていた言葉遣いを誤ってしまった筆者であるが、本文最終段落最終文で「慣れの怖さというものを十分に学ぶことができた」と述べている。また、それを踏まえて同文で「適度な緊張感を持って挑みたい」と意気込んでいる様子がわかる。よって、筆者が一番訴えたいことが述べられている。

(4)　正解　C

本文全体を通して適度な緊張感を持って面接に臨むことが重要であると述べられているが、設問文のように「緊張しているほうが、うまく話すことができ」ていたかについては述べられていない。よって、この本文とは関係ないことが書かれている。

「趣旨把握」とは？

「趣旨把握」とは？

「趣旨把握」とは、提示された長文を読んで、4つの選択肢から筆者の趣旨（最も伝えたいこと）を選ぶ問題です。近年は出題されていません。他の言語の問題とは違い、1つの長文につき、問題は1問です。

問題例

下のような問題が出題されます。

次の文章を読み、筆者の訴えに最も近いものを選択肢の中から1つ選びなさい。

私は高岡というまちの生まれでございます。市の人口は現在、20万人いないぐらいだと思いますが、これでも県庁所在地の富山市の次、富山県では2番目に人口の多いところでございます。

これがなかなかよいところでございまして、私は気に入って住んでおります。瑞龍寺という国宝に指定されているお寺や、高岡城の跡地にある高岡古城公園など、風情があり、心落ち着く場所がたくさんございます。

しかし、そういったところに最近の若い人たちは興味がない様子で、古城公園などは、いつ訪れても人をあまり見かけません。私個人としては落ち着いて散歩ができるのでうれしい気持ちもございますが、少し寂しくも感じております。

～（中略）～

私はこのまちが好きです。海も山も綺麗で、水もおいしく、歴史的文化的魅力もございます。私は皆さんに、このまちの魅力を知っていただきたいと考えております。このまちに来たことがない方はもちろん、このまちに住んでいる方ももう一度自分のまちのことをもっと深く知っていただきたいと、そう思っております。好きになっていただきたいという話ではございません。知っていただいてから、好きかそうではないか、自分で考えていただきたいと思っているのでございます。

○ 高岡は素晴らしいところだ
○ 高岡のことを知ってほしい
○ 地方はショッピング施設を中心に回る
○ 若者たちはショッピング施設によく行く

長文の長さは1000字程度です。他の言語の問題より本文の長さが長くなっています。

問題数と制限時間

種類	問題数	制限時間
趣旨把握	10問	12分

「趣旨把握」の出題のタイプは1種類です。12分間で10問に解答しなければならないので、平均すると1問にかけられる時間は1分12秒です。1問1問異なる長文が出題されるので、毎回長い文章を読む必要があり大変です。

先と後で難易度にそれほどの差はない

突然難しい問題が出現するということはあるかもしれませんが、先に進むほど問題が難しくなっていくということはありません。落ち着いて確実に問題を解いていきましょう。

前の画面には戻れない

一度次の問題に進んでしまうと、前の問題に戻ることはできません（企業によってはまれに戻れるものもあります）。問題に答える前に次に進むと、もう初めの問題には戻れないので注意しましょう。

趣旨かどうかを見分ける

趣旨かどうかをどのように判断するかを理解しておきましょう。まずは、文章を読んで全体の流れを理解することが大切です。また、文章は基本的にだれかが何かを伝えたいという気持ちのもとに書かれています。何を伝えたいからその文章が書かれたのかを考えましょう。その伝えたいことが趣旨です。

わからない問題はとばす

1問にかけられる時間が短いため、解けない問題は見切りをつけてとばすことが重要です。いつまでも解こうとねばっていると、時間がなくなり、問題を最後まで見ることすらできなくなる可能性もあります。最後まで解答するように時間管理もしっかり行っておきましょう。

落ち着いて取り組むことが大切

本番では焦らずに落ち着いて問題に取り組むことが大切です。対策を行ったとしても、本番で力を発揮できないと意味がありません。出ないはずだった「趣旨把握」が万が一本番で出題されても大丈夫です。やることは「趣旨判断」と同じです。落ち着いて取り組むようにしましょう。

参考問題

・長文を読んで、その文章の趣旨を選ぶ問題
・選択肢と長文の趣旨が合致するかどうかを判断する

ゼロからわかる問題

次の文章を読み、筆者の訴えに最も近いものを選択肢の中から１つ選びなさい。

私は高岡というまちの生まれでございます。市の人口は現在、20 万人いないぐらいだと思いますが、これでも県庁所在地の富山市の次、富山県では 2 番目に人口の多いところでございます。

これがなかなかよいところでございまして、私は気に入って住んでおります。瑞龍寺という国宝に指定されているお寺や、高岡城の跡地にある高岡古城公園など、風情があり、心落ち着く場所がたくさんございます。

しかし、そういったところに最近の若い人たちは興味がない様子で、古城公園などは、いつ訪れても人をあまり見かけません。私個人としては落ち着いて散歩ができるのでうれしい気持ちもございますが、少し寂しくも感じております。

それでは若い人たちは高岡のどこに行くのかと考えると、やはり、大型のショッピング施設でしょう。映画館やスーパーマーケット、書店なども入っており、私もたまに利用させていただいておりますが、休日にはかなりの人で歩くのがつらくなるほどです。高岡にこれほどの人がいるのかと思ってしまいます。

確かに大型のショッピング施設は、多くのお店があって便利ではございますが、休みになるととりあえずここに来るという若い人も多いと聞きます。それがいいことなのか。私は、もっといろいろなところに行って、いろいろなものを見たほうがよいと思っております。

このショッピング施設も昔は広いひまわり畑でございました。私はそのひまわり畑が大層好きでございました。頻繁に足を運んでいたわけではございませんでしたが、今でもたまに夢に見ることがございます。こうやってこれからも、地方は大型のショッピング施設を中心に回っていくことになるのかもしれません。

私はこのまちが好きです。海も山も綺麗で、水もおいしく、歴史的文化的魅力もございます。私は皆さんに、このまちの魅力を知っていただきたいと考えております。このまちに来たことがない方はもちろん、このまちに住んでいる方ももう一度自分のまちのことをもっと深く知っていただきたいと、そう思っております。好きになっていただきたいという話ではございません。知っていただいてから、好きかそうではないか、自分で考えていただきたいと思っているのでございます。

○ 高岡は素晴らしいところだ
○ 高岡のことを知ってほしい
○ 地方はショッピング施設を中心に回る
○ 若者たちはショッピング施設によく行く

解説　本文の流れを理解する

正解　高岡のことを知ってほしい

まず選択肢にさっと目を通し、本文の話題に見当をつける。今回は「高岡」と「ショッピング施設」が選択肢に 2 回ずつ出ているので、それらの語に着目して本文を読んでいくとよい。

本文の冒頭の数行に目を通して本文に書かれている話題についてつかんだら、具体例などの枝葉にあたる部分はすばやくななめ読みして、筆者の訴えている主題がまとめられている部分を見つけよう。段落の頭にある接続語なども、その文章がどのように展開されているかを把握するための手がかりにすることができる。

文章の趣旨は基本的にその文章の最後の方を見ると理解しやすい。本文では高岡についての基本情報や高岡にある施設、ショッピングモールや若者についてなどさまざまなことが書かれているが、最後の方に「私は皆さんに、このまちの魅力を知っていただきたいと考えております」とある。筆者は高岡についてさまざまなことを思っているが、結局、もっと高岡について知ってほしいということを伝えたいとわかる。また本文の最後に「好きになっていただきたいという話ではございません。知っていただいてから、好きかそうではないか、自分で考えていただきたいと思っているのでございます」とあることから、選択肢の「高岡は素晴らしいところだ」は趣旨ではないと判断できることに注意する。

長さのある文章をすばやく読んで趣旨を把握するには、日頃から新聞などを読んで要点をつかむ練習をしておくとよい。電車での移動中などのすきま時間を使って、インターネット上のニュース記事などにすばやく目を通してみるのもよい練習になるだろう。

文章を上手に読むにはどうすればいいの？

●接続詞に気をつける

文章を読む上で最も重視すべきことは、「接続詞」です。接続詞をないがしろにすると、その文章の流れがわからなくなり、書いてあることがしっかり理解できなくなってしまいます。

例えば、「しかし」や「だが」のような逆接や、「つまり」や「言い換えると」のような換言の後には筆者の主張が来やすくなっています。もちろん、それらの後に必ず主張が来るわけではありません。しかし、接続詞に注目すると、文章の構造や流れが推測しやすくなります。文章を読む練習をするときには、接続詞を丸で囲ったり、印をつけてわかりやすくしたりして、文章の構造をつかめるようにしておくのがよいでしょう。

●要旨を理解する

「玉手箱」の言語・英語分野にも、趣旨についての問題がありますが、趣旨や要旨を把握することは、文章を読む上でとても重要です。文章全体をざっと読んで、そこにどのようなことが書かれていて、何が重要で、筆者は何が言いたいのか。それをなんとなくでも理解しておくことが、文章を深く読み込む際の重要な指針になります。

●語彙を増やす

語彙の不足により、文章を読むことに苦労しているという場合もあります。文章中にわからない言葉があった場合、多少であれば、文脈から意味を推測して問題なく読むことができるでしょう。しかし、あまりに多いと文章を理解することが難しくなります。文章を読むとわからない単語が多いと感じる場合は、その都度辞書で調べるなど、語彙を増やすトレーニングをしてみるとよいでしょう。

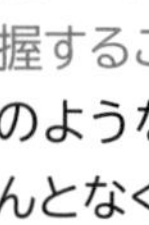

接続詞に注目して文章を読み、全体の流れを把握することがすごく大切になってくるよ。

4章

英語

4章 英語　1. 長文読解

「長文読解」とは？

「長文読解」とは？

「長文読解」とは、提示された英語の長文を読んで、英語で書かれた問題文の答えを選ぶ問題です。長文も問題文も選択肢もすべてが英語で出題されるので、英語が苦手と感じている人は注意が必要です。

問題例

下のような問題が出題されます。

次の文章を読み、続く設問の解答を5つの選択肢の中から1つ選びなさい。

Erika: Hi, Isla. Long time no see. How was your trip?

Isla: Erika, that's nice of you to ask. It was so fantastic! I'll never forget the fireworks festival I watched there. That was amazing!

Erika: Fireworks? I heard you didn't like them because of the booms of launching.

Isla: I used to think so, but the show was beyond my expectation. Because my husband arranged a table with a nice view at the restaurant in the hotel we stayed and we watched the show from there, they weren't so loud. And I'd never watched such beautiful fireworks. Most of them were round, large and multi-colored, and some of them changed the colors of sparks after exploding. Then he taught me the festival was originally the ceremony for repose of souls. I was so moved by all of them.

Erika: You enjoyed it a lot. You've had a very nice vacation and husband.

Isla: Absolutely!

What is the main topic they are talking about?

○ Erika's vacation
○ Isla's husband
○ history of fireworks
○ Isla's trip
○ how to enjoy fireworks

人文系や自然科学系の文章の他にも、広告文や会話文など実用的な文章も多く出題されます。

問題数と制限時間

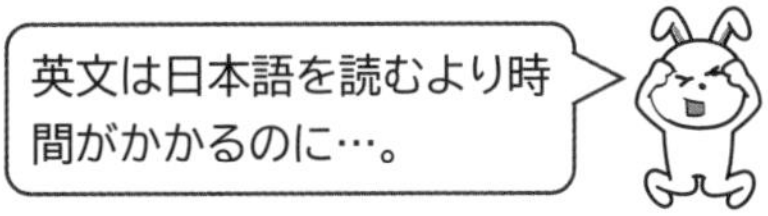

種類	問題数	制限時間
長文読解	24 問	10 分

長文読解は、1 種類のタイプの出題のみです。10 分間で 24 問に解答しなければならないので、平均すると 1 問にかけられる時間は 25 秒です。長文 1 つにつき、問題が 3 問あるので、長文 1 つ、問題 3 つを約 75 秒間で読んで解かなければいけない計算となります。

1 つの長文で問題が 3 つ

長文読解では、1 つの文章で 3 つの問題が出題されます。1 回読んだ知識が 3 回分使えるので、長文をしっかり読んで、流れをしっかり理解することが大切です。初めに一度目を通したとき、どういった要素がどのあたりに書いてあるのかくらいはすぐにわかるようにしておきましょう。

先と後で難易度にそれほどの差はない

突然難しい問題が出現するということはあるかもしれませんが、先に進むほど問題が難しくなっていくということはありません。ですので、初めの問題で、これから問題がもっと難しくなっていくから今のうちに時間を稼いでおかないと、と焦る必要もありません。落ち着いて確実に問題を解いていきましょう。

前の画面には戻れない

一度次の問題に進んでしまうと、前の問題に戻ることはできません（企業によってはまれに戻れるものもあります）。1 つの長文で 3 問出題されるといっても、1 画面には問題が 1 つしか表示されません。他の問題を見ようと思って、初めの問題に答える前に次に進んでしまうと、もう初めの問題には戻れないので注意しましょう。

すべて英語で出題される

長文、問題文、選択肢がすべて英語で出題されます。このような問題形式に慣れていれば問題はありませんが、慣れていないと面食らってしまう可能性があります。そうならないようにしっかり問題演習に取り組み、問題文や選択肢の英文のパターンや意味などを理解できるようにしておきましょう。

問題の解き方の手順（例）

1. まず長文を確認

　まず初めに問題の長文の内容を確認します。このときざっと文章全体を読んで、文章の大まかな流れを把握できるようにしましょう。英文は一度読んだだけではわからないという方もいるかもしれませんが、この長文読解はそこまで難しい英文ではありません。この後の問題をすばやく解いていくためにも、なんとなく文の意味や全体の流れを理解するという読み方ができるように練習を積んでおきましょう。

2. 問題文を読む

　長文に目を通し、どのようなことが書いてある文なのかを把握したら、次は問題文を読みましょう。問題文で何が問われているのかをしっかり理解して、選択肢を考えるときに困らないようにしましょう。

3. 選択肢を読む

　問題文を確認したら、次は選択肢を読みましょう。問題文で聞かれていることの答えとなる選択肢を探します。選択肢を読んでいく中で、問題文がどういう内容だったか確認したくなった場合は、その都度、問題文に戻って確認しましょう。この問題では問題文が一番の軸となります。

4. 再度長文を読んで検討

　問題文と選択肢を確認してすぐに答えが出なかった場合は、再度長文を読み、問題文に書かれている内容を検討しましょう。1 で長文のどのあたりにどのような情報があるかをなんとなく把握できていると思いますので、その知識を使って効率よく本文を読んでいきましょう。

5. 2 問目以降の問題に取り組む

　1 つの長文で問題は 3 つ出題されるので、1 問目で長文をしっかり読み、流れや内容がわかった状態になっていると、2 問目以降の問題が解答しやすいです。

一番大切なことは、問題文を誤りなく理解できるかということだよ。そこがずれてしまうと、正しい選択肢を選ぶことはできなくなるからね。

短時間で文章の内容を理解する

長文読解では、短い時間内に文章を読み、問題文を理解して、選択肢の中から正しい答えを選ぶことができるかが問われています。他の問題のときと同様に、短時間で文章を理解する、特に英文を理解するには、コツよりも問題に多く取り組んで慣れておくのが最もよい対策です。

問題によってはすばやく解けるものもある

問題の中には、よく学校のテストで出題されるようなものとは異なる、「この文章は何について書かれたものか」といった、一度軽く読めばすぐに答えることができるような問題も出題されることがあります。そういった問題はできるだけ速く解答するようにし、取りこぼさないように気をつけましょう。

英単語の詳しい知識は不要

中学校や高校の英語のテストでは、文法や単語などについて詳しく間違いのない知識がないと解けないということも多かったでしょう。しかし、玉手箱で出題される英語の問題は、少しくらいわからない単語や文法があっても、英文を読む力があれば問題を解くことができます。そういった、どのようなことが書かれているかをなんとなくでもよいので理解するという力を育てていき、わからない単語などが出てきても諦めないようにしましょう。

わからない問題はとばす

英語の細かな知識は必要ないといいましたが、それでも解けない問題は出てきます。1問にかけられる時間が短いため、解けない問題は見切りをつけてとばすことが重要です。いつまでも解こうとねばっていると、時間がなくなり、問題を最後まで見ることすらできなくなる可能性もあります。時間管理もしっかり行っておきましょう。

落ち着いて取り組むことが大切

英語の問題でも、本番では焦らずに落ち着いて問題に取り組むことが大切です。対策を行ったとしても、本番で力を発揮できないと意味がありません。特に英文は焦りながら読むと、まったく頭に入っていなかったということもよくあります。本番で落ち着いて問題に取り組むことができるように、この問題はもう心配ないと思えるほど自信を持てるまで、十分に対策を行うようにするとよいでしょう。

長文読解

・会話文、実用文などさまざまな種類の文章がある
・設問文を先に読み、文章のテーマにあたりをつけよう

ゼロからわかる問題

次の文章を読み、続く設問の解答を５つの選択肢の中から１つ選びなさい。

Erika: Hi, Isla. Long time no see. How was your trip?

Isla: Erika, that's nice of you to ask. It was so fantastic! I'll never forget the fireworks festival I watched there. That was amazing!

Erika: Fireworks? I heard you didn't like them because of the booms of launching.

Isla: I used to think so, but the show was beyond my expectation. Because my husband arranged a table with a nice view at the restaurant in the hotel we stayed and we watched the show from there, they weren't so loud. And I'd never watched such beautiful fireworks. Most of them were round, large and multi-colored, and some of them changed the colors of sparks after exploding. Then he taught me the festival was originally the ceremony for repose of souls. I was so moved by all of them.

Erika: You enjoyed it a lot. You've had a very nice vacation and husband.

Isla: Absolutely!

（1） What is the main topic they are talking about?
- ○ Erika's vacation
- ○ Isla's husband
- ○ history of fireworks
- ○ Isla's trip
- ○ how to enjoy fireworks

（2） Why did Isla dislike fireworks? Because she...
- ○ arranged a nice view.
- ○ has never forgotten the festival.
- ○ has never watched them.
- ○ was scared by the sound.
- ○ changed the colors of them.

（3） What is the origin of the fireworks festival Isla's husband told to her?
- ○ The ceremony for the dead
- ○ Their wedding ceremony
- ○ Launching fireworks
- ○ A restaurant with a nice view
- ○ Repose of fireworks maker

解説 すばやく斜め読みして**概要をつかもう**

【本文の訳】

エリカ：こんにちは、アイラ。久しぶり。旅行はどうだった？

アイラ：エリカ、よくぞ聞いてくれたわ。すごく素敵だったの。私はそこで見た花火大会を決して忘れないわ。最高だったのよ。

エリカ：花火？　あなたは打ち上げの爆音が嫌だから、花火は好きじゃないと聞いたけど。

アイラ：そう思っていたんだけど、ショーは想像以上だったの。夫が、泊まったホテルのレストランで眺めのいい席を用意してくれて、私たちはそこからショーを見たから、そんなにうるさくなかったのよ。それから、あんなに美しい花火は見たことがなかったわ。ほとんどは丸くて大きくて色とりどりで、爆発した後に火花が色を変えるものもあったわ。それから彼は、この祭りはもともと鎮魂の儀式だったと教えてくれたのよ。私はそれらすべてに、とても感動したわ。

エリカ：とても楽しんだのね。あなたはとてもよい休暇をとてもよい夫と過ごしたのね。

アイラ：ええ、そうよ。

（1）　**正解** Isla’s trip

「彼らが話している主題は何か」を問うている。選択肢は順に「エリカの休暇」「アイラの夫」「花火の歴史」「アイラの旅行」「花火の楽しみ方」となる。エリカが最初の発言で「旅行はどうだった？」と質問していることから、主題は「アイラの旅行」といえる。

（2）　**正解** was scared by the sound.

設問の訳は「なぜアイラは花火が嫌いだったのか。なぜなら彼女は～からだ」となる。続く選択肢は「よい景色を用意した」「祭りを忘れたことがない」「それらを見たことがない」「音が怖かった」「それらの色を変えた」である。エリカの 2 番目の発言に「打ち上げの爆音」が理由とあり、アイラの 2 番目の発言 2 文目の「そんなにうるさくなかった」からも推測できる。

（3）　**正解** The ceremony for the dead

「アイラの夫が彼女に教えた花火大会の起源は何か」という設問だ。選択肢は「死者への儀式」「彼らの結婚式」「花火の打ち上げ」「眺めのよいレストラン」「花火製造者の休息」となる。アイラの 2 番目の発言の最後から 2 文目に「もともと鎮魂の儀式だった」とある。repose of souls =「魂の安息」という語句がわからなくても、選択肢から推測できる。

文が長くて読み切れないし、単語が難しくて訳せないよ…。

全文を理解しきれなくても、知らない語句は前後の文脈や選択肢から推測できることも多いよ。また消去法で選択できる場合もあるよ。

自信をつける問題

次の文章を読み、続く設問の解答を５つの選択肢の中から１つ選びなさい。

Do you have any troubles when you wake up every morning? If you feel like sleeping more, why don’t you try our new robot: Lightmaster?

Lightmaster is so small that you easily install on curtain rails in your bedrooms. It can automatically open curtains on the time you set as getting up. Sunlight from windows may wake you up healthy. However, you may say the windows in your bedroom don’t face east or you can’t get enough sunlight when it rains. Don’t worry! Lightmaster has illuminance sensors and when brightness is not enough to wake you up, it will automatically turn on the lighting in your bedroom. Moreover, it will say “Good morning” with music you set.

When it gets dark or the time you set comes, Lightmaster will close curtains and turn the lighting on. And when the time you set as going to bed comes, it will say “Good night” and turn the lighting off. If the brightness of lighting can be controlled, Lightmaster may change it darker step by step.

You can get Lightmaster on this website by a special low price! This campaign ends on Wednesday, so we recommend you to buy one right now. Get healthy sleeping and good morning with Lightmaster!

(1) What is “Lightmaster”?

○ An alarm clock
○ Curtains with AI
○ A speaking robot
○ A sleep analyzer
○ A device to control brightness

(2) According to the text, which of the following is false?

○ Lightmaster can open curtains.
○ Lightmaster can play music.
○ Lightmaster can wake you up.
○ Lightmaster can talk with you.
○ Lightmaster can control lightings.

(3) What can you get when you buy Lightmaster before Wednesday?

○ Healthy breakfast
○ A special discount
○ Controllable lightings
○ One more Lightmaster
○ A special website

解答・解説

設問に使われている語句を本文中から見つけて手がかりにしよう。

【本文の訳】

あなたは毎朝起きるのが大変と感じていますか。もしもっと眠りたいなと感じているなら、私たちの新しいロボット「ライトマスター」を試してみませんか。

ライトマスターはとても小さいので、寝室のカーテンレールに自分で簡単に設置できます。それはあなたがセットした起床時刻に自動的にカーテンを開けてくれます。窓からの日光で、あなたは健康的に目覚めることができます。しかし、あなたは寝室の窓が東向きではないとか雨天時は十分な日光が得られないとか言うかもしれませんね。心配いりません！　ライトマスターは照度センサー付きで、あなたを起こせるくらい明るくないときは、自動的に寝室の照明を点けます。さらに、あなたが設定した音楽とともに「おはよう」と言うのです。

暗くなるか設定した時間になると、ライトマスターはカーテンを閉めて照明を点けます。そしてあなたが設定した就寝時刻が来ると、「おやすみ」と言って照明を消します。照明の明るさが調整できる場合は、ライトマスターは段階的に暗くしていきます。

このウェブサイトで特別低価格にてライトマスターを手に入れることができます。このキャンペーンは水曜に終わるので、今すぐ買うことがおすすめです。ライトマスターで、健康的な眠りとよい朝を手に入れましょう。

(1)　**正解**　A device to control brightness

「『ライトマスター』とは何か」という問いで、文章全体から「明るさを調整する装置」が正解といえる。他の選択肢の「目覚まし時計」「AI 付きカーテン」「しゃべるロボット」はいずれもライトマスターの機能の一部でしかなく、「睡眠分析機」は本文に書かれていない。

(2)　**正解**　Lightmaster can talk with you.

設問の訳は「本文によると、どの選択肢が誤りか」となる。選択肢はライトマスターのできることとして「カーテンを開ける」（本文第 2 段落 2 文目）、「音楽をかける」（本文第 2 段落最終文）、「あなたを起こす」（本文第 2 段落 6 文目など）、「あなたと話す」（本文に記述なし）、「照明を調整する」（本文第 3 段落最終文）と並んでいる。記述のない「あなたと話す」が正解といえる。

(3)　**正解**　A special discount

設問は「水曜までにライトマスターを買うと何が得られるか」となる。「水曜」は本文最後から 2 文目に「このキャンペーン」の終了日として書かれており、キャンペーンの内容はその前文で「特別低価格」とされている。これを言い換えた「特別割引」が正解となる。

模擬テスト　24問 / 10分

1　次の文章を読み、続く設問の解答を５つの選択肢の中から１つ選びなさい。

Arthur Conan Doyle was the novelist who created the famous Sherlock Holmes. However, he did not want to make a living by writing novels at first. He went on to medical school, became a ship's doctor, and even became a practicing physician in England. In fact, writing novels was something of a sideline for him.

In 1886, he wrote the story that Sherlock Holmes appeared for the first time and brought it to a publisher. That novel, A Study in Scarlet, became famous, and his next novel also received a high evaluation. Following this, Conan Doyle decided to live his life as a novelist. He wrote a variety of stories, including adventure novels, historical novels, and science fiction.

However, the presence of Holmes was sometimes a burden for Conan Doyle. Even though he preferred historical fiction, Holmes became more popular than he expected and publishers asked him to write a series. He therefore once ended the Holmes story with his death, which saddened many. When Holmes later appeared in novels again, it was so well received that the Holmes series continued once again.

Like this, after many twists and turns Sherlock Holmes series have been created and still loved by many people.

（1） How did Holmes change Conan Doyle's life?

○ Holmes saved Conan Doyle in poor.
○ Conan Doyle enjoyed writing his stories.
○ Conan Doyle sometimes suffered from him.
○ Conan Doyle made him rich.
○ Conan Doyle loved Holmes' story.

（2） Which of Conan Doyle's works became famous first?

○ A historical fiction　○ A detective story　○ A poetry
○ His biography　○ A science fiction

（3） What did Conan Doyle do after Holmes' death? He...

○ wrote his favorite fiction.　○ stopped writing novels.
○ worked as a doctor.　○ wrote novels that made fans happy.
○ became a medical scientist.

2　次の文章を読み、続く設問の解答を５つの選択肢の中から１つ選びなさい。

In Japan, there is an activity called "listening volunteer," which follows the American counseling method. "Listening" is a way that accepts what people say without denying it. Speakers gain a variety of benefits from this, such as feeling joyful and sorting out their feelings. It is often used especially for elderly people who want to talk to someone but do not have anyone to talk to. Sometimes it's used for parents raising children or people with disabilities.

It is not only speakers who benefit from these activities. Those who provide the opportunity to speak to also learn new things and gain the satisfaction of being helpful to others by listening to people.

In addition to the volunteer activities themselves, the courses to learn the conversational skills necessary for listening are also offered. The techniques are expected to be useful not only in volunteer work, but also in the field of nursing care and working various types of facilities.

（1） Which of the following is important for this volunteer skill?

○ To use it for only volunteering　　○ Hard to study

○ To accept speakers　　○ To talk with children

○ To correct mistakes of speakers

（2） Which of the following is true about "listening volunteer"?

○ Volunteers can learn from speakers.

○ Volunteers study skills by themselves.

○ It was born in Japan.

○ Volunteers mainly visit women.

○ Only speakers can receive its benefit.

（3） Which of the following is NOT a benefit of this activity?

○ To enjoy speaking

○ To understand one's own feelings

○ To make speakers happy

○ To receive knowledge and money

○ To help elderly people and parents

3 次の文章を読み、続く設問の解答を５つの選択肢の中から１つ選びなさい。

If you have a disability but would like to play a sport, why not join us and enjoy playing Boccia?

Boccia is a sport designed for people with disabilities and also a Paralympic sport. We compete in how close we can get to a target white ball by throwing or kicking several balls at it. There is also equipment for people who cannot throw the ball to express their intentions, so anyone can participate in the competition. The players are divided into classes according to their disabilities, so there is no need to worry about a disadvantage due to your disability.

The experience of working together with your teammates and really getting involved in sports will surely enrich your life. We practice every Tuesday and Thursday from 5 p.m. to 7 p.m. Our goal is to compete in semiannual tournaments and to participate in the Paralympics. If you are interested in it, please come and visit us.

Phone number : 0123-456-789 (Please contact us in advance for a tour.)

（1） What was this passage written for?

○ To spread Boccia
○ To look for teachers
○ To tell about disabled people
○ To look for teammates
○ To tell about tournaments

（2） Which of the following is true about Boccia?

○ It is necessary to throw balls.
○ Everyone can play it in the same class.
○ Disability is not a disadvantage.
○ People play it unofficially.
○ It is a sport for children.

（3） According to the passage, which of the following is true?

○ You can tour Boccia on weekends.
○ The tournaments are held more than once a year.
○ Boccia is a sport played alone.
○ Disability may be an advantage.
○ We can try playing Boccia when touring.

4 次の文章を読み、続く設問の解答を５つの選択肢の中から１つ選びなさい。

The University of Asagao which reinforces academic communities in overseas is looking for students for this year.

One of the most important features of this university is acquisition of qualification while studying abroad. There are many qualifications that can be acquired, the major examples include teacher's license, Japanese teacher's license, doctor license, and legal profession.

We would like to support Japanese language education and acquirement of a wide range of knowledge. In addition, we would like to develop people who can do great works in Japan and the world.

The date of application period is mid December 2023, examination is late January 2024 and the capacity is from eighty to one hundred. For details, please be sure to refer to the material "2024 Entrance Examination Application Guide for International Students" which will be available from our website in October.

Why don't you make your career by studying in Japan with us? We look forward to meeting all of you at our campus.

（1） What is NOT the purpose of The University of Asagao? It is...

○ to support Japanese language education.
○ to increase Japanese students.
○ to encourage students to acquire a wide range of knowledge.
○ to reinforce academic communities in overseas.
○ to develop people who can do something great in the world.

（2） According to the passage, what we CANNOT know about admissions is...

○ examination is on late January 2024.
○ the capacity is from 80 to 100.
○ guide is written about details of it.
○ this is for Japanese students.
○ application period is mid December 2023.

（3） What qualification is NOT written in the passage to be acquired at The University of Asagao?

○ Teacher's license
○ Japanese teacher's license
○ Doctor license
○ Legal profession
○ Architect license

5 次の文章を読み、続く設問の解答を５つの選択肢の中から１つ選びなさい。

Some of you may have been to Yellowstone National Park. It is the oldest national park in the world and one of the first twelve to have been registered as a World Heritage Site.

It straddles the states of Idaho, Montana, and Wyoming in the United States, and its land area is about four times larger than that of Tokyo. It also belongs to the volcanic zone, and it is said that about 50% of the hot springs on the earth are located here.

Yellowstone National Park includes several basins, but The Grand Prismatic Spring in The Midway Geyser Basin is the largest hot spring in the United States.

The Old Faithful Geyser and The Morning Glory Pool in The Upper Geyser Basin are also famous. The Morning Glory Pool has a mortar shape with a diameter of about six meters and has a vivid gradation.

These various fantastic sceneries make you realize that the earth is a living thing.

（1） Which of the following is true about Yellowstone National Park?

○ Yellowstone National Park is the twelfth oldest park in the world.
○ Yellowstone National Park is located on Idaho.
○ Yellowstone National Park’s area is as large as that of Tokyo.
○ Yellowstone National Park belongs to the volcanic zone.
○ Yellowstone National Park includes twelve basins.

（2） Where is The Grand Prismatic Spring? It is...

○ in the Old Faithful Geyser.
○ in the Morning Glory Pool.
○ in the Upper Geyser Basin.
○ in the Midway Geyser Basin.
○ not written in the passage.

（3） According to the passage, which of the following is NOT true?

○ The Morning Glory Pool has a vivid gradation.
○ The Grand Prismatic Spring is the largest hot spring in the U.S.
○ About 50% of the hot springs on the earth are in the U.S.
○ The Old Faithful Geyser is in The Upper Geyser Basin.
○ There are various fantastic sceneries in the park.

6 次の文章を読み、続く設問の解答を５つの選択肢の中から１つ選びなさい。

Mary: I'm planning to go to London during the next vacation.

John: Oh, that's nice! Have you decided where to visit?

Mary: Yes, I have. I'd like to visit Elizabeth Tower, called Big Ben. It is attached to the Palace of Westminster used as Houses of Parliament.

John: I think it is a good place to visit. I also went to London to study abroad last year. When I first visited Buckingham Palace, I was impressed by the royal family seen by chance.

Mary: Lucky you. Do you have any food to recommend?

John: Yes, I recommend fish and chips, the traditional cuisine. It is delicious to eat with malt vinegar, which my host family taught me.

Mary: That's great! I want to eat it, too. I also want to visit the British Museum and St Paul's Cathedral and get on a London double-decker bus.

John: I want you to feel the charm of London. Anyway, enjoy your trip.

Mary: Thank you!

（1） What is NOT true about Mary to want to do in London? It is to...

○ visit Elizabeth Tower.
○ visit Buckingham Palace.
○ visit the British Museum.
○ go to St Paul's Cathedral.
○ eat fish and chips.

（2） What was John's purpose to go to London? He went there to...

○ go sightseeing.
○ meet his friend.
○ study abroad.
○ meet his host family.
○ meet royal family.

（3） According to the conversation, which of the following is true?

○ John has never been to London.
○ Mary has been to London.
○ Mary likes to eat fish and chips with malt vinegar.
○ Mary wants to visit the Palace of Westminster.
○ Mary wants to ride a London double-decker bus.

7 次の文章を読み、続く設問の解答を５つの選択肢の中から１つ選びなさい。

Rachel: Excuse me, David. Do you have a minute? I want to discuss something important. I'll be on maternity leave from next month.

David: Congratulations, Rachel! OK, but how are you planning to do with the work you're doing now? You know, we're understaffed because of Amy's leave of absence due to illness.

Rachel: Thanks, David. I've talked with Mark about the tasks I handle now yesterday. He agreed to assist my work while I'm on leave. Also, I will try to be as contactable as possible.

David: OK. Your decision is fully supported. I'll keep you posted on the progress of the tasks.

Rachel: I appreciate your understanding, David. I'll ensure a smooth handover before my leave.

David: You have our support, Rachel. Your health and family come first. Take care and congratulations again!

（1） What is the main topic they are talking about?

○ How to work hard
○ David's work
○ Amy's maternity leave
○ Importance of family
○ Rachel's maternity leave

（2） Who is on leave of absence?

○ Rachel
○ Mark
○ Amy's husband
○ David
○ Amy

（3） David decided that maternity leave was not a problem, because...

○ Rachel asked Amy to do the tasks.
○ David trusts Amy.
○ Rachel asked Mark to do the tasks.
○ David trusts Mark.
○ Mark asked Rachel to work for him.

8　次の文章を読み、続く設問の解答を５つの選択肢の中から１つ選びなさい。

Are you getting enough vegetables in your diet?

Think about your meals over the past few days. Instant noodles, snacks bought at convenience stores.... They're tasty, but they often lack the essential vegetables your body needs. Even though you know you should eat them, vegetables can be expensive and cooking them can be bothersome.

With GREEN UP, your problems like those will be solved.

GREEN UP is a home delivery Bento service. It has three main benefits.

- Three servings provide a full day's worth of vegetables.
- It can be prepared with a microwave.
- A new menu is added every month, so you will never get bored!

If you sign up on our website right now, you can try subscription at a half price. This promotion is only for 2 weeks.

If you often find yourself not getting enough vegetables, be sure to subscribe to GREEN UP!

Website : https://GREEN-UP.xxx

(1) What is this text about?

○ Day care service　○ Home delivery Bento service
○ Catering service　○ Pizza delivery service
○ Self-service restaurant

(2) According to the text, which of the following is true for the main benefits?

○ No microwave cooking.
○ Requires only a frying pan.
○ Menus are added every month.
○ Tastes delicious.
○ One meal provides a day's worth of vegetables.

(3) According to the text, what percentages of the price will you get them at if you subscribe now?

○ 70%　○ 50%　○ 30%　○ 10%　○ 5%

模擬テスト　解答・解説

1

【本文の訳】

アーサー・コナン・ドイルは有名なシャーロック・ホームズを生み出した小説家でした。しかし彼は当初、小説の執筆によって生計を立てたいとは思っていませんでした。彼は医学部に進学した後船医になり、イギリスで開業医になりました。実は、当時の彼にとって小説執筆は副業のようなものでした。

1886 年、彼はシャーロック・ホームズが初めて登場する物語を書き、出版社に持ち込みました。その小説、『緋色の研究』は有名になり、次の小説も高い評価を得ました。これを受けて、コナン・ドイルは小説家としての人生を送ることを決めました。彼は冒険小説、歴史小説、空想科学小説を含むさまざまな物語を書きました。

しかし、ホームズの存在はコナン・ドイルにとってときに重荷となりました。彼は歴史小説をより好んでいたにもかかわらず、ホームズが予想以上に人気になり出版社からもシリーズの執筆を頼まれるようになりました。そのため彼は一度ホームズの物語を彼の死によって終わらせましたが、これが多くの人を悲しませました。後にホームズが再び小説に登場すると、これが好評だったので再びホームズシリーズは続くことになりました。

このように紆余曲折あったものの、シャーロック・ホームズのシリーズ作品は生まれ、今でも多くの人に愛されています。

(1)　**正解**　Conan Doyle sometimes suffered from him.

設問文は「ホームズは、コナン・ドイルの人生をどのように変えたか」という意味となる。本文第 3 段落 1 文目に「ホームズの存在はコナン・ドイルにとってときに重荷となりました」とあることから、正解は「コナン・ドイルはときに彼によって苦しんだ」である。他の選択肢の内容は、本文に記述がない。

(2)　**正解**　A detective story

設問文は「コナン・ドイルの作品で最初に有名になったのはどのような作品か」となる。本文第 2 段落に「シャーロック・ホームズが初めて登場する物語を書き～その小説、『緋色の研究』は有名にな」ったことが書かれているので、正解は「探偵小説」となる。

(3)　**正解**　wrote novels that made fans happy.

設問文は「コナン・ドイルはホームズの死後、何をしたか。彼は…」となる。本文第 3 段落最後から 1 ～ 2 文目に「これ（ホームズの死）が多くの人を悲しませました。後にホームズが再び小説に登場すると、これが好評だった」とあるので、「ファンを幸せにする小説を書いた」が正解となる。

2

【本文の訳】

日本には、アメリカのカウンセリングの流れをくむ「傾聴ボランティア」と呼ばれる活動があります。「傾聴」とは相手の言うことを否定せずに受け止める聴き方のことです。話す人はこれを通して嬉しい気持ちになる、気持ちの整理をつけるなどさまざまな利益を得ます。特に、誰かと話をしたいがその相手がいない高齢者のためによく使われます。ときには子育て中の親や障がいのある人のために用いられることもあります。

この活動によってメリットを得ているのは話す人だけではありません。話す機会を提供する人々も、人の話を聞くことによって新しいことを知り、人の役に立っているという満足感を得ることができます。

ボランティア活動そのものだけでなく、傾聴に必要な会話の技法を習得するための講座も開かれています。この技法はボランティアだけでなく、介護や各種施設の現場で働くときにも役立つことが期待できます。

(1)　**正解** To accept speakers

設問文は「このボランティアの技能にとって重要なことはどれか」という意味となる。本文第 1 段落 2 文目に「『傾聴』とは相手の言うことを否定せずに受け止める聴き方のこと」とあることから、正解は「話者を受け入れること」である。他の選択肢の内容は本文に記述がない。

(2)　**正解** Volunteers can learn from speakers.

設問文は「『傾聴ボランティア』について正しいことはどれか」となる。本文第 2 段落 2 文目に「話す機会を提供する人々も、人の話を聞くことによって新しいことを知り、人の役に立っているという満足感を得ることができます」と書いてあることから、正解は「ボランティアは話者から学ぶことができる」となる。

(3)　**正解** To receive knowledge and money

設問文は「この活動のメリットではないものはどれか」となる。傾聴ボランティア活動での金銭のやり取りについては本文で言及されていないので、選択肢の「知識と金を得ること」が当てはまる。他の選択肢は、「話すことを楽しむこと」(本文第 1 段落 3 文目)、「自分自身の気持ちを理解すること」(本文第 1 段落 3 文目)、「話者を幸せにすること」(本文第 1 段落 3 文目)、「高齢者や親を助けること」(本文第 1 段落 4 文目～最終文) となる。

3

【本文の訳】

障がいがあるけれどスポーツをやりたいという方、私たちと一緒にボッチャを楽しみませんか。

ボッチャはパラリンピックの種目にもなっている、障がい者のために考案されたスポーツです。目標となる白いボールに向けて、ボールをいくつか投げたり蹴ったりして、どこまで近づけられるかを競います。ボールを投げられない人が意思表示を行うための用具もあり、誰でも競技に参加できます。障がいの程度によってクラス分けされるので、障がいによって不利になる心配もありません。

仲間と協力したりスポーツに本気で取り組んだりする経験は、きっとあなたの生活を充実させます。私たちは毎週火曜日と木曜日の午後 5 時から午後 7 時に練習をしています。年2回の大会への出場と、パラリンピックへの参加を目標としています。ご興味がある人は、ぜひ見学にお越しください。

電話番号：0123-456-789（見学の際は事前にご連絡ください。）

（1）　**正解**　To look for teammates

設問文は「この文章は何のために書かれたか」という意味となる。本文第 1 段落1文目に「私たちと一緒にボッチャを楽しみませんか」とあるので、「部員勧誘」が正解となる。他の選択肢のうち、「ボッチャを広めること」「大会について知らせること」は本文中に書かれていると読み取れなくもないが、「何のために書かれたか」という文章の目的とは言い難い。「教員探し」「障がい者について知らせること」は本文に言及がない。

（2）　**正解**　Disability is not a disadvantage.

設問文は「ボッチャについて正しいものはどれか」となる。本文第 2 段落最終文に「障がいの程度によってクラス分けされるので、障がいによって不利になる心配もありません」とあるので、「障がいが不利になることはない」が正解となる。他の選択肢は「ボールを投げることが必要」（本文第 2 段落 2 文目「投げたり蹴ったりして」）、「全員が同じクラスで行える」（本文第 2 段落最終文「障がいの程度によってクラス分けされる」）、「非公式に行っている」（本文に記述なし）、「子どものためのスポーツ」（本文に記述なし）となる。

（3）　**正解**　The tournaments are held more than once a year.

設問文は「本文によると、正しいものはどれか」となる。本文第 3 段落最後から 2 文目に「年2回の大会への出場と、パラリンピックへの参加を目標としています」とあるので、正解は「大会は年に 1 回より多く開催されている」となる。

4

【本文の訳】

緊密な海外との学術連携を深めているあさがお大学は、今年の入学生を募集しています。

当学の最も重要な特徴の１つとして、留学中の資格取得があります。取得できる資格はたくさんありますが、代表的な例として、教員免許、日本語教師免許、医師免許、法曹等があります。

私たちは日本語教育や幅広い知識の習得をサポートしたいと思っています。加えて、日本国内や世界で活躍する人物を育成したいのです。

出願期日は 2023 年の 12 月中旬で、試験日は 2024 年の１月下旬、定員は 80～100名です。詳細については、10 月にウェブサイトで公開される「2024年外国人留学生入試出願要項」を必ず確認してください。

日本留学で私たちとキャリア形成を目指しませんか？　みなさんにキャンパスでお会いすることを楽しみにしています。

（1）　**正解**　to increase Japanese students.

「あさがお大学の目的として不適切なものはどれか」を問われている。あさがお大学の目的については、第１段落と第３段落に書かれている。しかし、「日本人学生を増やすこと」については本文での言及はない。

（2）　**正解**　this is for Japanese students.

「本文によると、入試方法について知ることができないのは～」という設問文となる。入試方法については、本文第４段落に書かれている。「出願要項」に「外国人留学生」と入っていることから、「日本人学生のため」ではなく、明らかに間違っているといえる。

（3）　**正解**　Architect license

「あさがお大学で取得することができると本文に書かれていない資格は何か」について問われている。あさがお大学で取得できる資格については、本文第２段落２文目に書かれており、これは取得できる資格のうちの「代表的な例」であると書かれている。その中に「建築士」はなく、他の「教員免許」「法曹」「日本語教師免許」「医師免許」は書かれているため、本文での言及がない「建築士」が正解と判断できる。

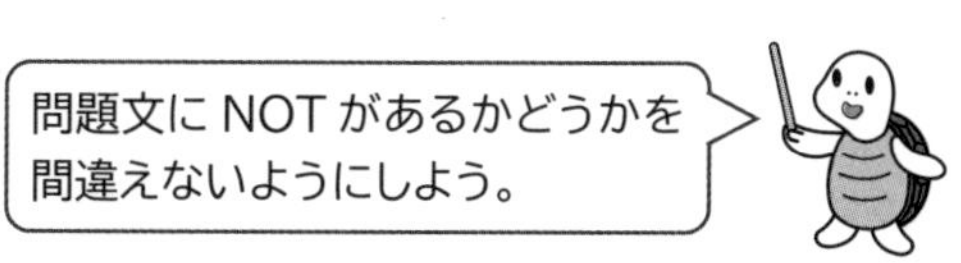

5

【本文の訳】

イエローストーン国立公園に行ったことがある人もいるでしょう。これは、世界最古の国立公園であり、世界遺産として初めて登録された 12 個のうちの 1 つです。

アメリカのアイダホ州とモンタナ州、ワイオミング州にまたがっており、その土地の広さは東京都のおよそ4倍です。また火山地帯に属しており、地球上の温泉の約 50%がここにあるといわれています。

イエローストーン国立公園にはいくつもの地帯が含まれますが、ミッドウェイ間欠泉地帯にあるグランド・プリズマティック・スプリングはアメリカで最大の熱水泉です。

アッパー間欠泉地帯にある、オールド・フェイスフル間欠泉やモーニング・グローリー・プールも有名です。モーニング・グローリー・プールは直径 6 メートルほどのすり鉢状で、鮮やかなグラデーションになっています。

これらのさまざまな幻想的な景色で、地球が生き物であることを実感することができます。

(1) **正解** Yellowstone National Park belongs to the volcanic zone.

設問文は「イエローストーン国立公園について正しいことを述べている選択肢はどれか」となる。本文第 2 段落最終文を参照すると、イエローストーン国立公園は「火山地帯に属しており」と書かれており、明らかに正しいといえる。

(2) **正解** in the Midway Geyser Basin.

「グランド・プリズマティック・スプリングはどこにあるか」を問われている。「グランド・プリズマティック・スプリング」については本文第 3 段落に書かれており、それは「ミッドウェイ間欠泉地帯にある」と述べられている。

(3) **正解** About 50% of the hot springs on the earth are in the U.S.

設問文は「本文によると、正しくないことが述べられている選択肢はどれか」となる。本文第 2 段落最終文を参照すると、「地球上の温泉の約 50%がここにあるといわれています」とある。「ここ」というのは本文第 1 段落から言及している「イエローストーン国立公園」のことであり、「アメリカ合衆国」ではない。よって、明らかに間違っているといえる。

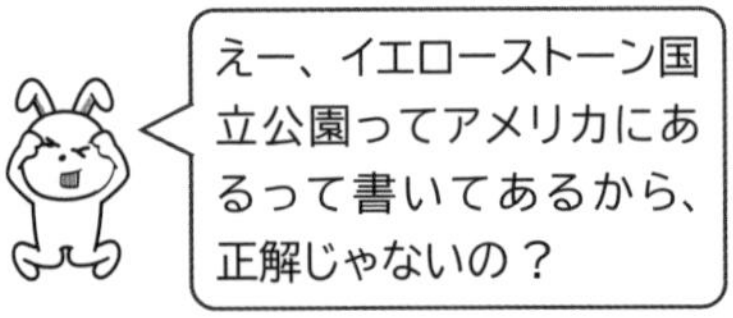

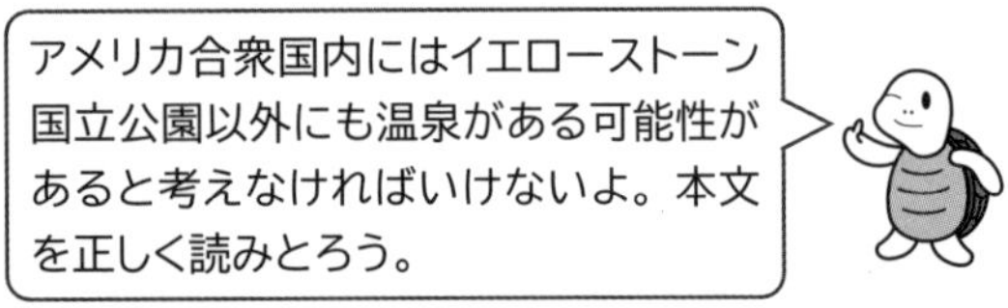

6

【本文の訳】

メアリー：次の休暇にロンドンに行く予定なんです。

ジョン：　それはいいですね！　もうどこを訪れるか決めましたか？

メアリー：はい。私はビッグ・ベンと呼ばれているエリザベス・タワーに行きたいです。それは国会議事堂として使用されているウェストミンスター宮殿に併設しているんです。

ジョン：　それは訪れるのにいい場所だと思います。私も昨年留学でロンドンに行きました。初めてバッキンガム宮殿を訪れたとき、偶然にもお見かけしたロイヤルファミリーに感動しました。

メアリー：それは幸運でしたね。食べ物でおすすめはありますか？

ジョン：　はい、私は伝統料理であるフィッシュ・アンド・チップスをおすすめします。ホストファミリーに教えてもらったんですが、モルトビネガーと合わせて食べるのがおいしいです。

メアリー：それはいいですね！　私もそれを食べたいです。私はロンドンの 2 階建てバスに乗りたいし、大英博物館やセントポール大聖堂にも行きたいです。

ジョン：　あなたにロンドンの魅力を感じてほしいです。いずれにせよ、旅行を楽しんでください。

メアリー：ありがとう！

（1）　**正解** visit Buckingham Palace.

「メアリーがロンドンでしたいことについて正しくないのはどれか」を問われている。ジョンの 2 番目の発言を参照すると、過去にバッキンガム宮殿を訪れたのはジョンであり、続くメアリーの 3 番目の発言では「それは幸運でしたね」と述べたものの、メアリーが行きたいかどうかについて本文での言及はない。

（2）　**正解** study abroad.

「ジョンがロンドンに行った目的は何か」を問われている。ジョンの 2 番目の発言を参照すると、ジョンはロンドンに「留学」したことがわかる。

（3）　**正解** Mary wants to ride a London double-decker bus.

設問文は「会話によると、正しいことが述べられている選択肢はどれか」となる。メアリーの 4 番目の発言を参照すると、メアリーは「ロンドンの 2 階建てバスに乗りたい」と言っている。他の選択肢は「ジョンはロンドンに行ったことがない」（ジョンの 2 番目の発言に反する）、「メアリーはロンドンに行ったことがある」（本文に言及なし）、「メアリーはモルトビネガーとフィッシュ・アンド・チップスを食べるのが好きだ」（ジョンの 3 番目の発言でジョンがメアリーに勧めている）、「メアリーはウェストミンスター宮殿を訪れたい」（メアリーの 2 番目の発言では併設しているビッグ・ベンに行きたい）となる。

7

【本文の訳】

レイチェル：すみません、デイビッド。少しお時間はありますか？　大事な話があるんです。私、来月から産休をとります。

デイビッド：おめでとう、レイチェル！　了解したよ、でも今やっている仕事はどうするつもりだい？　ほら、エイミーが病気で休職中だから人手が足りないんだ。

レイチェル：ありがとうございます、デイビッド。昨日、私が今担当している仕事についてマークと話しました。私が休職している間、彼が協力してくれることになりました。また、私はできる限り連絡がとれるようにするつもりです。

デイビッド：わかった。君の決断を全面的に支持するよ。仕事の進捗状況についてはまた連絡するね。

レイチェル：ご理解いただきありがとうございます、デイビッド。休職前に滞りなく引継ぎができるようにします。

デイビッド：私たちは君を応援するよ、レイチェル。君の健康と家族が第一だ。気をつけて、改めておめでとう！

（1）　**正解** Rachel's maternity leave

「彼らが話している主題は何か」を問うている。選択肢は順に「努力の仕方」「デイビッドの仕事」「エイミーの産休」「家族の大切さ」「レイチェルの産休」となる。レイチェルが最初の発言で「大事な話がある」と言った後に「産休に入る」ことを述べているため、主題は「レイチェルの産休」といえる。

（2）　**正解** Amy

「誰が休職しているか」を問うている。選択肢は順に「レイチェル」「マーク」「エイミーの夫」「デイビッド」「エイミー」である。現在休職しているのはエイミー。レイチェルはこれから産休をとるのである。

（3）　**正解** Rachel asked Mark to do the tasks.

設問の訳は「デイビッドは産休に問題はないと判断した、なぜなら～」である。続く選択肢は「レイチェルはエイミーに仕事を頼んだから」「デイビッドはエイミーを信頼しているから」「レイチェルはマークに仕事を頼んだから」「デイビッドはマークを信頼しているから」「マークはレイチェルに彼の仕事をしてくれるよう頼んだから」となる。デイビッドは最初の発言でレイチェルが担当している仕事について心配していたが、続くレイチェルの発言を受けて「君の決断を全面的に支持するよ」と語っている。

8

【本文の訳】

食生活の中で、野菜は十分に摂れていますか？

ここ数日の食事を思い出してみてください。インスタントラーメン、コンビニの軽食…。おいしいけれど、体に必要な野菜が不足していることが多いです。食べなければならないとわかっていても、野菜は高いし、調理も面倒ですよね。

GREEN UP を使うと、そんなあなたの悩みが解決します。

GREEN UP は宅配弁当サービスです。主に 3 つの利点があります。

- 3 食で 1 日分の野菜が摂れる。
- 電子レンジで調理可能。
- 毎月新しいメニューが追加されるので飽きない！

今ならウェブサイトからお申し込みいただくと、定期購入が半額でお試しいただけます。このキャンペーンは 2 週間限定です。

野菜不足になりがちな方は、ぜひ GREEN UP をお試しください！

ウェブサイト：https://GREEN-UP.xxx

（1）　**正解**　Home delivery Bento service

設問文は「この文章は何について書かれたものか」という意味である。「GREEN UP」というサービスについて述べており、本文第 4 段落の「GREEN UP is a home delivery Bento service.」という文から宅配弁当サービスであることがわかる。

（2）　**正解**　Menus are added every month.

設問文は「本文によると、主な利点として正しいものはどれか」という意味である。

本文第 4 段落の「It has three main benefits.」という文に続く 3 つの利点、「3 食で 1 日分の野菜」「電子レンジで調理可能」「毎月新しいメニューが追加される」をとらえ、内容に合致しているものを選ぶ。

（3）　**正解**　50%

設問文は「本文によると、今申し込むと何%の価格で手に入るか」となる。本文最後から 3 文目に「at a half price」、「半額で」という記述があるため、これをパーセントに換算すると 50%引きの価格となる。

「論理的読解」とは？

「論理的読解」とは？

「論理的読解」とは、提示された英文を読んで、3 つの問題文で問われていることが正しいかなどを判断する問題です。「正しい」と「間違っている」以外にも「この文章からはわからない」という選択肢もあり、いわば言語の「論理的読解」の英語版です。

問題例

Read the text and choose the best answer for each of the questions that follow.

In Brazil, Rio's Carnival is held in February. This is the liveliest festival of the year for Brazilians, and people enjoy several days of costumes, food, and drink. Surprisingly, a month before Carnival, the town is full of excitement as street parties begin to take place.

The Carnival also includes a contest in which many samba teams compete in terms of dance, performance, and theme, which attracts many tourists every year. Team members practice hard for a year for this day. Teams vary in composition, with some consisting of more than 200 people playing percussion instruments and others dressed in traditional regional costumes, so visual and musical experiences are so special. The large floats made by the teams also attract a great attention. The teams that do well in the contest will be allowed to participate in the parade later, which is also looked forward to by many people.

A　The statement is patently TRUE or follows logically, given the information or opinions contained in the passage.
B　The statement is patently UNTRUE or the opposite follows logically, given the information or opinions contained in the passage.
C　You CANNOT SAY whether the statement is true or untrue, or follows logically, without further information.

People enjoy parties only for a week in February.

○ A　　○ B　　○ C

長文は人文系の文章や自然科学系の文章、実用文などさまざまですが、長文読解よりはやや難解な文章が多いです。

問題数と制限時間

種類	問題数	制限時間
論理的読解	24 問	10 分

論理的読解は、1 種類のタイプの出題のみです。問題数と制限時間は長文読解と同じとなっています。24 問を 10 分で解かなければいけないので、平均すると 1 問にかけられる時間は 25 秒です。長文 1 つにつき 3 問あるので、長文 1 つ、問 3 つを約 75 秒間で解かなければいけない計算です。

1 つの長文で問題が 3 つ

論理的読解では、1 つの同じ文章で 3 つの問題が出題されます。1 回読んだ知識が 3 回分使えるので、長文をしっかり読んで、流れを十分に理解することが大切です。初めに一度目を通したとき、どういった要素がどのあたりに書いてあるのかくらいはすぐにわかるようにしておいた方がよいでしょう。

先と後で難易度にそれほどの差はない

突然難しい問題が出現するということはあるかもしれませんが、先に進むほど問題が難しくなっていくということはありません。ですので、落ち着いて確実に問題を解いていきましょう。

前の画面には戻れない

一度次の問題に進んでしまうと、前の問題に戻ることはできません（企業によってはまれに戻れるものもあります)。1 つの長文で 3 問出題されるといっても、1 画面には問題が 1 つしか表示されません。誤って次に進んでしまうと、もう戻れないので注意しましょう。

選択肢は決まっている

選択肢は常に以下の 3 つです。

A. The statement is patently TRUE or follows logically, given the information or opinions contained in the passage.

B. The statement is patently UNTRUE or the opposite follows logically, given the information or opinions contained in the passage.

C. You CANNOT SAY whether the statement is true or untrue, or follows logically, without further information.

つまり、A. 正しい、B. 間違っている、C. 本文からはわからない、ということです。

問題の解き方の手順（例）

1. まず長文を確認

まず初めに今回の問題の長文の内容を確認します。このときは問題が解けるほどしっかり読み込む必要はありません。どんな内容なのか、どのようなことがどのあたりに書いてあるのかなど大まかなことを把握するために、すばやくさっと読んで、全体の流れをつかみましょう。

2. 問題文を読む

長文に軽く目を通し、どのようなことが書いてある長文なのかを把握したら、次は問題文を読みましょう。問題文に書いてあることが論理的に正しいのか間違っているのかを長文から判断する問題なので、問題文を読んで、そこに書いてある内容をしっかり把握します。

3. 問題文に書かれていた内容を長文で確認する

問題文を確認したら、再度長文を読み、問題文に書かれている内容が正しいのかどうかを確認しましょう。1で長文を軽く読んだ際に、どこにどのようなことが書かれているかを把握しておいたので、問題文に書かれていることが長文のどのあたりで述べられていた内容なのかを思い出し、そのあたりを読み込みましょう。

4. 問題文に書かれていた内容を判断する

長文の内容と照らし合わせて、問題文に書かれていた内容が、論理的に正しいのか、論理的に間違っているのか、この長文からは判断ができない内容なのかを判断します。正しいか間違っているかを考えるのは慣れているかもしれませんが、この文章からはわからないということを判断するのにはそんなに慣れていないという人も多いかもしれません。その判断を速くするためにも、1でしっかり全体の流れをつかむことが重要です。

5. 2問目以降の問題に取り組む

流れは1問目と同じです。ただし、1問目で1の長文の確認が終わっているので、2問目以降はこれを行う必要はありません。

1つの長文で3つの問題が出題されるから、1問目で長文の流れを捉えておけば、あとの2問は2～4の繰り返しだよ。

短時間で文章の内容を理解する

この論理的読解では、短い時間内に文章を理解して、その文章に対する問いにどれだけ正確に答え続けることができるかが問われます。これに関しては、地道ですが問題演習に取り組み、コツをつかんで、英語の文章を読むスピードを少しずつ速くしていくのが一番の近道です。頑張って問題演習に取り組んでいきましょう。

文の内容の正誤の判断に慣れる

文章の内容を理解できても、問題文が正しいのかどうかの判断に慣れていないと正しい答えを速く出すことはできません。例えば、問題文に書かれていることが正しい場合でも、長文と問題文で同じような書かれ方がしてあるとは限りません。また、「わからない」の場合は、本当に「わからない」にしてもよいのか、見逃しているだけではないのか、と不安になることもありますが、そこも慣れることで、しっかりと自信を持ってすばやく答えることができるようになります。

長文に書いてあることに従う

問題文が正しいかどうかの判断は、すべて長文に書いてあることに従う必要があります。自分自身の考えから、これは正しいと選んでしまうことは、その問題を間違えることにつながります。自分の経験や常識、価値観は一切判断基準とせずに、長文から読み取れることだけを基準として考える必要があります。

わからない問題はとばす

１問にかけられる時間が短いため、解けない問題は見切りをつけてとばすことが重要です。いつまでも解こうとねばっていると、時間がなくなり、問題を最後まで見ることすらできない可能性もあります。そういうときに限って最後の方に簡単な問題があったりするものです。とばす問題の基準や感覚を確認することも大切な対策となります。

落ち着いて取り組むことが大切

英語の問題でも、本番では焦らずに落ち着いて問題に取り組むことが大切です。対策を行ったとしても、本番で力を発揮できないと意味がありません。本番で落ち着いて問題に取り組むことができるようにするためにも、この問題はもう心配ないと思えるほど自信を持てる対策を行うようにするとよいでしょう。

わからない単語や文法が出てきても英文を読み進めれば意味がなんとなくわかることも多いから、最後まで読んでみよう。

論理的読解

・リード文も選択肢もすべて英文でA、B、Cの３択
・設問文を先に読み、注目するべき点を考えよう

ゼロからわかる問題

Read the text and choose the best answer for each of the questions that follow.

In Brazil, Rio's Carnival is held in February. This is the liveliest festival of the year for Brazilians, and people enjoy several days of costumes, food, and drink. Surprisingly, a month before Carnival, the town is full of excitement as street parties begin to take place.

The Carnival also includes a contest in which many samba teams compete in terms of dance, performance, and theme, which attracts many tourists every year. Team members practice hard for a year for this day. Teams vary in composition, with some consisting of more than 200 people playing percussion instruments and others dressed in traditional regional costumes, so visual and musical experiences are so special. The large floats made by the teams also attract a great attention. The teams that do well in the contest will be allowed to participate in the parade later, which is also looked forward to by many people.

A　The statement is patently TRUE or follows logically, given the information or opinions contained in the passage.
B　The statement is patently UNTRUE or the opposite follows logically, given the information or opinions contained in the passage.
C　You CANNOT SAY whether the statement is true or untrue, or follows logically, without further information.

（1） People enjoy parties only for a week in February.
○A　○B　○C

（2） Winning the contest is the most important for teams.
○A　○B　○C

（3） Many tourists come to see the parade every year.
○A　○B　○C

解説 設問文を先に読み、注目する点をすばやく見つけよう

Aから C までの選択肢は固定で、文意はそれぞれ以下の通りとなっている。

A 本文中の情報や主張から、記述は明らかに正しい、または論理に沿っている。
B 本文中の情報や主張から、記述は明らかに誤っている、または論理に反している。
C 記述が正しいか誤りか、または論理に沿うか沿わないか、情報不足で判断できない。

【本文の訳】

ブラジルでは、2 月にリオのカーニバルが開催されています。これはブラジル人にとっては 1 年でもっとも賑やかな祭りであり、人々は仮装や飲食を数日にわたって楽しみます。驚くべきことに、カーニバルの 1 か月前から路上パーティーが開かれるようになり、町が興奮で満たされます。

カーニバルでは多くのサンバチームが踊り、演奏、テーマなどの観点で競い合うコンテストも開催されますが、これが毎年多くの観光客を惹きつけます。チームメンバーはこの日のために、1 年かけて熱心に練習します。チームの構成もさまざまで、200 人を超える打楽器のチームや地域の伝統衣装を着たチームなどから成り、見た目も音楽も特別です。また、各チームが作る大きな山車も非常に注目を集めます。ここでよい結果を残したチームは後日のパレードに出ることができ、これも多くの人々が楽しみにしています。

(1) **正解** B

設問文は「人々は 2 月に 1 週間だけパーティーを楽しむ」という意味である。「パーティー」については本文第 1 段落 3 文目に書かれているが、「カーニバルの 1 か月前から～開かれる」とあるので、1 か月間楽しまれる。よって、明らかに間違っている。

(2) **正解** C

設問の訳は「コンテストで勝つことがチームにとってもっとも重要である」となる。「コンテスト」については本文第 2 段落冒頭から書かれているが、コンテストに参加するチームの目的や目標については記述がないので、本文からは判断できない。

(3) **正解** A

「多くの観光客が毎年パレードを見に来る」という設問である。「観光客」は本文第 2 段落 1 文目に「毎年多くの観光客を惹きつけます」とあり、「パレード」は本文最終文で「多くの人々が楽しみにしている」とあるので、明らかに正しい。

「間違っている文」と「判断できない文」の区別がつかないよ～。

設問文に使われている語句を本文内で探して、設問文の内容と矛盾しないか考えよう。記述がなければ「判断できない」だね。

自信をつける問題

Read the text and choose the best answer for each of the questions that follow.

High number of polar bears are dying.

Due to the impacts of global warming, the area of sea ice, crucial for polar bears' habitats and hunting, continues to shrink. Consequently, the population of polar bears is also decreasing.

There is a small town called Churchill at western Hudson Bay in Canada. It is called "Polar Bear Capital of the World" because many wild polar bears live near people and tourists come to see them. It is not easy for townspeople to live with wild polar bears, but they managed to make polar bears the main tourist attractions for the town. However, a study conducted in 2021 at western Hudson Bay found that the polar bear population in this region has declined by nearly 50% since the 1980s.

Researchers say that there is a high possibility that polar bears could become extinct by the end of the 21st century if climate change measures are not taken. One of them stated, "Our projections are not optimistic, but if society comes together and takes action, there is still time to save polar bears."

A The statement is patently TRUE or follows logically, given the information or opinions contained in the passage.

B The statement is patently UNTRUE or the opposite follows logically, given the information or opinions contained in the passage.

C You CANNOT SAY whether the statement is true or untrue, or follows logically, without further information.

(1) "Polar Bear Capital of the World" is a nickname of one of the towns in western Hudson Bay.

○ A　○ B　○ C

(2) The survey in 2021 found that the number of polar bears has declined by nearly 50% from 1980 in the world.

○ A　○ B　○ C

(3) According to the text, the decline of the polar bear population may accelerate when we take actions to stop global warming.

○ A　○ B　○ C

解答・解説

【本文の訳】

多数のホッキョクグマが死にかけている。

地球温暖化の影響により、ホッキョクグマの生息地と狩猟に不可欠な海氷の面積が減少し続けている。その結果、ホッキョクグマの個体数も減少しているのだ。

カナダのハドソン湾西部に、チャーチルと呼ばれる小さな町がある。たくさんの野生のホッキョクグマが人間の近くで生きており、観光客が彼らを見に訪れるため、それは「世界のホッキョクグマの首都」と呼ばれている。町民にとって野生のホッキョクグマとともに生きることは容易ではないが、彼らはなんとかホッキョクグマを町にとって重要な観光資源にした。しかし、ハドソン湾西部で 2021 年に実施された調査で、この地域のホッキョクグマの個体数が 1980 年代から 50%近く減少していることが判明した。

研究者たちは、気候変動対策を講じなければ、21 世紀末にはホッキョクグマが絶滅する可能性が高いと言う。彼らの一人は、「われわれの予測は楽観的ではないが、社会が団結して行動を起こせば、ホッキョクグマを救う時間はまだある」と述べた。

(1) **正解** A

「『世界のホッキョクグマの首都』とはハドソン湾西部にある 1 つの町の別名である」という設問文である。「世界のホッキョクグマの首都」に注目すると、本文第 3 段落 1 ～ 2 文目より、「カナダのハドソン湾西部」にある「チャーチルと呼ばれる小さな町」の別名であることがわかる。よって、明らかに正しいといえる。

(2) **正解** C

設問は「2021 年の調査で、ホッキョクグマの数が世界中で 1980 年から 50% 近く減少したとわかった」という意味である。本文第 3 段落最終文によると、「2021 年に実施された調査」は「ハドソン湾西部で」行われたものであるため、「ホッキョクグマの数が世界中で 1980 年から 50% 近く減少した」かはわからないことに注意する。また、本文では「1980 年代」となっていることも判断材料となる。

(3) **正解** B

設問の訳は「本文によると、私たちが地球温暖化を防ぐための取り組みをすると、ホッキョクグマの個体数の減少は加速するかもしれない」となる。本文最終段落で「気候変動対策を講じなければ」「ホッキョクグマが絶滅する可能性が高い」と述べられており、設問文とは逆の意味になっている。よって、明らかに間違っている。

設問文に現れている語句やその言い換えに注目してミスを防ごう。

模擬テスト　24問 / 10分

1 Read the text and choose the best answer for each of the questions that follow.

Many people in Japan eat eels in the midsummer day of the Ox. It is a well-known custom since the Edo period. But these years, this custom is changing because of endangering of eels.

Because wild eels are endangered, some companies tries to produce eels. Eels are mysterious fish so it was not an easy way to raise them. It was already known that they lay eggs deep in the sea near Guam, and baby fish called leptocephalus hatch from eggs in few days. We can catch them but we don't know what they eat in the wild. Producers and researchers studied a lot about them, and finally made a special food made from fish for them. However, it costs a lot, so farm-raised eels must be expensive.

Other companies try to make artificial eels made by plant-based materials. They cost less than farm-raised eels and can be eaten by a lot of people including vegetarians. But they are not so popular because people say the texture of the food is not good enough now. We hope we can eat delicious eels at a reasonable price in summer in the future.

A The statement is patently TRUE or follows logically, given the information or opinions contained in the passage.
B The statement is patently UNTRUE or the opposite follows logically, given the information or opinions contained in the passage.
C You CANNOT SAY whether the statement is true or untrue, or follows logically, without further information.

(1) Wild eels are born in the deep sea near Guam.
○A　○B　○C

(2) Eels eat fish in the wild.
○A　○B　○C

(3) Plant-based eels are popular because of the costs.
○A　○B　○C

2 Read the text and choose the best answer for each of the questions that follow.

Naples is the largest city in southern Italy. It is known as a tourist city with the Vesuvius Volcano and the Bay of Naples, so they say Goethe, the famous German poet, said “See Naples and then die” after visiting it and being moved by its beauty. The night view of Naples is counted as one of the three best night views in the world.

Its origin is the colonization by the Greeks around 470 B.C. and they built “Neapolis”. This area is registered as a World Heritage Site as the “Historic Center of Naples”, and there are remains of the ancient Greek and Roman eras everywhere.

Naples is not only a tourist city, but also popular for its cuisine. “Pizza Margherita”, a popular pizza all over the world, was born in Naples. Pizza with buffalo mozzarella cheese made in this area is excellent. Other recommended dishes include spaghetti made with fish and shellfish from the Bay of Naples, and pasta with ragout sauce, which is made by simmering beef shank and pork skin in tomato sauce. Please visit Naples and try them.

A The statement is patently TRUE or follows logically, given the information or opinions contained in the passage.
B The statement is patently UNTRUE or the opposite follows logically, given the information or opinions contained in the passage.
C You CANNOT SAY whether the statement is true or untrue, or follows logically, without further information.

(1) Mozzarella cheese originated in southern Italy.

○A ○B ○C

(2) Goethe lived in Naples in the old Greek and Roman eras.

○A ○B ○C

(3) It has been more than two thousand and four hundred years since Neapolis was built.

○A ○B ○C

3 Read the text and choose the best answer for each of the questions that follow.

The history of automobile goes back about 250 years. In 1769, a steam-powered car was invented in France. Originally intended for military use, they were not as fast as today's automobiles. Later, batteries and motors were invented, and in 1873, electric cars were put to practical use in England. In fact, electric cars have a longer history than gasoline-powered cars. This automobile also achieved a speed of over 100 km/h for the first time in history.

Ten years later, in 1886, the gasoline engine car was completed in Germany. In 1913, mass production of cars began in the U.S., and the automobile spread throughout the world. The automobile culture was introduced to Japan in 1898 during the Meiji Era. Since then, it has developed in Japan. In 1970, strict standards were set for engine performance due to air pollution caused by exhaust emissions, and the Japanese engine was the first one in the world to pass these standards.

In the 2000s, eco-cars appeared, and research and development of hybrid and electric vehicles became active. Today, electric vehicles are becoming popular again. It is hoped that eco-cars like them will become more popular in order to solve environmental problems.

A The statement is patently TRUE or follows logically, given the information or opinions contained in the passage.
B The statement is patently UNTRUE or the opposite follows logically, given the information or opinions contained in the passage.
C You CANNOT SAY whether the statement is true or untrue, or follows logically, without further information.

(1) Electric cars were put to practical use in 1886.

○ A ○ B ○ C

(2) Electric cars were the fastest automobiles before the invention of gasoline engines.

○ A ○ B ○ C

(3) Electric vehicles made in the U.S. spread all over the world in 21st century.

○ A ○ B ○ C

4 Read the text and choose the best answer for each of the questions that follow.

Have you ever heard the word "fair trade"? A fair trade promotes fairer and more equitable trade for producers who have been disadvantaged in trade. In Japan, we see daily necessities and foodstuffs produced in developing countries sold at low prices, but there may be the hard lives of the producers behind those low prices. Various efforts are being made to solve this problem.

The fair trade allows small farmers to come together to form producer associations, develop their organizations through collaboration among members and negotiations with the market, and develop their local communities with the profits from the fair trade. As a rule, the price of fair trade products must not be cheaper below a certain level, and importers must give incentives to producer associations. Through these efforts, producers can receive fair compensation to make their lives steady and their children attend schools.

Products that pass the fair trade standards have labels on them to prove it. If you see one, buy it and be part of fair trade.

A The statement is patently TRUE or follows logically, given the information or opinions contained in the passage.
B The statement is patently UNTRUE or the opposite follows logically, given the information or opinions contained in the passage.
C You CANNOT SAY whether the statement is true or untrue, or follows logically, without further information.

(1) Fair trade products are guaranteed to be of high quality.
○A ○B ○C

(2) Fair trade products are sometimes priced lower than producers' prediction.
○A ○B ○C

(3) Farmers who engage in a fair trade work together for fairer trade.
○A ○B ○C

5 Read the text and choose the best answer for each of the questions that follow.

Global warming is progressing day by day. It is a phenomenon which the atmosphere is warmed by greenhouse gases emitted mainly by humans, especially carbon dioxide, and the temperature rises.

The increased use of fossil fuels during the Industrial Revolution in the 18th century caused the average global temperature to rise rapidly, and this trend continues today. Rise in average temperature brings about various adverse effects such as rising of sea levels and abnormal weather.

Therefore, various measures are taken. At COP26 (The 26th session of the Conference of the Parties to the United Nations Framework Convention on Climate Change) held in 2021, a proposal was adopted to "try to limit the increase in the average global temperature to 1.5°C." Can the global warming problem be solved in the future?

Experts stress the importance of having interests first. Today, climate change measures have become an important political issue and are becoming a benchmark for evaluating companies. It is possible that global warming can be resolved only after changes in social norms, such as changes in industries and policies.

A The statement is patently TRUE or follows logically, given the information or opinions contained in the passage.
B The statement is patently UNTRUE or the opposite follows logically, given the information or opinions contained in the passage.
C You CANNOT SAY whether the statement is true or untrue, or follows logically, without further information.

(1) Greenhouse gases are the cause of global warming.
○ A ○ B ○ C

(2) Global warming stopped after the 18th century.
○ A ○ B ○ C

(3) If we care about an air temperature on the earth, we can stop global warming.
○ A ○ B ○ C

6 Read the text and choose the best answer for each of the questions that follow.

In England, football refers to soccer as it is called in Japan. Its origins date back to the 9th century.

The origin of football is said to be from the 9th to the 11th century, when England was invaded by the Danes of Northern Europe, and the Danes were killed and played using their heads as a ball.

In the early 14th century, mass football, which they divided several hundred to several thousand men into two teams by village or by parish of the association and scored the ball into the opposite team's goal to win, became popular. However, in the 18th century, mass football declined due to social changes, and football, which was adopted as part of public-school education, evolved rapidly. Here, the rules were clarified by the students, and the competitiveness increased.

Additionally, this sport has spread all over England because the graduates want to enjoy football even after they become working adults. However, different rules existed for each region. After that, a unified rule was formed by a certain association, which later spread as soccer.

This rule spread all over the world, including Europe, and as a result, it became a world-famous sport.

A The statement is patently TRUE or follows logically, given the information or opinions contained in the passage.
B The statement is patently UNTRUE or the opposite follows logically, given the information or opinions contained in the passage.
C You CANNOT SAY whether the statement is true or untrue, or follows logically, without further information.

(1) In the 18th century, mass football became popular.
○ A ○ B ○ C

(2) The rules of football were not unified when the graduates of public schools began enjoying football.
○ A ○ B ○ C

(3) Today, football is popular in Japan.
○ A ○ B ○ C

7 Read the text and choose the best answer for each of the questions that follow.

Buntaro Kato is a mountain climber. He was born in Meiji period in Hyogo prefecture.

He was a remarkably fast man; by the time he was 20 years old, he had hiked 100 kilometers over several mountains in 17 hours.

In the Taisho to the early Showa period, mountaineering was a sport enjoyed by young rich people to hire mountain guides, but Buntaro was different. He spent all his vacations climbing mountains while working as a designer in the design office to build ships. He always climbed mountains alone, mostly in winter. He came to be called "the lonely climber Buntaro Kato" and "immortal Buntaro Kato". Many people did not believe Buntaro's records because there was no way to prove them. Because people at that time believed it was dangerous to climb mountains alone, he also received a lot of criticism.

However, Buntaro continued to climb the mountain. His climb was not for the purpose of recording. In his later biographical novel, "The Lone Man", it is said that his mountaineering was aimed at challenging difficulties.

He died at the age of 30. Why? That's because he climbed winter mountain with his friend and met with an accident.

A The statement is patently TRUE or follows logically, given the information or opinions contained in the passage.
B The statement is patently UNTRUE or the opposite follows logically, given the information or opinions contained in the passage.
C You CANNOT SAY whether the statement is true or untrue, or follows logically, without further information.

(1) Buntaro Kato's job was a shipyard designer.
○A ○B ○C

(2) Buntaro Kato used mountaineering in the design of his work.
○A ○B ○C

(3) Buntaro Kato has never climbed a mountain with others.
○A ○B ○C

8 Read the text and choose the best answer for each of the questions that follow.

Have you ever heard of "Chibanian"? It means "Chiba era" in Latin and this is the first time a place name in Japan was used as a name representing a geological time. In 2020, a stratum called "Chiba Selection" was registered for GSSP (Global Boundary Stratotype Section and Point), and the period from about 774,000 years ago to 129,000 years ago, which had not been named until then, was named "Chibanian."

It was registered because the reversal of the geomagnetism was recorded the most. When we use magnets, the north pole of them faces north, and the south pole faces south. This is because the earth is a big magnet. Geomagnetism reversal is the reversal of the north and south poles, and we know it has been repeated many times. The Byakubi Ash of about 773,000 years ago was used as a mark, the stratum above this that the geomagnetism reversal can be seen was named "Chibanian." To calculate stratum ages, we use not only fossils of creatures but also galactic cosmic rays or geomagnetism reversal like this. How romantic the history of the earth is!

A The statement is patently TRUE or follows logically, given the information or opinions contained in the passage.
B The statement is patently UNTRUE or the opposite follows logically, given the information or opinions contained in the passage.
C You CANNOT SAY whether the statement is true or untrue, or follows logically, without further information.

(1) Chibanian is the name of stratum registered for GSSP in 2020.
○A ○B ○C

(2) Geomagnetism reversal happened and was recorded in Chibanian.
○A ○B ○C

(3) The north pole faced south, and the south pole faced north in Chibanian.
○A ○B ○C

模擬テスト　解答・解説

1

【本文の訳】

日本では多くの人が盛夏の土用の丑の日にうなぎを食べます。これは江戸時代からよく知られた習慣です。しかし近年、うなぎが危機に瀕しているため、この習慣が変わりつつあります。

野生のうなぎが危機に瀕しているため、一部の企業がうなぎの生産を試みています。うなぎは謎の多い魚であり、養殖するのは簡単ではありませんでした。彼らがグアムの近くの海深くに卵を産むことと、レプトセファルスと呼ばれる赤ちゃん魚が数日で卵からかえることは、すでに知られていました。私たちはそれらを捕らえることができますが、野生で彼らが何を食べるか知りません。養殖者と研究者は彼らについて研究を重ね、ついに魚で作った彼らのための特別な餌を作り出しました。しかしそれはとても費用がかかるため、養殖うなぎは高価にならざるを得ません。

別の企業は人工うなぎを植物由来原料から作ろうとしています。それは養殖うなぎよりは安価で、菜食主義者を含むたくさんの人々が食べることができます。しかし現状食感がいまいちだという理由で、あまり人気が出ていません。将来手頃な値段で夏においしいうなぎが食べられることを願っています。

(1)　正解　A

設問文は「野生のうなぎはグアムのそばの深海で生まれる」という意味となる。本文第 2 段落 3 文目の「グアムの近くの海深くに卵を産むこと」と「数日で卵からかえること」から、明らかに正しいといえる。

(2)　正解　C

設問文は「うなぎは野生で魚を食べる」となる。うなぎの「赤ちゃん魚」について「野生で彼らが何を食べるか知りません」ということは本文第 2 段落 4 文目に、また「彼らのための特別な餌」を「魚で作った」ことは本文第 2 段落最後から 2 文目に書かれているが、赤ちゃんではない「うなぎ」については本文での言及はない。よって、本文だけでは判断できないといえる。

(3)　正解　B

設問文は「植物由来のうなぎは価格の面から人気がある」となる。「植物由来のうなぎ」については本文の最終段落に記述がある。「養殖うなぎよりは安価」だが、「あまり人気が出ていません」と書かれている。よって、明らかに間違っている。

2

【本文の訳】

ナポリは南イタリアで最大の都市です。ヴェスヴィオ火山やナポリ湾を有する観光地として知られており、有名なドイツの詩人であるゲーテはそこを訪れてその美しさに感動したのち「ナポリを見てから死ね」と言ったと言われています。ナポリの夜景は世界三大夜景の１つとして数えられています。

その起源は紀元前 470 年頃、ギリシャ人による植民地化で、彼らは「ネアポリス」を建設しました。この地区は「ナポリ歴史地区」として世界遺産に登録されていて、随所に古代ギリシャ・ローマ時代の遺跡が残っています。

ナポリは観光都市であるだけではなく、料理も人気があります。世界中で人気のピザである「ピッツァ・マルゲリータ」はナポリで誕生しました。この地で作られる水牛のモッツァレラチーズを使ったピザは絶品です。他にも、ナポリ湾の魚介を使ったスパゲッティや、牛スネ肉や豚皮などをトマトソースで煮込んだラグーソースのパスタがおすすめです。ぜひナポリを訪れて食べてみてください。

（1）　正解　C

設問文は「モッツァレラチーズは南イタリアが発祥だ」となる。本文第 3 段落に「この地で作られる水牛のモッツァレラチーズ」とあるが、モッツァレラチーズの発祥については本文での言及はない。よって、本文だけでは判断できないといえる。

（2）　正解　B

設問文は「ゲーテは古代ギリシャ・ローマ時代にナポリに住んでいた」となる。本文第1段落2文目に「ゲーテはそこ（＝ナポリ）を訪れて」とあることから、ナポリに「住んでいた」わけではないことが読み取れる。よって、明らかに間違っているといえる。

（3）　正解　A

設問文は「ネアポリスが建設されてから 2400 年以上が経過している」となる。本文第 2 段落 1 文目に「紀元前 470 年頃、～『ネアポリス』を建設しました」とあり、現在は 21 世紀であるため約 2500 年が経過していると計算できる。よって、明らかに正しいといえる。

難しい単語多いなって思ったけど、設問文とあわせると、何となく意味がわかる気がするかも…？

固有名詞や専門用語など、知らない語句があっても、文脈や選択肢から推測できることがあるよ。文章全体を見てみよう。

3

【本文の訳】

自動車の歴史は約 250 年前まで遡ります。1769 年、フランスで蒸気で動く自動車が発明されました。元々は軍事用のものであったため、今の自動車のように速くはありませんでした。その後、電池とモーターが発明され、1873 年には電気自動車がイギリスで実用化されました。実は、ガソリン車より電気自動車の方が歴史が長いのです。この自動車は史上初の時速 100km 超えも達成しています。

10 年後、1886 年にドイツでガソリンエンジンの自動車が完成しました。1913 年にアメリカで車が大量生産されるようになり、自動車は世界に広まりました。自動車文化は明治時代の 1898 年に日本に持ち込まれました。それ以降、日本でもそれは発展しました。1970 年には排気ガスによる大気汚染によってエンジンの性能に厳しい基準が設けられ、日本のエンジンはそれらをクリアした世界初のエンジンとなりました。

2000 年代にはエコカーが登場し、ハイブリッド車や電気自動車の研究と開発が盛んになりました。今日、再び電気自動車が流行しつつあります。環境問題の解決のために、これらのようなエコカーの普及が望まれるところです。

(1)　正解　B

設問文は「電気自動車は 1886 年に実用化された」という意味である。年代を表す数字に着目すると、「1886 年」は本文第 2 段落 1 文目に「ドイツでガソリンエンジンの自動車が完成」した年として現れている。「電気自動車」が「実用化された」年については、本文第 1 段落 4 文目に「1873 年には電気自動車がイギリスで実用化され」たとあるので、明らかに間違っている。

(2)　正解　A

設問文は「電気自動車はガソリンエンジンの発明より前には最も速い自動車だった」となる。「ガソリンエンジンの発明」は本文第 2 段落に登場しており、この文章は年代を追って説明されているため、「ガソリンエンジンの発明より前」は本文第 1 段落が該当する。本文第 1 段落では「蒸気で動く自動車」と「電気自動車」が登場しており、本文第 1 段落最終文では「この自動車（＝電気自動車）は史上初の時速 100km 超えも達成しています」と書かれている。これは蒸気自動車に比べ「最も速い」といえるため、明らかに正しい。

(3)　正解　C

設問文は「21 世紀、アメリカで生産された電気自動車が世界中に普及している」となる。「21 世紀」については、本文最終段落で説明されており、「電気自動車」を含む「エコカーの普及が望まれる」とある。しかし「アメリカで生産された電気自動車」については、本文第 2 段落に「1913 年にアメリカで車が大量生産されるようにな」ったことは記述があるが、それが「電気自動車」であるか、また「21 世紀」も続いているかについては、言及されていない。よって、本文だけでは判断できない。

4

【本文の訳】

「フェアトレード」という言葉を聞いたことはあるでしょうか。フェアトレードは、貿易において不利な立場に置かれている生産者のために、より公平・公正な取引を促進するものです。日本でも、発展途上国で生産された日用品や食料品が低価格で売られているのを見かけますが、その安さの背景には生産者の苦しい生活があるかもしれません。この問題を解消するために、さまざまな取り組みが行われています。

フェアトレードが、小規模の農家に、まとまって生産者組合を作ったり、メンバー内での協働や市場との交渉を通じて組織を発展させたり、フェアトレードの利益によって地域社会を発展させたりすることを可能にします。ルールとして、フェアトレード商品の価格は一定以下に下げてはならず、また輸入業者は生産者組合に奨励金を渡さねばなりません。このような取り組みを通して、生産者は生活を安定させたり子どもを学校に行かせたりするための正当な対価を得ることができます。

フェアトレードの基準を通った製品には、それを証明するラベルが貼ってあります。もし見かけたら、購入して公正な取引に加わってみましょう。

(1)　正解　C

設問文は「フェアトレード製品は、高い品質が保証されている」という意味である。「フェアトレード商品の価格は一定以下に下げてはなら」ないことは本文第 2 段落 2 文目に、「フェアトレードの基準を通った」ことを「証明するラベルが貼って」あることは本文最終段落 1 文目に記述があるが、商品の品質については言及されていない。よって、本文からは判断できない。

「基準を通った証明」があるってことは、高品質保証ってことじゃないの？

労働環境や賃金に対するフェアトレードの仕組みを守ったという証明であって、品物そのものの品質を保証するものではないよ。正しく読み取ろう。

(2)　正解　B

設問文は「フェアトレード製品は時々生産者の予想より低く価格がつけられる」となる。商品の「価格」について言及している部分を探すと、本文第 2 段落 2 文目に「フェアトレード商品の価格は一定以下に下げてはなら」ないとあるので、「予想より低く」なることはないと読み取れる。よって、明らかに間違っている。

(3)　正解　A

設問文は「フェアトレードに取り組む農家はより公平な貿易のために協力しあっている」となる。「農家」の「協力」については、本文第 2 段落に「小規模の農家」が「まとまって生産者組合を作ったり、メンバー内での協働」をしたりしていると述べられている。よって、明らかに正しいといえる。

5

【本文の訳】

地球温暖化は日に日に進行しています。それは主に人間が排出する温室効果ガス、特に二酸化炭素によって大気が暖められ、気温が上昇する現象です。

18 世紀の産業革命で化石燃料の使用が増加したことが、地球の平均気温の急速な上昇を招き、その傾向は現在も続いています。平均気温の上昇は、海面の上昇や異常気象などさまざまな悪影響をもたらしています。

そのため、さまざまな対策が講じられています。2021 年に開催された COP26（国際連合気候変動枠組条約第 26 回締約国会議）では、「地球の平均気温の上昇を 1.5℃に抑えるよう努めよう」という案が採択されました。地球温暖化問題は将来解決されるのでしょうか？

専門家はまず関心を持つことが重要だと強調しています。現在、気候変動対策は重要な政治課題となり、企業を評価する指標にもなりつつあります。地球温暖化は、産業や政策の変化といった社会規範の変化があって初めて解決できる可能性があるのです。

（1）　正解　A

設問文は「温室効果ガスは地球温暖化の原因である」という意味である。「温室効果ガス」について言及しているのは、本文第 1 段落の地球温暖化の説明で、「温室効果ガス、特に二酸化炭素によって大気が暖められ、気温が上昇する現象」とあることから、明らかに正しいといえる。

（2）　正解　B

設問文は「地球温暖化は 18 世紀以降に止まった」となる。「18 世紀」については、本文第 2 段落に「18 世紀の産業革命で化石燃料の使用が増加したことが、地球の平均気温の急速な上昇を招」いたとある。つまり、18 世紀の産業革命を機に地球温暖化はむしろ促進されたと読み取れることから、明らかに間違っているといえる。

（3）　正解　C

設問文は「私たちが地球上の気温に関心を持てば、地球温暖化を止めることができる」となる。本文最終段落によると、専門家は地球温暖化に「まず関心を持つことが重要だ」と述べてはいるものの、関心を持つこと以外に「産業や政策の変化といった社会規範の変化があって初めて解決できる可能性がある」と書かれている。よって、関心を持つことによって「地球温暖化を止めることができる」かどうかは、断言できないといえる。

6

【本文の訳】

イングランドではフットボールとは日本で言うサッカーのことを指します。その起源は9世紀にまで遡ります。

フットボールの起源は9世紀から11世紀、イングランドが北欧のデーン人に侵略されていた時代に、デーン人を殺して頭をボールに見立てて遊んだのが始まりといわれています。

14世紀初頭、数百人から数千人を村や教区ごとに2つのチームに分け、相手チームのゴールにボールを入れた方が勝利というマス・フットボールが人気になりました。しかし、18世紀には社会の変化によりマス・フットボールは衰退し、パブリック・スクール教育の一環として取り入れられたフットボールが急速に進化しました。ここで学生たちによるルールの明確化が図られ、競技性が高まりました。

加えて、社会人になってもフットボールを楽しみたいという卒業生たちの思いから、このスポーツはイングランド中に広まりました。ただし、地域ごとに異なるルールが存在していました。その後、ある協会によって統一ルールが作られ、後にサッカーとして普及したのです。

このルールはヨーロッパを始め世界中に広がり、結果として世界的に有名なスポーツとなりました。

(1)　正解　B

設問文は「18世紀には、マス・フットボールが人気になった」という意味となる。「18世紀」に着目すると、本文第3段落2文目に「18世紀には社会の変化によりマス・フットボールは衰退し」たとある。本文第3段落1文目によると、「マス・フットボールが人気にな」ったのは「14世紀初頭」であり、18世紀には衰退しているため、明らかに間違っているといえる。

(2)　正解　A

設問文は「フットボールのルールは、パブリック・スクールの卒業生がフットボールを楽しみ始めた頃には統一されていなかった」という意味である。「卒業生」については本文第4段落に記述があり、彼らが「フットボールを楽しみ始めた」頃には「地域ごとに異なるルールが存在して」いたことが書かれている。そして続く文で、協会が統一ルールを作った後、そのルールのもとで行われたフットボールが後にサッカーと呼ばれ世界に広まったと述べられている。よって、明らかに正しいといえる。

(3)　正解　C

設問文は「今日、日本ではフットボールが人気だ」という意味となる。本文最終段落に「世界的で有名なスポーツとなりました」という記述はあるものの、特に日本において人気かどうかは、本文での言及はない。よって、本文だけでは判断できないといえる。

7

【本文の訳】

加藤文太郎は登山家です。彼は明治時代に兵庫県で生まれました。

彼は素晴らしく足が速かったのです。20 歳の頃には、いくつもの山を越える 100 キロメートルの道のりを 17 時間で歩きました。

大正から昭和時代の初期、登山は若い金持ちの人々によって山岳ガイドを雇って楽しまれるスポーツでしたが、文太郎は違いました。船を造る設計所で設計士として働きながら、休暇をすべて登山に費やしました。彼はいつも 1 人で、主に冬山を登りました。彼は「単独行の加藤文太郎」「不死身の加藤文太郎」と呼ばれるようになっていました。彼の記録を証明する方法がなかったため、文太郎の打ち立てた記録を信じない者も多く存在しました。当時の人々は 1 人で山を登ることを危険とみなしていたため、彼には批判も多くありました。

しかし、文太郎は山に登り続けました。彼の登山は記録を目的とはしませんでした。後の伝記小説『孤高の人』には、彼の登山は困難への挑戦を目的としたものであったと書かれています。

彼は 30 歳で亡くなりました。なぜか？ 友人と冬山に登って遭難したためです。

（1） 正解 A

設問文は「加藤文太郎の仕事は造船所の設計士だった」という意味となる。本文第 3 段落 2 文目に「船を造る設計所で設計士として働きながら、休暇をすべて登山に費やし」たとあることから、明らかに正しいといえる。

（2） 正解 C

設問文は「加藤文太郎は登山を仕事の設計に用いた」となる。本文第 3 段落 2 文目に、加藤文太郎は「船を造る設計所で設計士として働きながら、休暇をすべて登山に費やし」たとあるが、仕事と登山の関連については本文での言及はない。よって、本文だけでは判断できないといえる。

（3） 正解 B

設問文は「加藤文太郎は一度も人と一緒に山に登ったことがない」という意味となる。本文第 3 段落 3 文目に「彼はいつも 1 人で、主に冬山を登りました」とあるが、本文最終文に、加藤文太郎は「友人と冬山に登って遭難した」という記述があり、「一度も人と一緒に山に登ったことがない」わけではない。よって、明らかに間違っている。

8

【本文の訳】

「チバニアン」について聞いたことがあるでしょうか。これはラテン語で「千葉の時代」という意味で、地質年代を表す名称として初めて日本の地名が使われたものです。2020 年、「千葉セレクション」と呼ばれる地層が GSSP（国際境界模式層断面とポイント）に登録され、それまで名前がなかった約 77 万 4 千年前から 12 万 9 千年前までの時代が「チバニアン」と命名されました。

それは、地磁気の逆転が最も記録されているため、登録されました。私たちが磁石を使うとき、その N 極は北に、S 極は南に向きます。これは地球が大きな磁石であるためです。地磁気の逆転とは、この N 極と S 極が逆転することをいい、これまで何度も繰り返されてきたことがわかっています。約 77 万 3 千年前の白尾火山灰層を目印として、これより上の地磁気が逆転した時の地層が見られる年代が「チバニアン」と命名されました。地層年代の算出には、生物の化石だけでなく、銀河宇宙線やこのような地磁気の逆転も用いられます。なんと地球の歴史はロマンチックなのでしょうか。

（1） 正解 B

設問文は「チバニアンは 2020 年に GSSP に登録された地層の名称である」となる。「チバニアン」についての説明は本文第 1 段落にある。本文第 1 段落 2 文目に「地質年代を表す名称として初めて日本の地名が使われたもの」とあり、また本文第 1 段落 3 文目では「『千葉セレクション』と呼ばれる地層が GSSP に登録され」たとある。つまり、チバニアンは地層の名称ではなく、「地質年代を表す名称」であると読み取れる。よって、明らかに間違っているといえる。

（2） 正解 A

設問文は「地磁気の逆転がチバニアン期に起こって記録された」となる。地磁気の逆転については本文第 2 段落に書かれている。本文第 2 段落 1 文目には、「地磁気の逆転が最も記録されているため、登録されました」とある。さらに本文第 2 段落 5 文目では「約 77 万 3 千年前の白尾火山灰層を目印として、これより上の地磁気が逆転した時の地層が見られる年代が『チバニアン』と命名されました」とあるため、「地磁気が逆転したとき」はチバニアン期に含まれると読み取れる。よって、明らかに正しいといえる。

（3） 正解 C

設問文は「チバニアン期には N 極は南を向いていて、S 極が北を向いていた」となる。地磁気の逆転については「これまで何度も繰り返されてきた」と本文第 2 段落に述べられているが、「チバニアン期に」N 極と S 極がどちらを向いていたかについては、本文での言及はない。よって、本文だけでは判断できない。

英文を上手に読むにはどうすればいいの？

●接続語に気をつける

日本語の文章でもそうですが、英文においても「接続語」に注目することが重要です。接続語を理解することで、文章の流れを理解でき、文章を読み取りやすくなります。but、though、however といった逆接や、so、therefore、in other words といったまとめの表現の後に結論が来ることが多くなっています。また、because、that’s why といった表現で理由が表せます。これらに注目して読むとよいでしょう。

●英語の文法を復習する

大学生活で英語にあまり触れてこなかったという人もいることでしょう。その場合、英文法の復習をすることが重要となってきます。「受験勉強の時に頑張ったし大丈夫」とか「単語だけでなんとなく意味がわかるから」という人もいると思いますが、それだけでは不十分です。進行形や完了形から出来事の時系列を読み取る、語順から関係代名詞か間接疑問か判断するなど、文法が必要になる場面も多くあります。悔いのないように、しっかり復習をしておきましょう。

●英単語を復習する

知らない語句でも、文脈から意味を推測して読むことができる場合もあります。ですが、わからない語句があまりに多いと、文章を理解することは難しくなります。数年間まったく英語に触れていないと、思ったよりも忘れているものです。英文中に意味がわからない語句が多かったという人は、英単語の復習から始めるのがよいでしょう。日本語で、知らない熟語でもそれぞれの漢字の意味から読みや意味を推測できるように、英単語も接頭辞や接尾辞、語幹から意味を推測できるものが多くあります。効率よく覚え直しましょう。

英語は日常生活でいつも触れているわけではないから、特に注意して対策をしよう。

5章

性格・意欲

5章 性格・意欲

「性格テスト」とは？

「性格テスト」とは？

「性格テスト」とは、応募者の性格や資質などを見るテストで、応募者が企業の求める人物像とどの程度マッチしているかを判断するために行われます。

玉手箱における性格テストには本格版と簡易版があり、それぞれ「性格（パーソナリティ）」と「意欲（モチベーションリソース）」の2種類に分かれています。回答の制限時間はありませんが、本格版では「標準回答時間」が示されます。

	性格 （どんなパーソナリティなのか）	意欲 （どんなときにモチベーションが上がるか）
本格版	68問 標準回答時間約20分	36問 標準回答時間約15分
簡易版	30問	36問 または48問（24問×2セット）

基本的に、計数や言語などの能力テストと組み合わせて行われるのは本格版で、簡易版は性格テストのみを実施する場合に使われます。「意欲」を用いず「性格」のみを実施する企業も多いようです。

性格テストは、企業の求める人物像との合致から、採用に用いられる他、採用後にどんな部署や職務に配属するかを検討するのにも用いられることがあります。自分がどんなパーソナリティを持っているか、どんなときにモチベーションが上がるのかなど、自分自身について企業に知ってもらうためのテストといえるでしょう。

企業に合わせて性格を変えたりできないし、性格悪くて落とされるなんてないんじゃない。対策とかいらないでしょう？

職務内容に適性がない性格だと判断されたら、不合格になることもあるよ。企業に自分を正しく伝えるためにも、内容について知っておこう。

性格テストへの対策

企業が性格テストを実施する目的は、

・応募者に職務内容に対する適性がどの程度あるか

・応募者が自社の風土や求める人物像にどの程度合致しているか

などを見ることです。つまり、

・職務内容に対する適性が高い

・企業の求める人物像に近い

と判断される回答を示すことができれば、合格の可能性が高まります。

そのためには、次の手順で対策を打っていきましょう。

1. まずは自己分析をする

309 ページからの質問例に答えてみましょう。自分の気持ちに素直になって、あまり考えすぎずに取り組んでみましょう。

その結果から、自分の強みや弱み、企業の求める人物像との差などを知ることができます。

2. 志望する企業や職種について、どんな適性が求められているかを知る

企業の求める人物像は、募集要項や会社案内、企業のウェブサイトなどから読み取れます。希望する職種があれば、その職種について内容や働き方などを調べましょう。求められているのはどのような適性をもつ人材なのかを知りましょう。

3. 求められている適性を示すには、どの質問にどのように答えればよいかを考える

どのような適性が必要かわかったら、その適性があることを示すには、どの質問にどのように答えたらよいかを考えましょう。

「性格」「意欲」ともに、それぞれの質問で何を測るかという「尺度」があります。それぞれの尺度と、その尺度がどんな性格や特性を示しているかという定義、その尺度を測る具体的な質問の例を、309 ページから掲載しています。志望する企業や職種について、どの尺度が重視されているか判断してマークし、実際のテストに役立ててください。

また、さまざまな職種について、一般的な職務内容から推測される適性を尺度にあてはめたものも、309 ページからの表に示してあります。企業からの情報が少なく、求められている人物像がわからない場合などに、参考になるでしょう。

さらに、希望する職種が定まらないときなどには、自分がどの尺度に対して適性があるかを知ることで、どのような職種に対する適性があるかを考えることもできます。自己分析にもぜひ役立ててください。

自分を偽らないことも大切

企業の求める人物像を考えるあまり、性格テストで自分の本来の性格とは異なる回答ばかりをすることは、おすすめできません。性格テストは好成績だったとしても、その後の面接や実際に働くことになった際に、自分の本来の性格との違いが判明して、苦しむことになるからです。

求められている人物像に近づく努力をすることも大切ではありますが、自分の個性や信条などを偽ってまで、理想の人物を演じる必要はないのではないでしょうか。性格テストは、あくまでテストの一部です。企業では、能力テストや面接など、他の結果とも合わせて最終的な判断をします。性格テストでは満点を取ろうとするのではなく、「自分を知ってもらう」ことを考えましょう。

企業や職種に求められている人物像と自分の性格や特性があまりにもかけ離れている場合には、他の企業や職種のほうが向いているのかもしれません。309 ページからの表を参考に、志望先を考え直してみるのもよいでしょう。

なんか全然適性ないよー。
就職とか無理ー！

志望していた企業や職種と合致しなかったとしても、自分の性格が生かせる場所は必ずあるよ。自分には何が向いているのか、もう一度考えてみよう。

まずは答えてみよう

309 ページからは、性格・意欲の各尺度について、代表的な質問例を載せています。まずは深く考えず、自分の日頃の生活を振り返って、YES か NO で答えてみましょう。今は「どちらともいえない」という判断があってもかまいません。

尺度や定義について学ぶと、「この質問はこの尺度を測るから、こう答えるべきだ」という考えが無意識に働き、現在の本当の自分の気持ちとは異なる理想を答えてしまうことがあります。学ぶ前の今だからこそ答えられる、正直な気持ちを書き残しておきましょう。進路に迷ったとき、初心に立ち返ったり志望先を考え直したりする際に、「自分は本来こういう性格で、こういう志向がある」などと振り返ることができ、役に立つでしょう。

尺度と定義と質問例を知ろう

質問例に答えた後で、それぞれの質問によって判断される尺度と、その尺度の定義を学んでいきましょう。その尺度が求められる職種の例も掲載していますが、あくまでも一例です。企業によって求められる適性は異なりますので、志望する企業について情報収集し、どんな尺度が求められているかを判断していきましょう。

5章 性格・意欲

性格テスト　尺度と質問例

性格の質問例・尺度・定義

「性格」の質問例と、その質問が意味する尺度と定義、その尺度が必要とされる職種の例を、以下に掲載します。自分がどの尺度に長所があるのか、どんな職種に向いている可能性があるのかなどを考えてみましょう。313ページ以降で詳しく解説します。

質問例	尺度	定義	職種例
○交渉事が好きだ ○物を売るのが楽しい ○人を納得させるのが楽しい	説得力	人を説得することが好きな性格	経営コンサルタント／新規営業
○人を指導する立場になることが多い ○グループのまとめ役になることが多い ○人に指示をして仕事をまとめるのが得意	指導力	人を指導することが好きな性格	人事
○周りが反対しても自分の考えを押し通す方だ ○何事にも自分の意見がある方だ ○自分のやり方や意見にこだわる	独自性	自分独自で考え行動することが好きな性格	研究開発／商品企画
○冗談を言うのが大好きだ ○初めての人でも気軽に話す方だ ○面白い話で、人を楽しませる方だ	外向的	人を楽しませることが好きな性格	接客
○友だちが多い方だ ○大勢の友だちと過ごすことが多い ○友だちと一緒にいる時間が楽しい	友好的	大勢の人といることが好きな性格	ツアーオペレーター
○人前で自信を持って振る舞える ○大勢の前でのスピーチは楽しい ○人前での説明は苦にならない	社会性	大勢の前で話すことが好きな性格	経営コンサルタント／新規営業／人事
○あまり自慢話をしない方だ ○控えめな方だ ○自分の成功をひけらかさない	謙虚	人に対して謙虚に振る舞う性格	ソーシャルワーカー
○物事は人と相談しながら進める ○人の意見を聞いて方針を決める ○みんなで相談しながら進めた方が物事はうまくいくと思う	周囲への相談	人の意見を聞きながら物事を進めるのが好きな性格	総務

○人の相談に乗ることが多い方だ ○アドバイスをするのは得意な方だ ○人の相談には親身になる方だ	面倒見のよさ	人の面倒を見ることが好きな性格	人事
○パソコンを扱うのが好きだ ○機械を直したり組み立てるのが楽しい ○手先を使う作業が楽しい	作業志向	物を作ったり、直したりすることが好きな性格	プログラマー
○統計などのデータを扱うのが好きだ ○表やグラフを作るのが楽しい ○数字に強い方だ	数値志向	データや数値に沿って考えるのが好きな性格	金融ディーラー／経営コンサルタント／経理／研究開発
○尊敬する芸術家が何人かいる ○常に絵や音楽を楽しむ ○美的なものに関心がある方だ	アート志向	美的なものを好む性格	宣伝広告／ウエディングプランナー
○人の性格を分析するのが楽しい ○人の行動や発言の裏にある動機を考える方だ	人間志向	人の行動の動機や背景を考えるのが好きな性格	接客
○古い価値観を大切にする方だ ○確立されているやり方があれば、それに従う方だ ○保守的な価値観を持っている方だ	保守的	すでにある価値観を大事にする性格	会計／事務／窓口業務
○変化を好む ○新しいもの好きだ ○初めてのことに挑戦するのが苦にならない方だ	変化への対応	変化を受け入れることを好む性格	研究開発
○論理的である ○複雑な問題や抽象的な問題を解くのが楽しい ○知的好奇心が強い方だ	論理的	論理的に考えることが好きな性格	経営コンサルタント／研究開発／システムエンジニア／商品企画
○人とは違うアイデアを出す方だ ○面白い案が浮かぶ方だ ○創意工夫に富む	創造性	新しい工夫をすることが好きな性格	商品企画／宣伝広告
○前もって準備する ○事前の準備をするのが楽しい ○どんなトラブルが起こるかを先に予測する	計画性	物事を計画的に行うことを好む性格	経理／人事

○物事を正確に行うのが好きだ ○正確さや緻密さが要求されることが得意 ○細かいところも注意を払う	緻密さ	物事を正確に行うことを好む性格	経理／プログラマー
○締め切りを守る方だ ○時間に正確な方だ ○約束事は守る方だ	時間厳守	時間に正確なことを好む性格	プログラマー
○物事がうまくいかなくても落ち込まない ○すぐにリラックスできる ○気持ちの切り替えができる方だ	リラックス	常にリラックスしている性格	セールスエンジニア
○物事がうまくいくかどうか常に心配になる ○大事な会やイベントの前になると緊張する方だ	心配性	物事がうまく進まないと心配になる性格	セキュリティアナリスト
○悪口を言われても毅然と対応する方だ ○人にどう思われるか気にしない ○精神的にタフな方だ	精神的タフさ	人が自分をどう評価しても気にならない性格	金融ディーラー／新規営業
○怒っても顔に出さないことが多い ○感情を表に出さないことを好む ○感情をおさえることができる方だ	精神安定性	自分の感情を表に出さない性格	接客
○物事を楽観的に捉えることが多い ○悲観的になることがほとんどない方だ	楽観志向	物事を楽観的に考える性格	金融ディーラー
○議論になったとき、相手の話の矛盾にすぐ気がつく ○物事の欠点や弱点にすぐ気がつく方だ	批判性	物事の欠点や矛盾に気がつく性格	商品企画
○体を動かすのが好きだ ○休みの日は家でじっとしているより、外に出かけるのが好きだ ○スポーツや体を鍛えることが楽しい	行動力	体を動かすことを好む性格	システムエンジニア／新規営業
○人と競争ごとをするのが楽しい ○負けず嫌いなたちである ○勝負するからには必ず勝ちたい	競争心	人と競争を楽しむ性格	システムエンジニア／新規営業
○上昇志向が強い方だ ○目標は高く設定する方だ ○高い目標に向かって努力するのが好きだ	仕事志向	出世や昇進を好む性格	営業／経営企画
○物事を決めるのが早い方だ ○状況判断はすばやくできる方だ ○決断を先延ばしにしない方だ	決断力	すばやく決断することを好む性格	金融ディーラー

意欲の質問例・尺度・定義

意欲には、肯定的にきく「プラスの質問」と逆説的にきく「マイナスの質問」があります。詳しくは 316 ページ以降で解説しますので、まずは答えてみましょう。

「プラスの質問」例	「マイナスの質問」例	尺度	定義
○仕事の速さが求められる	○落ち着いて仕事をする	活力	複数の仕事をこなす環境を好む
○大きな目標を持つ ○仕事を最後までやる ○目標以上に達成する	○目標があいまいな仕事をする	達成	高い目標を与えられる
○競争が激しい ○競争をあおる	○自分のペースで進める	競争	社員間の競争がある
○失敗が許されない	○失敗しても責任が問われない	失敗	失敗の責任を厳しく問われる
○自分の指示に皆が従う	○権限を持たない	権限	権限を与えられる
○仕事量が多い	○プライベートの時間をしっかりとる	没頭	長時間の仕事に没頭する
○利益を出すことが重要だ	○利益を意識しない	利潤	利潤を生みだす
○高額な報酬を得る ○金銭的に豊かである ○年収が常に増えていく ○成績は収入に反映される	○成績は収入に直接影響しない	報酬	報酬が多い
○若くても昇進のチャンスがある	○昇進は年功序列である	昇進	実力によって昇進する
○地位の重要性がある	○上下関係があまり大きくない	階層	階層によって待遇差が大きい
○協力してする仕事が多い ○調和を重んじる	○１人でする仕事が多い	帰属	集団で仕事をする
○成果をきちんと評価する	○評価を公表しない	認知	上司や周囲が評価をする
○自分を律して働く ○規範・規律を守る ○社会の秩序を守る	○規律よりも現実性を重視する	倫理	社会倫理観を重視する
○安定した職につく ○通勤しやすい職場だ	○冒険的な仕事をする	安定・快適	職場環境が安定かつ快適である
○新しい知識を吸収できる	○学ぶ機会が少ない	成長	能力開発につながる
○面白い仕事をする	○定型的な仕事をする	興味	変化のある仕事をする
○新しい手法に挑戦する	○教えられた手法を守る	柔軟性	仕事の手順を柔軟に変化できる
○自分で方向性を決める ○自主性を発揮する	○すべて上司の指示に従う ○自分の裁量権はない	自主性	自分の裁量の幅が大きい

5章 性格・意欲

「性格」とは？

「どんなパーソナリティか」を示す

「性格」は、自分が「どんなパーソナリティを持っているのか」について答えるテストです。1章の「Webテストの見分け方」で扱った受検案内の画面などでは「パーソナリティ」と表記されていることも多くあります。309ページからの表に示したような、30の尺度に基づく質問群にすべて回答していきます。

制限時間はないが「標準回答時間」は約20分

問題数は「本格版」が68問、「簡易版」が30問です。どちらも制限時間があるわけではありませんが、「本格版」では「標準回答時間」として「約20分」と設定されています。計数や言語などの能力検査とは異なり、示されている20分を過ぎたからといって強制終了したり回答が自動送信されたりはしません。とはいえ、就職活動中の貴重な時間を1つのテストにあまり長く費やすのももったいないので、あまり長い時間をかけずに回答できるよう準備をしておくことをおすすめします。

重視される尺度を把握しておく

事前にしておくべき対策としては、自己分析をして自分にどんな性格特性があるのかを把握しておくことや、志望する企業や職種についてどんなパーソナリティを持っている人材が求められているかを調べておくことが挙げられます。

309ページからの表に示されている尺度のうち、志望している企業や職種で重視されている尺度として当てはまるものにはマーカーで色を付けるなどしておきましょう。質問例はあくまでも例ですので、一字一句まったく同じ文が出るとは限りませんが、問われる内容や尺度は変わりません。重視される尺度を表すキーワードを外さないよう、まとめておくとよいでしょう。

自分に素直に回答することも大切ですが、志望先の重視する尺度に合うパーソナリティを持っていると示せるよう、しっかりと対策をしておきましょう。

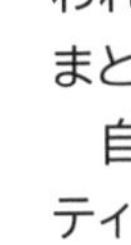

制限時間がないっていっても、68問なんてだいぶ悩んじゃうよー。

出される質問文の内容は決まっているから、重視される尺度やキーワードには印を付けて準備しておこう。

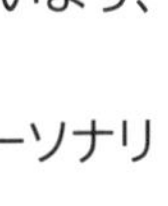

本格版は４つの質問文から「YES」「NO」を選ぶ

本格版は計数や言語などの能力テストとともに行われることが多く、全部で 68 問が課されます。１つの設問には４つの質問文があり、設問１つにつき「YES」と「NO」をそれぞれ１つずつ答える形式になっています。

１問ごとに４つの質問文があります。
その中で、自分に最も近いと思うものを、YES 欄の A ～ D から１つ選びなさい。
また、自分から最も遠いと思うものを、NO 欄の A ～ D から１つ選びなさい。

問題番号		YES	NO	質問項目
1	A	○	○	人を指導する立場になることが多い
	B	○	○	物事を正確に行うのが好きだ
	C	○	○	冗談を言うのが大好きだ
	D	○	○	友達が多い方だ

問題番号		YES	NO	質問項目
2	A	○	○	人の意見を聞いて方針を決める
	B	○	○	手先を使う作業が楽しい
	C	○	○	交渉事が好きだ
	D	○	○	精神的にタフな方だ

問題番号		YES	NO	質問項目
3	A	○	○	物事の欠点や弱点にすぐ気がつく方だ
	B	○	○	大勢の前でのスピーチは楽しい
	C	○	○	あまり自慢話をしない方だ
	D	○	○	気持ちの切り替えができる方だ

重視される尺度に「YES」を選ぶ

どの質問文を選ぶのが正解かは、志望する企業や職種によって変わります。志望先で求めている人材にとって重要である尺度を示す質問文に「YES」と回答します。１つの設問で重視される尺度が２つ以上入っていた場合には、どれか１つを「YES」にし、重視される尺度になっていないものに「NO」と回答しましょう。

「NO」の回答は、「YES」と回答した内容と矛盾しないように選ぶよう注意しましょう。例えば「楽観志向」の尺度を示す「物事を楽観的に捉えることが多い」に「YES」と回答したのに、「心配性」の尺度にあたる「物事がうまくいくかどうか常に心配になる」にも「YES」と回答してしまうと、矛盾した性格と受け取られてしまいます。

簡易版はどちらに近いかを10段階から選ぶ

簡易版は全部で30問あり、対になって示された2つの質問文のうち「非常にAに近い」から「非常にBに近い」までの10段階で回答を選ぶ形式になっています。30組すべての質問文で、10段階から1つずつ回答を選びます。

自分がAとBのどちらに近いかを判断して、あてはまる箇所を1つ選びなさい。

	A	非常にAに近い	←	Aに近い	←	どちらかというとA	どちらかというとB	→	Bに近い	→	非常にBに近い	B
1	自分で方向性を決める	○	○	○	○	○	○	○	○	○	○	物事は人と相談しながら進める
2	勝負するからには必ず勝ちたい	○	○	○	○	○	○	○	○	○	○	勝ち負けにはこだわらない
3	細かいことは気にしない方だ	○	○	○	○	○	○	○	○	○	○	物事の欠点や弱点にすぐ気がつく
4	変化を好む	○	○	○	○	○	○	○	○	○	○	古い価値観を大切にする
5	すぐにリラックスできる	○	○	○	○	○	○	○	○	○	○	緊張しやすい方だ

重視される尺度に近い方を選ぶ

本格版での「YES」にあたるのが「非常に○に近い」です。本格版と同様に、志望先で重視している尺度に当てはまる方に「非常に○に近い」と回答しましょう。それ以外の尺度の質問については、「非常に○に近い」と回答した質問文と矛盾しない内容なら、どれを選択しても問題はありません。

どの尺度になるかわからない質問文や志望先で重視されていない尺度の質問文には、「どちらかというとA」など中間の選択肢を選んでおけばよいでしょう。自分の気持ちに正直に選択しておくと、面接などの際に無理に演じる必要がなくなるのでおすすめです。

5章 性格・意欲

「意欲」とは？

「どんなときにモチベーションが上がるか」を示す

「意欲」は、自分の「モチベーションが上がるのはどんな状況か」について答えるテストです。1章の「Webテストの見分け方」で扱った受検案内の画面などでは「モチベーションリソース」と表記されていることもあります。312ページの表に質問例を示しています。

「標準回答時間」は約15分

問題数は本格版では36問です。簡易版では36問か、24問×2セットの48問が課されることもあります。どちらも制限時間は設定されてはいませんが、本格版での「標準回答時間」は「約15分」と示されています。性格の検査と同様に、標準回答時間である15分を過ぎても強制終了や回答の自動送信はありません。玉手箱は短時間で多くの設問を処理することが重視されているテストですから、こちらも性格検査同様、時間をかけずに回答できるよう事前に準備をしてから臨む方がよいでしょう。

重視される尺度を把握しておく

事前にしておくべき対策としては、自己分析をして自分がどんな状況や事柄に対して意欲的になるのかを把握しておくことや、志望する企業や職種ではどんなことに対しての意欲を持っている人材が求められているかを調べておくことが挙げられます。312ページからの表に示されている尺度のうち、志望している業種や企業で重視されている尺度として当てはまるものにはマーカーで色を付けるなどしておきましょう。質問例はあくまでも例ですので、一字一句まったく同じ文が出るとは限りませんが、問われる内容や尺度は変わりません。重視される尺度を表すキーワードを外さないよう、まとめておくとよいでしょう。

自分に正直に回答することも重要ですが、どのようなことを聞かれて、どのように回答すると、どのような評価になるのかを知っておき、志望先の重視する尺度に合う意欲を持っていると示すこともできるように、しっかりと対策をしておきましょう。

「YES」、「NO」から選んで回答する

意欲では、４つ表示される質問文の中から、自分が最も重視するものを１つ、最も重視しないものを１つ選ぶ形式になっています。

１問ごとに４つの仕事環境に関する質問文があります。
あなたの日常の仕事場面を想定し、自分が最も重視するものを、YES 欄の A ～ D から１つ選びなさい。また、最も重視しないものを、NO 欄の A ～ D から１つ選びなさい。

問題番号		YES	NO	質問項目
1	A	○	○	大きな目標を持つ
	B	○	○	失敗が許されない
	C	○	○	自分の裁量権はない
	D	○	○	定型的な仕事をする

問題番号		YES	NO	質問項目
2	A	○	○	新しい手法に挑戦する
	B	○	○	落ち着いて仕事をする
	C	○	○	競争が激しい
	D	○	○	規律よりも現実性を重視する

問題番号		YES	NO	質問項目
3	A	○	○	プライベートの時間をしっかりとる
	B	○	○	高額な報酬を得る
	C	○	○	自分の指示に皆が従う
	D	○	○	評価を公表しない

重視される尺度に近いほうを選ぶ

どの質問文を選ぶのが正解かは、あなた自身の特性や、志望する企業や職種によって変わります。志望先で重視されている尺度のプラスの質問文に YES を選び、マイナスの質問文に NO を選ぶとよいでしょう。どの質問文がどの尺度を表しているかは 312 ページの表で確認をしてください。また、プラスを選びたい尺度の質問文には、矛盾が生じてしまうので、NO と回答しない方がよいでしょう。

志望先の重視するものに合わせることに加え、自分の気持ちに正直に選択しておくと、面接などの際に無理に演じる必要がなくなるのでおすすめです。

簡易版は２タイプある

簡易版は、質問文が 24 問× 2 パターンのものと、36 問あるものの 2 タイプがあります。24 × 2 のタイプは以下のような形式です。

以下の仕事環境や状況の中で、あなたにとって、やる気が出る要因を必ず 3 つ以上選びなさい。

やる気が出る					
1	○	冒険的な仕事をする	13	○	社会の秩序を守る
2	○	失敗が許されない	14	○	自主性を発揮する
⋮	⋮	⋮	⋮	⋮	⋮

以下の仕事環境や状況の中で、あなたにとって、やる気が出ない要因を必ず 3 つ以上選びなさい。

やる気が出ない					
1	○	社会倫理観を重視する	13	○	利益を意識しない
2	○	落ち着いて仕事をする	14	○	自分のペースで進める
⋮	⋮	⋮	⋮	⋮	⋮

また、36 問のタイプは以下のような形式で出題されます。

以下の仕事環境や状況の中で、あなたにとって、最もやる気が出る要因を A 欄から 3 つ選びなさい。また、最もやる気が出ない要因を B 欄から 3 つ選びなさい。

A	B		A	B	
○	○	冒険的な仕事をする	○	○	利益を意識しない
○	○	社会倫理感を重視する	○	○	社会の秩序を守る
⋮	⋮	⋮	⋮	⋮	⋮

重視される尺度に「やる気が出る」と回答する

どの質問文を選ぶのが正解かは、志望する企業や職種によって変わります。志望先で求めている人材にとって重要である尺度を示す質問文に「やる気が出る」と回答します。

「やる気が出ない」の回答は、「やる気が出る」と回答した内容と矛盾しないように選ぶよう注意しましょう。

おわりに

本書をお読みいただきありがとうございました。

本書では、Web テスト「玉手箱」のポイントを解説してきました。Web テストは就職活動で必ず受検します。その Web テストの中で多くのシェアを占める玉手箱の対策を行うことはとても重要なことです。

就職活動中は、だれしも時間に追われることになると思います。エントリーシートの締め切りが迫っていたり、面接の練習をしなければならなかったり、その一方で授業やゼミにも出席しなければならなかったり、アルバイトをする必要があったりなど、多忙に過ごしているかと思います。

そのような中で、貴重な時間を Web テスト対策にどの程度割いていけるかが重要になってきます。Web テスト対策にはあまり時間をかけず、自己分析や面接練習に時間をかけたいという方が多いでしょう。他の対策に時間をかけるためには、Web テスト対策を短時間で効率的に行う必要があるので、本書が最適です。

本書では、玉手箱の対策が効率よくできるように、3 Step でわかりやすく重要ポイントをまとめています。そのため、本書に取り組んで対策を一通り行うことができれば、玉手箱の対策は万全となり、次のステップである面接などに進めるチャンスもつかみやすくなるでしょう。

本書での演習で、玉手箱の対策に自信をつけ、ゆとりを持って第一志望の企業に臨みましょう。

みなさんの就職活動が実りあるものとなることを願っております。

編集協力　株式会社ダブル ウイング

玉手箱・C-GAB対応
Webテスト攻略問題集

編　者　Webテスト攻略研究会
発行者　永岡純一
発行所　株式会社永岡書店

〒176-8518
東京都練馬区豊玉上 1-7-14
電話　03（3992）5155（代表）
　　　03（3992）7191（編集）

組　版　センターメディア
印　刷　アート印刷社
製　本　ヤマナカ製本

 26-①

性格テストへの対策

企業が性格テストを実施する目的は、

・応募者に職務内容に対する適性がどの程度あるか
・応募者が自社の風土や求める人物像にどの程度合致しているか

などを見ることです。つまり、

・職務内容に対する適性が高い
・企業の求める人物像に近い

と判断される回答を示すことができれば、合格の可能性が高まります。

そのためには、次の手順で対策を打っていきましょう。

1. まずは自己分析をする

309 ページからの質問例に答えてみましょう。自分の気持ちに素直になって、あまり考えすぎずに取り組んでみましょう。

その結果から、自分の強みや弱み、企業の求める人物像との差などを知ることができます。

2. 志望する企業や職種について、どんな適性が求められているかを知る

企業の求める人物像は、募集要項や会社案内、企業のウェブサイトなどから読み取れます。希望する職種があれば、その職種について内容や働き方などを調べましょう。求められているのはどのような適性をもつ人材なのかを知りましょう。

3. 求められている適性を示すには、どの質問にどのように答えればよいかを考える

どのような適性が必要かわかったら、その適性があることを示すには、どの質問にどのように答えたらよいかを考えましょう。

「性格」「意欲」ともに、それぞれの質問で何を測るかという「尺度」があります。それぞれの尺度と、その尺度がどんな性格や特性を示しているかという定義、その尺度を測る具体的な質問の例を、309 ページから掲載しています。志望する企業や職種について、どの尺度が重視されているか判断してマークし、実際のテストに役立ててください。

また、さまざまな職種について、一般的な職務内容から推測される適性を尺度にあてはめたものも、309 ページからの表に示してあります。企業からの情報が少なく、求められている人物像がわからない場合などに、参考になるでしょう。

さらに、希望する職種が定まらないときなどには、自分がどの尺度に対して適性があるかを知ることで、どのような職種に対する適性があるかを考えることもできます。自己分析にもぜひ役立ててください。

自分を偽らないことも大切

企業の求める人物像を考えるあまり、性格テストで自分の本来の性格とは異なる回答ばかりをすることは、おすすめできません。性格テストは好成績だったとしても、その後の面接や実際に働くことになった際に、自分の本来の性格との違いが判明して、苦しむことになるからです。

求められている人物像に近づく努力をすることも大切ではありますが、自分の個性や信条などを偽ってまで、理想の人物を演じる必要はないのではないでしょうか。性格テストは、あくまでテストの一部です。企業では、能力テストや面接など、他の結果とも合わせて最終的な判断をします。性格テストでは満点を取ろうとするのではなく、「自分を知ってもらう」ことを考えましょう。

企業や職種に求められている人物像と自分の性格や特性があまりにもかけ離れている場合には、他の企業や職種のほうが向いているのかもしれません。309 ページからの表を参考に、志望先を考え直してみるのもよいでしょう。

なんか全然適性ないよー。
就職とか無理ー！

志望していた企業や職種と合致しなかったとしても、自分の性格が生かせる場所は必ずあるよ。自分には何が向いているのか、もう一度考えてみよう。

まずは答えてみよう

309 ページからは、性格・意欲の各尺度について、代表的な質問例を載せています。まずは深く考えず、自分の日頃の生活を振り返って、YES か NO で答えてみましょう。今は「どちらともいえない」という判断があってもかまいません。

尺度や定義について学ぶと、「この質問はこの尺度を測るから、こう答えるべきだ」という考えが無意識に働き、現在の本当の自分の気持ちとは異なる理想を答えてしまうことがあります。学ぶ前の今だからこそ答えられる、正直な気持ちを書き残しておきましょう。進路に迷ったとき、初心に立ち返ったり志望先を考え直したりする際に、「自分は本来こういう性格で、こういう志向がある」などと振り返ることができ、役に立つでしょう。

尺度と定義と質問例を知ろう

質問例に答えた後で、それぞれの質問によって判断される尺度と、その尺度の定義を学んでいきましょう。その尺度が求められる職種の例も掲載していますが、あくまでも一例です。企業によって求められる適性は異なりますので、志望する企業について情報収集し、どんな尺度が求められているかを判断していきましょう。